〈社会的排除〉に向き合う授業

考え話し合う子どもたち

坂井俊樹 編著

新泉社

〈社会的排除〉に向き合う授業　目次

第1部　授業編

第2部 考察編

コラム

ブックデザイン――堀渕伸治◎tee graphics

〈社会的排除〉に向き合う授業

考え話し合う子どもたち

はじめに

私たちの問題意識

水俣病をとり上げた中学三年生の授業でのことである。ある生徒から、いわば大きな流れのなかで「多少の犠牲もしかたない」という発言があった。

これは、古家正暢さんの論考「『犠牲』なき社会を構築することは可能か——『水俣病』を『しかたない』ととらえる生徒に向き合って——」（『社会の危機から地域再生へ』東京学芸大学出版会、二〇一六年）に記されている授業でのことだ。その生徒の発言に、授業をしていた古家さんは戸惑い、翌年、再度同じテーマの授業に挑戦することになる。

どうして「しかたない」と発言したか、その生徒の真意や意図、内面はつかみきれないが、こうした発言が出てくることをどう考えたらよいのか。社会問題をとり上げる際には少数者・被害者の〝当事者的感覚〟が、そして他者にたいする共感から自己をみつめ直す営みが必要なのではないかということが私たちの共有した問題意識で、本書の元になった四年間の研究の前提にあった。

今日の競争社会のなかで、子どもたちは、いわば「普通」以上の収入、安定した社会的地位、家庭環境などをもつ「第一の国民」をめざしている。そこから「こぼれ、不安定」な「第二の国民」（一九世紀英国の首相・ディズレーリの発言）に「脱落」しないために、子どものなかには、他者の苦しみや「社会的弱者」の思いを共有する感性にたいしてや鈍感になっているのかもしれないと議論してきた。そして教育実践を基盤に社会的排除と包摂というテーマに絞り、問題意識を共有しながら新しい研究活動を進めることにした。

社会的排除の現実に向き合う方法と立場はさまざまだろう。一つは、厳しい環境に置かれる子どもの思いに寄り添い、その子どもを支える活動を展開しなければならないとする立場があるだろう。このことを含みながら、私たちが考えたのは、学校でおこなわれる通常の教育実践（授業）でこの問題に迫ろうと考え、「社会的排除」という視点から多様な教育実践を試みたのである。

社会的排除という現実に向き合う授業

「社会的排除と包摂」の議論は、一九九〇年代に入りＥＵ諸国で、移民労働や貧困問題、社会的差別、ジェンダー、疾病などの視点から、政策的課題として主張されてきた経緯がある。ＥＵという地域統合の基本的原理として、これから社会全体が進むべき方向として規定された概念であり、私たちにも広く認識されはじめている。

岩田正美は、社会的排除にたいしてつぎのように指摘している。

「こうした主要な社会関係から特定の人々を閉め出す構造から、現代の社会問題を説明し、これを阻止して『社会的包摂』を実現しようとする政策の新しい言葉が、『社会的排除』(social exclusion) である。……ヨーロッパの社会政策領域のキーワードとなっているが、……(日本では—坂井) 反対に『つながり』や『きずな』の再構築などのような、妙に柔らかいトーンで社会統合を促す場合に使用する域を出ていないのが現状である」(『社会的排除』有斐閣、二〇〇八年、一二頁)

岩田は、社会的排除と包摂を心情的なことではなく社会政策概念として理解し説明している。その意味では、教育実践も心情的な接近ではなく、社会の仕組みという観点から排除と包摂にいかに与するかが問われるといえる。

私たちは日々の通常の授業のなかで、社会の仕組みや現実から問いかけることを重視してきた。ただその際に重要なのは、抑圧され排除された人々、多くの場合は社会問題などの被害者であるが、そうした人々の視点から迫ることである。なぜならば社会的に排除される人々にたいして、子どもたちが共鳴したり、共振したりすることを大切にしたいからである。換言すれば、社会問題の「当事者」からの学びを重視した。

「当事者」へのアプローチは、一人ひとりの子どもたちが自己の感性や価値観をもって他者（当事者）と対話・交流することによって、自己の見方や考え方をとらえ直すことにつながる。「当事者」という他者との〝往還〟によって自己省察がくり返えされ、そこから社会の仕組みへの問題接近がようやく図られると考えたからである。そのことは既存の教科学習の内容や枠組みに縛られない自由な授業の構想につながるであろう。

所収の実践は、教師の深い教材研究と回数を重ねた現地調査などが前提になった。それぞれに教材の発掘・開発があり、そして子どもたちの生き生きとした学びの姿がある。知識と人間関係が豊かに広がる醍醐味がある。子どもと共につくり上げる刺激的で、知的な探究の空間でもある。当然、その営みは各実践に登場する感性豊かな子どもたちの存在がなければ難しかった。

「包摂と排除」の社会意識と社会科カリキュラムの改善に関する研究・代表　坂井俊樹

第1部

授業編

小学4年

井山貴代

水はどこから

県民の水供給優先か
ダム底に沈む村民に寄り添うか

1 ―テーマ― 快適な生活と「一定の少数者の苦難」

社会科の目標と四年生で扱う内容

小学校の社会科は三年生から始まる。三年生では、学区や市町村の地形と土地利用、販売と生産、安全に携わる人びとの働く様子、まちの移り変わりについて学び、身近な地理的、歴史的なつながりのなかに自分たちの生活が成り立っていることを理解する。

四年生の社会科は、水の供給やごみの処理、エネルギー供給といった日常生活を成り立たせたり、自然災害発生時に備えたりする社会の仕組みや施設などとつながりをもって成り立っていることを自覚的に学んでいく。学ぶフィールドは市内から県内や近県へと広がりをみせる。また、先人の偉業からもまちづくりのあり方を学ぶ。

五年生では産業や環境をとおして日本社会のもつ課題を学び、理想のまちや国の姿を多角的に考え、六年生では歴史や憲法、政治、国際社会の現状をとおして、人権などにも考えを深めつつ、市民がよりよく生きる視点で社会を俯瞰する。

この四年間の学びをとおして、「グローバル化する国際社会に主体的に生きる平和で民主的な国家及び社会の形成者に必要な公民としての資質・能力」（文部科学省「小学校学

習指導要領社会編　教科の目標」）を育んでいく。
　こうした社会科のなかで四年生で扱う内容は、ごみの処理や水の供給、自然災害への備えなどに関する施設、清掃工場や資源リサイクルセンター、浄水場や下水処理施設、市役所各課、消防署や消防団など、いずれも「それを抜きに」現代の私たちの生活を成り立たせることが難しいものである。

自分事として学ぶ

　さて、清掃工場、浄水場といった現代の私たちの生活を成り立たせる仕組みや施設を学ぶうえで大切なことは、「自分事として学ぶ」ことである。「自分事」とは、ここでは自分と対象との間につながりがあり、自分に影響があることを指している。ごみを出すのも、つくられた水を使うのも、災害があって被災するのも「自分」である。この点を自覚することが、ごみ分別や節水、災害にそなえた備蓄などの行動につながり、仕組みや施設、場合によっては環境に過剰に負荷をかけない生活のあり方を生み出し、このことはまた「自分」に還っていく。

　近代以降、日本の経済発展や公共事業が私たちの生活を安全・便利で快適なものにしてきたことはまちがいない。しかし、そこには地域を丸ごと、あるいは地域の分断を招くように、「一定の少数者」に、公共施設をつくるために立ち退きを迫ったり、公害の発生で健康を害したりという日常生活の放棄や病苦などの苦難を強いてきた。

最近の例では、二〇一一年三月一一日の東日本大震災後に起きた福島第一原子力発電所の爆発事故による突然の日常生活の破綻があげられる。福島第一原子力発電所は関東圏の産業と人びとの生活の電力確保のために稼働していたが、その事故は設置された地域の「一定の少数者」の町そのものを失うという犠牲を強いた。快適な生活のために「一定の少数者」に苦難を強いていいものなのか。自分が「一定の少数者」になったときに、多数の人びとの快適な生活のための「苦難」は心から受け容れられるものだろうか。

このようにみると「地域の暮らしを成り立たせている仕組みや施設」を学習する場合に、「一定の少数者」に思いを致すことや、仕組みや施設にたいして批判的態度をもつことが大切である。

しかし、とり上げる学習材を的確に選ばなければ、自分事として引き寄せて学習を進めることはできないだろう。私はこの点を「実際に自分たちが暮らしているこの場所で」「現在あるいは現在に至るまでの時間的経過のなかで」問題としてあらわれている内容で、児童らと学びを深めたいと考えている。

一学期の「ごみはどこへ」の学習で、子どもたちは自分の暮らす市がかかえる「今よりも家庭から排出するごみを減らさなければごみ出しが有料化する」という課題に気づき、その事実をもっと深く知ろうと調べ学習をおこなった。そして、今後ごみ減量は可能かということについて何度かの話し合いをもち、その問題意識を学校全体に発信したり、各家庭でできることを実践したりと、学んだことを「生活化」する力があることがわかった。この感受性や実践力を本実践でさらに磨き、社会科がめざす「市民性育成」の一助にしたいと考えた。

2 —単元— 水はどこから

学区の水道事情と宮ヶ瀬ダム

本単元では、人が生活するうえで欠かすことのできない水供給の仕組みや携わる人びとについて知るとともに、「一定の少数者」のことを子どもたちがより身近に感じてもらえるよう、高度経済成長期に五〇年後の神奈川県民の水確保のため計画し建設された宮ヶ瀬《みやがせ》ダムの存在意義と、その建設によって失われた村民の暮らしや自然環境について知り、一人ひとりがダム建設の是非を考える時間をもてるよう計画した。

伊勢原市は、県の中央部に位置する人口約一〇万人の地方都市である。縄文時代の遺跡も多く、鎌倉武士や江戸時代に盛んであった大山詣など、歴史の要所で重要な役割をはたす事例も散見される地域である。

明治時代以降も農業中心に成り立っていたこの地域は、高度経済成長を機に東京のベッドタウンとして一気に人口が増えた。実践をおこなった小学校は私鉄の駅から徒歩一〇分の立地にあり、駅も学区に含まれることから、商業地、住宅地、そして昔から続く農地も畑作を中心に点在している。約六〇年前に有志が建造した三市をまたぐ用水路が通っており、現在も使用されている。学区の水道事情は、本実践でとり上げた宮ヶ瀬ダムに関わる相模川と県西部にある酒匂川《さかわがわ》から取水された水でまかない、市内にある下水処理場で処理されて市内の川に還元される。

少雨に悩まされる年も、神奈川県が取水制限の心配なく水が使えるのは、関東のなかでも県独自の水道事業が成り立っているからである。潤沢に取水できる大きな河川が複数あり、相当量の貯水が可能なダムが大きなもので四つ存在する。なかでももっとも新しい宮ヶ瀬ダムは常時二億立方メートルの貯水が可能で、これは芦ノ湖の水量と同程度だそうである。

宮ヶ瀬ダム建設計画は、高度経済成長期に急増した県人口と工業地帯の形成に対処するものだった。県は二〇一〇年が需要のピークと予測し、ダムの建設計画を立てた。だが実際には、県営水道の使用量のピークは一九九八年の三億四五七一万立方メートルで、この年にようやくダム湖が完成した。それ以降、水道使用量は減りつづけ、二〇一八年の統計では三億五一九万立方メートル。一方で使用人口はピーク時よりも二〇万人ほど増加している。節水技術の発達によるものだろう。計画立案当時は予測できなかったことかもしれない。

現在、宮ヶ瀬ダムを水源とする水道の量は、神奈川県の全使用量の五分の一強であり、宮ヶ瀬ダムを抱える相模川水系、県西部の酒匂川水系、ほかに湧き水や地下水、河川利用など、一極集中しないようさまざまな水源を利用している。

ダム湖に沈む集落

この宮ヶ瀬ダム建設にあたっては、ダム湖に沈む集落の住民千人あまりが移転を余儀なくされた。宮ヶ瀬ダムは計画発表後、ダム底に沈む予定地となった村民の反対運動があったものの、その反対運動はあまり長く続かなかった。しかし集落としての歴史が長く、有形無形の文化財の多く存在する地であることが移転を余儀なくされた人びとの苦悩を生む。風光明媚な渓谷で県内の自然豊かな観光地としての役割もはたしていた。

移転は住民の納得のうえのものだが、住民の形式的な納得を安易に理解していいものだろうか。当事者の移転によって享受されるものへの理解はそう簡単にしてはいけない。なくなった村はとり戻せないが、県水道を使う者として知っておくべき事実であろう。本実践では、生きていくために欠かすことのできない水について、途切れない県水道の供給の仕組みの理解とともに、いまにいたる歴史的な背景も学ぶことにした。

現在約九〇〇万人の県民人口にくらべ千人単位はわずかな人数ではあるが、ダム建設によってなくなったものは、たんに千人あまりの住民のその当時の暮らしの場だけではなく、集落がそこに生まれてからダム底に沈むまでの歴史がなくなっているのだということ、そして多様な自然環境が失われているのだということを理解したい。

3　——指導計画——　水道事業の現状と歴史的背景の理解・考察

単元目標

単元目標はつぎの三点である（次頁「単元構想図」参照）。

○飲料水を供給する事業は、安全で安定的に供給できるよう進められていることや、地域の人びとの健康な生活の維持と向上に役立っていること、またそれらのために県内

単元構想図

単元名	「水はどこから」
指導時期	九月中旬〜一〇月下旬
単元目標	・飲料水を供給する事業は、安全で安定的に供給できるよう進められていることや、地域の人びとの健康な生活の維持と向上に役立っていること、またそれらのために県内の人びとの協力があることを調べたり理解したりしている。 ・見学したり資料をとおして調べたりすることで、供給の仕組みや経路、県内の人びとの協力などに着目して、飲料水の供給のための事業の様子をとらえ、それらの事業がはたす役割を考え、表現しようとしている。 ・飲料水を供給する事業について学習問題を主体的に解決しようとし、地域社会の一員として学習したことをもとに飲料水をめぐるよりよい暮らし方を考え、実践しようとしている。

単元の流れ

川の水を飲める水のようにきれいにしてみよう

導入（五時間）

- いつも飲んでいる水のようにきれいにならないよ。
- いつも飲んでいる水のようにきれいにするにはどうしたらいいのかな？
- 人が一日に使う水が二四〇リットルでもなんで水は止まらないの？
- 少ない水をきれいにするのさえ大変なんだから、もっと水を大事に使おう。

第一次（八時間）

- 水源林について知ろう
  - 山に蓄えられた水が天然水になったり、川になったりするなんて！　森林って大事なんだ！
- 飲料水を作る仕組みを知ろう
  - ・副読本で調べよう
  - ・浄水場を見学しよう
- 使った水はどうなるの？
- 下水処理の仕組みを知ろう
  - ・ゲストティーチャー招聘

第二次（三時間）

神奈川県はなぜ雨の少ない年も水不足にならないのだろうか
宮ヶ瀬ダムがなぜ、どのように造られたかを知ろう

ダムを造ることは自然を壊すことになるんじゃないかな。生き物は大丈夫？

ダムができたことで住み慣れたところを離れるなんてかわいそう。歴史だってあるのに。

私たちの水が足りなくなるなら、しょうがないと思う。

ダムを造ったことで下流の洪水が減ったのなら造ってよかったと思うよ。

宮ヶ瀬ダム建設の是非を話し合い、水を大切にするということについて考えを深めよう
まちづくりについて考えよう

第三次（八時間）

生き物も人間も同じ命。人間ばかりが自然を壊していることを考えるとダムはなくていい。森がなくなったら水もできない。

ダムを造ったから水に困らない、洪水だって防げる。でもそこで暮らしていた人のことを忘れちゃいけない。

ダムはもうできてしまったけれど、そこに暮らしていた人のことを思うと、やっぱり水は大切に使わなくちゃいけないと思う。

＊単元構想図の見方について
- 指導者は各単元の計画を立てて授業にのぞむ。指導者の発問にたいして児童がどのような考えやさらなる問いをもつかを児童の実態に合わせ予想しながら計画を立てる。私は「単元構想図」という形で単元計画を記している。
- 「第一次」の「次」は、「つぐ」と読む。学習内容のまとまりである。
- 矢印は課題や児童の発言のつながりを示しており、「次」をまたぐこともあることを示している。
- 図中の実線枠は予想される児童の発言、破線枠は指導者からの課題の投げかけ（発問）である。

の人びとの協力があることを調べたり理解したりしている。（知識・技能）
○見学したり資料をとおして調べたりすることで、供給の仕組みや経路、県内の人びとの協力などに着目して、飲料水の供給のための事業の様子をとらえ、それらの事業がはたす役割を考え、表現しようとしている。（思考力・判断力・表現力等）
○飲料水を供給する事業について学習問題を主体的に解決しようとし、地域社会の一員として学習したことをもとに飲料水をめぐるよりよい暮らし方を考え、実践しようとしている。（学びに向かう力・人間性等）

具体的な学習内容

具体的な学習内容は、水道水にいたる浄水、そして下水処理の仕組みや携わる人びとの仕事の様子を学ぶとともに、森林がはたす役割、そして神奈川県の水供給が安定している理由を歴史的に追い、公共事業によって強いられる少数の県民の存在を知り、「最大幸福のための少数の犠牲」をどう思うか考え調べ、話し合う時間を設ける。

指導の時期は九月中旬から一〇月までの一カ月半で、二四時間（一単位時間は四五分）を使用する。このなかには浄水場の見学も含まれている。

導入では、泥の混じった川の水を教室に持ち込み、それを水道水のようにきれいにすることを課題にして、児童らなりの知恵と工夫で乗り越える実験のような導入をおこなっている。何枚もの布をフィルターにしたり、しばらく置いて泥を沈殿させたりと、後の調べ学習や見学で自分たちのアイデアが実際の浄化作業でも使われていることがわかると興味も理解もぐっと深まり、学習が進むにつれてこの活動の効果が期待できる。

「第一次《つぐ》」では、見学やゲストティーチャーの助けによって水供給や排水処理の仕組みやその仕事に携わる人びとの実際の様子を学ぶ。

「第二次」では、ダムの仕組みと役割、神奈川県が渇水に悩むことなく水が供給されるきっかけとなった「宮ヶ瀬ダム」について学び、概要を知った時点でのダム建設の是非について思ったことを話し合う。

そして「第三次」で、宮ヶ瀬ダム建設の是非をめぐり話し合う。自分の意見に根拠をもつための調べ学習をとおして、感情論に流されない話し合いを心がける。そして三回にわたる話し合いをふまえて、「水を大切に使うということ」という生活化にむけた思いや「『一部県民の立ち退き』のうえに立った県民の水の確保」という事象にたいする考察を深める感想交流をおこなう。

なお、四年生児童は、神奈川県から配付される『わたしたちの水道』という冊子を活用して学習を進める。また国土交通省関東地方整備局相模川水系広域ダム管理事務所発行の『わたしたちの宮ヶ瀬ダム』という冊子も利用する。『わたしたちの宮ヶ瀬ダム』はダムが建設されたことによる利点だけでなく、「宮ヶ瀬のいまむかし」という章でダム建設によって故郷を離れざるを得なかった人びとの思いにもふれている。かつての景観を写した写真や建設計画からダムの利用に至る年表も掲載されており、そこに移転人数も記されているなど、ダム建設の光と影を示した貴重な資料である。

4 ―授業― 実践にあらわれた児童の考察

水供給と排水処理の仕組みを学ぶ

導入時の水浄化実験と一度の手洗いに使用する水量を知った時点で、子どもたちは早くも水道水をつねに切れ間なく供給できることが大規模でたいへんな作業であることを感じていた。

「ペットボトルの中に木炭と石を入れたが思っていたよりもにごっていた。いつも飲んだりしている水道水のようにきれいにするにはどうしたらいいのか分からなかったので気になった。」

「自分のみの回りでりょうりとか手洗いでこんなに（水を）つかっているなんてびっくりした。こんなにつかっていたらどうしようとこまっている。これからはもうすこし少なくしてみる。でもなんであんなにつかっているのに（水は）止まらないんだろう。」

といった学習感想（毎時間の授業の終わりに、その時間の学習内容について振り返りノートに感想をまとめている。話し合いの授業では、その時間に話し合われた内容について振り返り、自分の意見を再構築して文章化している）が散見された。私が期待した以上の成果であり、子どもたちの問題意識の高さに感心させられた。

こうした思いをもって「第一次」の授業で、浄水場を見学し、下水処理施設の方をゲストティーチャーに招いて下水処理の仕組みを学ぶことにより、よりいっそう水の大切さが実感できたようである。例年ならば市内の下水処理場の見学も実施可能だが、実施年は感染症の危険性から見学がかなわず、ゲストティーチャー招聘による講話となった。見学とゲストティーチャーの講話後、児童からつぎのような学習感想があった。

「あんなにすぐ出てくる水道水は四十時間もかけて水道にとどいているのがおどろ

いたし、十三時間もかけて、飲める水になるなんて、浄水場の人たちは、大変な仕事をしているなと、思った。（中略）労働時間は、二四時間三六五日で、二四時間三回（八時間ずつ働く）で、正月やみんなが休んでいる日を働いていてすごいと思ったし、寒川浄水場ほどの大きさがある場所に約百二十人だけで働いているなんてすごいなと思ったし、すごくいそがしそうだなと、思った。」

「アクアクリーンセンターからもらった資料に油は新聞紙などにすわせて、もえるゴミにしてすてようと書いてあって水をよごさないようにたいせつに水をつかってと書いてあって水を大切にしていきたいと思いました。」

「じょう水場と下水しょり場のちがいがわかった。自分たちの流した水があんなにくさいとショックだった。（下水処理に使う）び生物の大きさがきになる。」

立場マグネット

宮ヶ瀬ダムに関する話し合いは四回おこなった。

話し合いは、クラス全体でおこなうことにしている。みんなの前で発言することに抵抗のある児童もいるが、一人ひとりに発言する機会があることで、それまで発言のなかった児童が、あるときをきっかけに発言できるようになるといった児童個々の成長も期待できる。

発言したら、挙手している児童を指名する相互指名方式で、この間、私は児童の意見を板書することに徹するよう努めている。話し合いが堂々めぐりになるなど迷走したときの交通整理や明らかな事実誤認の訂正、新たな視点を投じる意見に注目させたいときに私が割って入るが、児童間で話し合いが進むときは極力その流れを止めないようにしている。思いや確たる根拠によって伝えたいことがあれば、三〇分〜四〇分の時間はあっという間に過ぎてしまう。

自分の立場（ここではダム建設の是非）を明確にして話し合いに参加するためには、それが目に見える形になっていることが望ましい。またほかの児童がどの立場にいるのかわかることで参加への励みにしたり、相対する立場の意見をよりじっくり聴こうとしたりできる。

こうした観点から私は、「立場マグネット」とよぶネームプレートを準備し、はじめは他者の意見を入れない状態で自分の立場を小黒板に貼ってもらい、以降は、話し合い終了ごとに変化のあった児童はマグネットの位置を移動する（三八―三九頁の写真参照）。自分の立場が明確になり、意見にも責任が生じる。またクラス全体の傾向も同時に把握できる。話し合いを活発に進めるツールとして有効であり、社会科だけでなく個人の意見が生まれる課題で活用している。

宮ヶ瀬ダム建設の是非を問う

初回の話し合いは、私から「新たなダム建設はなぜ必要になったか」という建設理由と「ダム建設で湖底に沈む広さと集落」が明確になる絵地図の資料を示した。

初回は感情が先に立つ話し合いが当然だ。この段階では圧倒的に建設にたいして否定的な立場をとる児童が多く、肯定的な立場に収まっているのは一名のみ。その児童のノートにはつぎのように書かれていた。

「宮ヶ瀬ダムの所に小学校も中学校もあるのに宮ヶ瀬ダムができたのはびっくりしました。でも、宮ヶ瀬ダムができないと、わたしたちの水がなくなるから、しょうがないと思いました。」

水不足解消のためにダムが建設されたと理由が示されれば当然の意見である。発言はしづらかったようだが「『自分たちの水が生まれるなら』となっとくの人もいたはず。」と意見を述べていた。

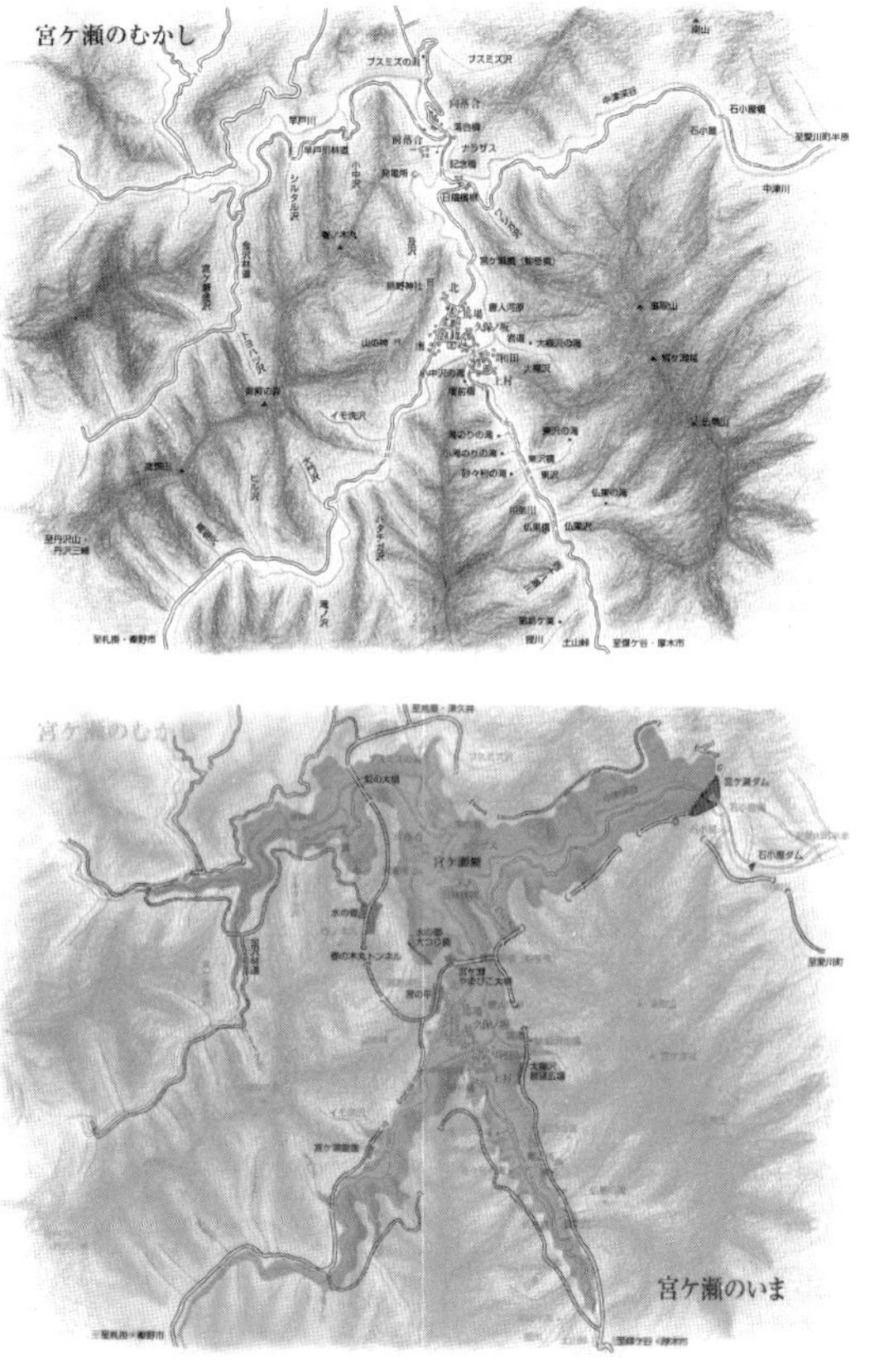

「宮ヶ瀬のむかし」（上）と「宮ヶ瀬のいま」（下）

「宮ヶ瀬のいま」はトレーシングペーパーのため、重ねるとどれほどの集落が湖底に沈んだかがわかる。

（『ふるさと宮ヶ瀬』夢工房より）

初回の話し合いでもっとも否定的な立場を示していた児童は、話し合い後のノートにつぎのように綴っていた。

「県の水は、ふえたけど宮ヶ瀬ダムになったところにもともとすんでいた人たちがかわいそうだと思った。」

板書の意見には「人の住む場所がなくなるのは悲しいが水が十分あることはうれしいという気持ちが合わさってへんな気持ちになった。」というものもある。「開発」の名のもと、新たなインフラ整備が進むことは、つねに相反する意見がさまざまな立場で生じるものだが、その点を突いている発言であると感じた。

調べ学習をして話し合う

初回の話し合いを受けて、二回目以降の話し合いはさまざまな事実を根拠にした話し合いに発展させたいと、知りたい内容でグルーピングして進捗状況にも考慮し、調べ学習の時間を二～三時間設けることにした。

宮ヶ瀬村の歴史や移転させられた人びとの思い、ダムができたことで得られたことなどは当たり前に出てきたが、ユニークな疑問に「ダムはどのような所に造るのか」というものがあった。そのグループは地図帳から丹念に全国のダムをみつけ、やがて「ダムはあまり高くない山の谷間に造られる」という結論を導き出した。そこから「芦ノ湖の水を利用できないか」という仮説を立て、芦ノ湖の水量を調べた。

この意見は三回目の話し合いでグループをリードしていた児童から発せられたが、この児童はほかにも海水を利用できないかといったように自然の水資源を極力利用したいと意見を出してきた。人工物は壊れる危険性があり、自然物ならその危険性が低くなるというのがその理由とのこと。以降も「工場（人工物）をもとにもどすことは、（自然にくらべ）時間もかからないしかんたんだけど、しぜんをなおすことは時間がかかるしむずかしいから、工業を発展させるよりも、しぜんを守ったほうがいいと思いました。」という学習感想を綴っていた。

一方で調べ学習をへてダム建設の利点を知ることによって、ダム建設を肯定する立場に移動する児童が増えていった。

三回目までの話し合いで、肯定的な立場では、水不足の歴史的事実や補償額、ダムができることによってまかなえる水量といった明確なデータが示された。否定的な立場では、移転させられた人びとの心情や動植物への環境的変化などの内容が多かった。

話し合いでは、「○○資料の△ページに〜」と根拠はどこにあるかを示しながら発言し、立場の異なる意見を互いに受けとめながら進んでいった。三回目の話し合い後は、肯定的な立場に立つ児童のほうが多くなった。

この後、児童の希望により四回目の話し合いを設定した。話し合いに入る前にさらに調べ学習の時間を設けたが、肯定的な立場の児童三人が水田の保水能力に目をつけ、建設計画前後の水田の面積がわかる資料が欲しいと新たに要求してきた。そこで一九五五〜七一年の田畑面積がブロック別に記されている農林省の統計資料を渡した。神奈川県が含まれる「南関東ブロック」の田の面積は一九六〇年の二一万七七九〇ヘクタールをピークに減りつづけ、宮ヶ瀬ダム建設計画が発表された一九六九年には二〇万三九三〇ヘクタールと、約一万四〇〇〇ヘクタールも減少し、この資料の最後になる二年後にはさらに一九万四九九〇ヘクタールと約九〇〇〇ヘクタール減少している。このグループが四回目の話し合いで「もっと高度経済成長期以前にあった田んぼの水を生かせなかったか。」という意見を出してきた。

このデータを基にした意見は力があり、四回目は一気に否定側の立場に立つ児童が増えた。はじめにたった一人で肯定側にいて、その後もずっと肯定側だった児童が、この四回目では肯定側寄りの真ん中に立場をとり、ノートにつぎのように綴ってきた。

「宮ヶ瀬ダムは水がなくなるから、宮ヶ瀬ダムを作っていいと思ったけど宮ヶ瀬の所に昔から住んでいた人はぜったいいやだっていっていると思います。わたしが宮ヶ瀬に住んでいたらちょっとはうけいれると思うけどいやです。」

移転した人びとへ思いをはせる

児童らは長い調べ学習と話し合いのなかで、自分と異なる立場の意見にも傾聴の姿勢をみせるようになった。また四回の話し合いをとおし、肯定的な立場の児童は、もっとも肯定側にマグネットを置くことはせず、一定のスペースができていた。この点について私が、「みんながここ（もっとも肯定側）にマグネットを置かないのは、移転した人がいることへの申し訳ないという気持ちのあらわれと思っているけれど……」と口火を切ると、「当然でしょう。『移転して当たり前』なんて言えないよ。」と、移転した人びとへ思いをはせつつ肯定側に立っていることを教えてくれた。私もこの言葉に児童らの、生活基盤を失う立場にある人びとに十分思いを寄せつつこの問題に向き合う真剣な姿勢を読みとることができた。

また、水ができる仕組みを知った時点で水の大切さは十分理解できていたが、この一

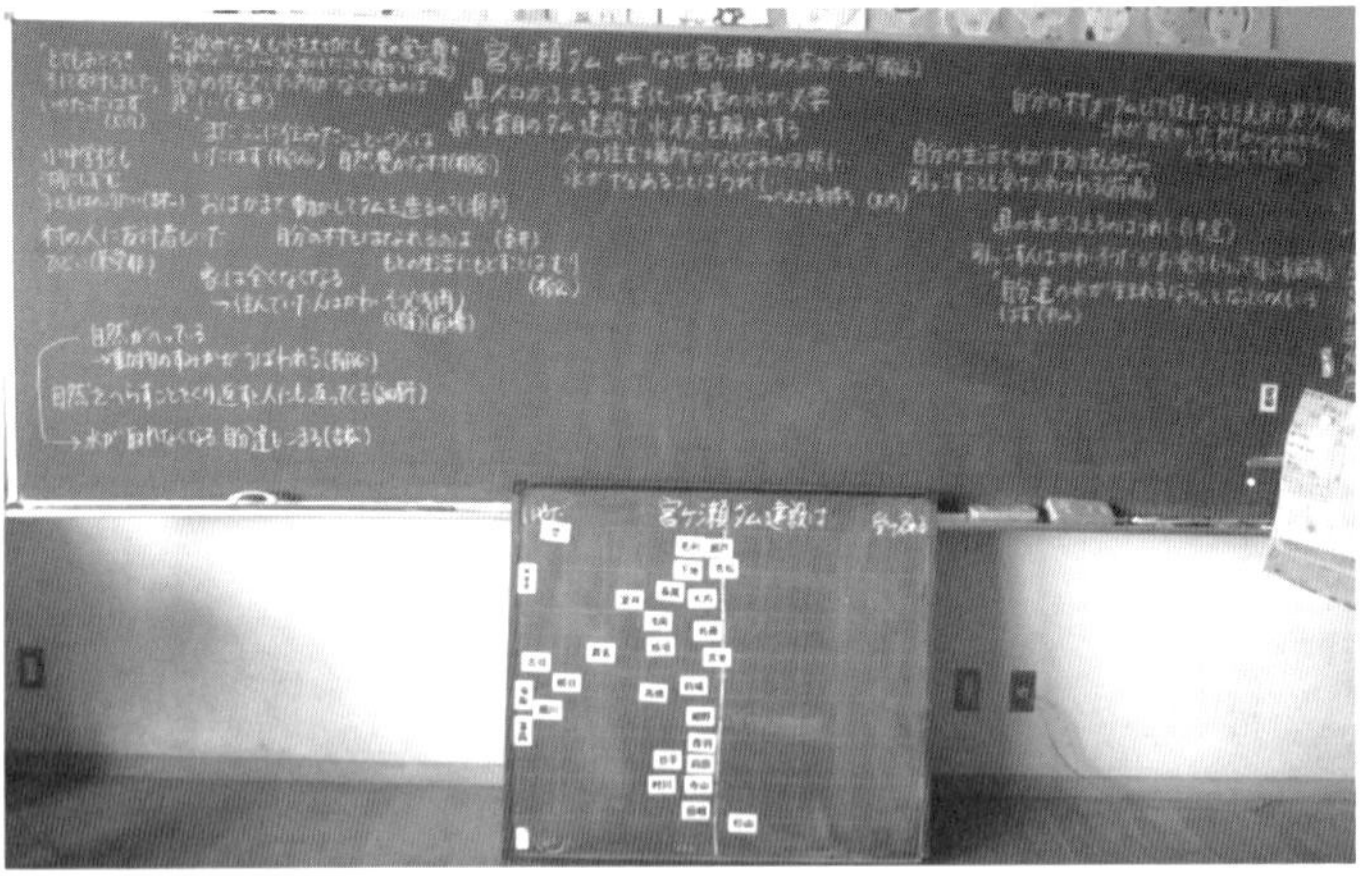

話し合い1回目後の立場マグネット

小黒板の右側が「建設賛成」、左側が「反対」(以下同)。ダム建設の概要を知った直後で、「湖底に村が沈んだ」という事実は児童らにとって衝撃が大きく、大半が「建設反対」。そのなかで一人、中心線の右側「賛成」の児童がいる。「……宮ヶ瀬ダムがなくなるとわたしたちの水がなくなる……」と学習感想に綴っている。

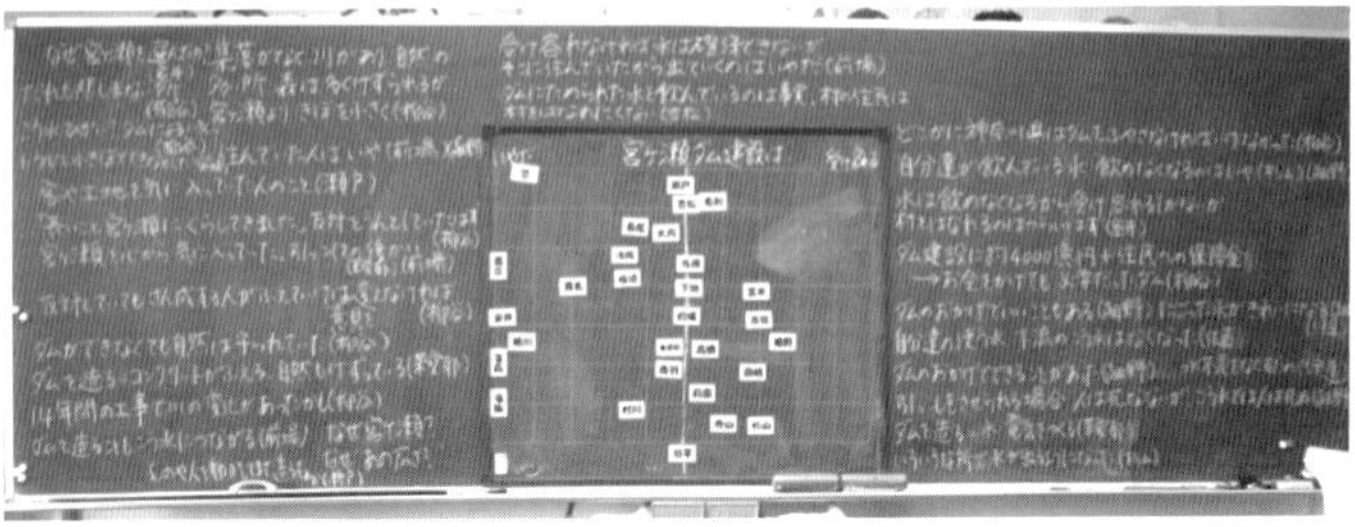

話し合い2回目後の立場マグネット

調べ学習をはさみ、ダムのもつ役割や機能もある程度理解できた後の話し合いであり、両方の立場それぞれを主張する意見も1回目より増えた。「賛成」側が右に寄ってきており，県民の一部に犠牲を強いてまでダムがなぜ造られたのか、計画を立てた理由も把握できていることがうかがえる。

話し合い3回目後の立場マグネット

調べ学習がさらに進み、ダムの役割の一つに防災の役割があることも意見としてくり返し主張された。板書の様子からもわかるが「賛成」側の多方面からの意見の説得力が強く、目に見えて「賛成」の児童が増えた回でもある。「反対」側はやや勢いを失っている。

話し合い4回目後の立場マグネット

この話し合いの前に児童らから自主的な調べ学習の時間請求があり、応じた。前回「賛成」の立場だった児童から「田の面積がわかる資料」の要求があり、このグループの意見が大きく影響した回。彼らも「賛成」から「反対」に立場を変えたが、「反対」側の意見も自信を得て形勢逆転がうかがえる。はじめに「賛成」側にいた児童もこのときの立場は中心に移動した。

連の話し合いをとおし、ある児童はつぎのようにノートに記した。

「(前略) 今まで水をいっぱい使っていた自分が今はすごい大切にしようと思っている。それはなぜかと言うと引っこしする人の思いもつまってるし自分があんだけ言ったけどもう (ダムを) 造っちゃったから大切にしようと思う。でもあきらめてない。やっぱり自分はぜったいうけいれるにはいかない!やっぱり引っこす人の思いがあるから水をむだにはできない。(後略)」

当たり前に使っている水に、毎日水の浄化に携わる人の存在があることとともに、知ってしまった尽きることのない供給の真実=住民の移転という犠牲の上に建設された「宮ヶ瀬ダム」の存在があることを重く受けとめ、大切に使わなければならないという思いを新たにしたといえる。

5 ―実践を終えて― 問題と向き合う力を養う

「近代化にともなうひずみ」を知ること

「宮ヶ瀬ダム」をめぐる話し合いは四回にわたった。はじめの立場を貫きとおした児童、新たな情報や仲間の意見を聴くたびに立場を変えていった児童など、意見の応酬や考え抜いて立場を決める姿に、問題に真剣に向き合っていたと感じている。

こうした問題を話し合う際、「犠牲を強いられた人びとのことを思い、水を大切に使おうという気持ちをもって今後の生活態度に反映させてほしい」といったまとめをするケースがあるが、こうした耳触りのよいスローガンに集約することを着地点にしていいのだろうか。蛇口をひねれば当たり前に出てくる、世界一きれいでおいしい水を前に、つねに「犠牲を強いられた人への感謝をもちながら水を使おう」という態度は現実的ではないだろう。

こうした事例を学習する意味は、「近代化にともなうひずみ」を知ることにあると思う。

神奈川県が大きなダムを必要としたのは、工業地帯の形成とそれにともなう人口増加を見込んだからである。調べ学習により「それまであった田の保水作用を生かせなかったか」という指摘をした児童がいた。田の保水作用を生かすためには、田をつぶさないこと、すなわち農業を一定の割合で継続する必要がある。そうなると工場誘致は思うように進まないので、県人口も爆発的に増えることはなかっただろう。もしかしたら宮ヶ瀬ダムの規模もいまとちがうものになっていたかもしれない。

現在の神奈川県の姿は当時の国の高度経済成長政策にとり込まれた姿であり、経済的な豊かさを謳歌しているようにみえる。だがそこには消えていった村や暮らしがあった。地域環境と共存しながら長く成り立たせてきた暮らしは、政策によって当事者に考える時間を与えず、やすやすと壊されてしまう。

一度壊したものは元に戻ることはない。本来ならば当事者や環境への影響をていねいに調べ、さまざまな立場からの意見を交わして最適な答えを導き出さなければならない。しかし、政策は「国・地方公共団体対地域住民」という有利不利が明確な構図をつくりだし、小さきものである地域住民に迫ってくる。そこに小さきものの声は反映されないのが、日本社会がもつ歪みである。

今回の宮ヶ瀬ダムの学習は、子どもたちが「強いられる側」と「強いる側」の理由とやり方を自分なりに客観的にとらえて問題と向き合う力を養うことになったであろう。

四年生の社会科学習は、どの単元にも「まちづくり」というキーワードがならぶ（教育出版教科書『小学校社会科四年』）。四年生の学習の総括で三月に、「伊勢原市または神奈川県が今後どのような街になってほしいか、みんなの『まちづくり』の考えを最後に教えて」と最後の学習感想を求めたところ、つぎの意見があった。

「昔からの人たちの田畑などはもう本当にいらないのか、それともまだいるのかをはんだんしてのこすかのこさないのかをきめられるまちになってほしい。」

直前の単元に「昔から今へと続くまちづくり」があり、江戸時代にたいへんな苦労の後に開拓された田が現在はまったく跡形もなくなってしまった事例を学んだことからの発言であるが、半年前に学んだ「宮ヶ瀬ダムの是非を問う」話し合いや、年が明けてまもなくの「防災目的のダム建設」の学習がつながっていると感じている。

この児童は「残すべき」とは言っていない。「判断して残す」、つまり当事者の納得のいく合意こそ最優先されるべきだと述べている。この「当事者の納得のいく合意」が尊重される社会をめざす市民性を育てたい。自分事を意識した社会科実践から明確になったことの一つである。

「ダム建設」の視点で防災ダムの是非を問う

最後に、「防災目的のダム建設」の学習での児童の意見についてふれておこう。「水はどこから」のつぎの単元「自然災害にそなえるまちづくり」を学習している最中に、七月の集中豪雨で大きな被害を受けた熊本県の球磨川《くまがわ》支流の川辺川《かわべがわ》で、「川辺川ダム」建設の計画が再浮上した。住民の意思で撤回した水害対策のダム計画だったが、堤防決壊とその被害のため、知事が「ダム建設もあり得る」と言いはじめたというニュースが一一月一九、二〇日の朝日新聞に掲載された。記事には住民の「ダム建設計画が挙がった当初から建設賛成」、「建設反対を掲げてきたが、今回の水害により賛成に転じた」、「今回の水害で身内を亡くしても川と共に歴史を紡いできた地域にダムは不要（建設反対）」という三つの異なる立場のインタビューも掲載されていた。水害対策の「ダム建設」ということで、三学期に入り、子どもたちと二時間ほど使って話し合いの場を設けた。

「水はどこから」の単元同様、「造ってよかった／造るべき」と「造らないほうがよい」という二項で話し合いを進めた。児童らの話し合いの様子をみていると、水害によって犠牲を強いられた住民への思いがある一方で、思いの外、人的犠牲だけに目を向けるのではなく、自然環境への思いにも強い主張があらわれた。そこには「一度壊れた自然は元には戻らない。」という根拠だけでなく、「人はこの地球上で人だけで生きているのではない。他の生き物に助けられて生きている。」という根拠を主張する児童も一定数いた。

私たちの食べ物が動物由来であるだけでなく、そこには植物由来の食べ物もあり、そこには虫による受粉の助けもある。「生き物の命も人と同列」と言葉や文字であらわしても、やはり「人だけは別格」というのが至極当然の考え方であろう。「他の生き物に助けられて生きている」と主張する児童らも虫や小動物を好き勝手に捕まえ、死なせてきたはずだが、一連のダム建設が生み出すものを意識することで、地球上に生きるものの命の平等性をどのように考えたらいいかを新たな課題として考えるようになってきたことが、はっきりみてとれた。

＊本実践は、前任校伊勢原市立桜台小学校でおこなったものである。

参考文献

神奈川新聞社編集局編『宮ヶ瀬ダム―湖底に沈んだ望郷の記録―』神奈川新聞社、二〇〇一年
ふるさと宮ケ瀬を語り継ぐ会『ふるさと宮ケ瀬―渓谷の村から―』夢工房、一九九七年
神奈川県企業庁『令和二年度版　わたしたちの水道』神奈川県企業庁企業局水道部経営課、二〇二〇年
『わたしたちの宮ヶ瀬ダム』国土交通省関東地方整備局相模川水系広域ダム管理事務所、二〇二〇年
大熊孝『洪水と水害をとらえなおす―自然観の転換と川との共生―』農山漁村文化協会、二〇二〇年

小学5年

板垣雅則

これからの工業生産と私たち

アパレル産業を中心に

1 ―テーマ― 衣類は安ければよいのか

「多面的・多角的」な思考を求めて

本章では、私たちをとりまく工業の展望を考える授業を、衣服を製造・販売するアパレル産業を軸にして考察してみたい。

小学校の「学習指導要領」では、三年生で自分たちの市町村における生産・販売の様子について、四年生で自分の住む都道府県の地場産業の特徴を学ぶことになっている。それらを受けて五年生の学習では、日本の各種産業の動向と国民生活との関係について学習する。

二〇一七年の「学習指導要領」改訂で強く打ち出されたものの一つに「多面的・多角的」に考えるということがある。もっとも、小学校高学年では「多角的」な視点だけでよいとされているが、私は、アパレル産業を中心にして学習を組織することで、「多面的・多角的」な思考を、子どもたちに切実性をともなって促すことができると考えている。

アパレル産業の現状

第一に、アパレル産業はいま、多くの問題を抱えているからだ。現在、国内流通の衣類の九割以上が外国産だが、それらは現地の安価な労働力によって生産されており、現地では労働者の過酷な労働状況を生んでいる。現地の縫製工場ではコスト削減を追求するあまり、労働環境の悪化という事態を引き起こしている。

象徴的なのは、「ラナ・プラザ」の倒壊事故である。二〇一三年、バングラデシュにあった八階建てのビル「ラナ・プラザ」が崩落し、一一〇〇人を超える死者、二五〇〇人を超える負傷者を出した。そもそもこのビルは商業用の建物であったが、そこに入っている縫製工場の経営者がキャパシティーを超える工員とミシンなどの設備を動員したり、違法とわかっていながらも建て増しをしたりした結果だという[*1]。

また、労働者が染色作業にともなう健康被害をこうむることもあるし、染色に直接携わらなくても、居住地域が染色に使用された化学薬品により汚染され、その水を生活用水にせざるをえない状況も発生している。映画『ザ・トゥルー・コスト』には、汚染された水で生活することで、皮膚に異常をきたした人びとの様子が描かれている。

だが、国産の衣服を着るようになれば、労働者の問題が解決するかといえば、そうではない。安価な外国製品に対抗するために、一部の国内工場では外国人技能実習生を受け入れて、低賃金で働かせることによって価格を抑えているからだ。外国人技能実習制度とは、発展途上国の経済発展のための人材を育成するという趣旨で日本に招いて、さまざまな事業所で仕事に従事しながら技能を身につけさせる、というものだ。法務省や厚生労働省の管轄のもとでおこなわれているのだが、事業所のなかには劣悪な環境で従事させたり、技能実習とは程遠い単純作業に従事させたりするケースもある。仲介業者に多額の借金をしたうえで来日するケースもあり、給料はその返済にも充てなくてはならない状況もある。

外国でも国内でも、アパレル産業の各ブランドが設定する価格を受け入れるために、賃金を低く抑え、労働環境の整備を切り捨てるしかない、というのが現状である。

また、大量廃棄の問題もある。服は年間四〇億着が新品として出荷されるが、そのうち少なくとも一〇億着は一度も着られることなく廃棄されていくという。*2 廃棄するくらいならば、リサイクルや途上国への寄付などが解決策として想定できるかもしれないが、化学繊維を使用して高機能化した服はリサイクルが難しく、*3 また途上国への寄付は現地の縫製産業を圧迫する結果を招く。*4

このように、服の生産には、国外産／国内産という場所の問題、リサイクル／寄付という余剰生産されたものの行方といった、多面的な要素が存在している。そしてそれらは、適正な量を適正な価格で販売できていないという点に結実する。

生産・販売の矛盾と消費者の葛藤

第二に、服という工業製品を購入する消費者の立場である。服は自分の表現・価値観がストレートにあらわれるものである。本実践の前に子どもたちにどのように服を選ぶかアンケートをとったところ、九割の子がデザインに注目して購入していた。また、六割ほどの子が値段、四割の子が「丈夫そうか」といったコストパフォーマンスに着目していた。子どもたちはそれほどブランドを意識はしていないが、それでも日々接しているとさまざまなブランドの服を着ているし、お気に入りのキャラクターが描かれたものばかりを好んで着ている子も少なくない。行事があれば、お揃いの服を選んで着るということもある。子どもたちにとって、服とは自己表現の一つなのだ。

しかし、服の生産・販売には、これまでみてきたように多くの矛盾があり、そういったものを身にまとっている。いかに気分が高まるデザインであろうと、保温性や速乾性に秀でていても、その服がどのような過程で生産され、生産に関わった人びとの生活を想像し、廃棄して自分の手元を離れた後でどうなっていくのかについて思案すると、えも言われぬやりきれなさ、切実感を抱くのではないだろうか。

そのうえ、そのような矛盾を克服するためには適正な生産量・適正な価格を実現することが必要になるが、それは消費者としての子ども家庭の出費が増えることを意味する。それが多くの消費者に受け入れられる価値観なのかどうかは大きな葛藤場面になる。

そして、そのような葛藤を感じざるをえない私たちもまた、世界規模での経済の矛盾を受けている。「現地の縫い手を抑圧している私たちは加害者」というよりも、「エシカルなものを選んで購入することができない経済構造に組み込まれている私たちだって、むしろ抑圧されている側である」ととらえたほうが正しい把握だと私は考えている。多くの服の生産者と消費者の間には一見すると分断線があり、生産者が社会的に排除されているようにみえるが、適正な価格での購入という健全な消費行動によって社会的排除の克服を具現化できない私たちもまた、社会的に排除されている側である、ととらえることも可能である。

私たちをとりまく工業製品の多くは同様の問題を抱えている。子どもたちが自分たちで解決するには規模が大きすぎる問題である。しかし、その問題を正面から、自己表現がよくあらわれる衣類に焦点をあて、子どもたちと一緒に考えたのが以下の実践である。

なお本実践は二〇一九年におこなったものであるため、具体的な価格や事例の状況は現在と異なる。

2 ―単元― アパレル産業と私たち

単元の全体計画

	時配	おもな学習活動	指導上の留意点
つかむ	一	服の生産にまつわる諸問題を知る ・自分たちの服の産地を調べ、位置を把握する。 ・『ザ・トゥルー・コスト』を視聴する。	・『ザ・トゥルー・コスト』は、生産者の立場が描かれている部分のみみせる。
		なぜ『ザ・トゥルー・コスト』のようなことが起こるのだろうか。	
調べる	二	服の金額がどのようにして決まるのか理解する。 ・服の価格をさまざまな立場からシミュレーションする。	・ブランドの社長・工場長の立場になったり、価格設定やコストを操作したりすることで、どのようなことが発生するのか実感できるようにする。
	三	売れ残った服の行方を考える。 ・正規の価格からアウトレット、廃棄まで	
	四	どうすればこれらの問題を解決できるのか考える。 ・リサイクルが困難であることを把握する。	・ここではさまざまな方向性を出すとともに、そのむずかしさなどについても感じさせ、問題の困難さを理解できる
	五	国産ならば問題を解決できるか考える。	

深める		・『ガイアの夜明け』を視聴する。	ようにしたい。
	六	今後の展望を考える。 ・パタゴニアのとり組みを理解する。	・問題を解決していく方向性を提示しつつも、それが価格を通して自分たちの生活に反映していくことを視野に入れるようにする。
	七	・10YCのとり組みを理解する。	
	八	・丸和繊維工業のとり組みを理解する。	
	九	服を消費するにあたり、自分のありかたを考える。 ・服の価格が上がることを受け入れられるか、討論をおこなう。	・これまで学んだことを整理しながら、自分の考えをまとめられるようにする。

3 ― 授業1 ― さまざまな立場を調べる

一時間目：服の生産地を調べる

一時間目は、自分たちの着ている服のタグから生産地を調べ、なぜアジアに集中しているのかを確認させるために映画『ザ・トゥルー・コスト』を視聴した。[*5]

授業ではこの映画のなかの、シーマさんというバングラデシュの縫い手のインタビューなどを中心にして、問題点の抽出につながる部分のみ視聴した。

具体的には、①現地工場では低価格競争が展開されており、工場側の主張が通りにくい、②バングラデシュの縫い手は低賃金で労働し、給料は一日三ドルほどである、③低賃金・低コストの結果、バングラデシュのラナ・プラザでビルの倒壊事故が起き、千人以上が亡くなった（ただし事故を伝えるショッキングな映像はカット）、④革の加工をするため、インドでは河川の汚染が進んでおり、健康被害も生じている、などである。「これらの服は私たちの血でできています」「血でできた服なんて誰にも着てほしくない」という言葉、アメリカのブラックフライデーでの大規模なバーゲンの様子とスラム街のコントラストが衝撃的である。

『ザ・トゥルー・コスト』をみて、子どもからつぎのような感想があった（子どもの名前はすべて仮名、以下同）。

「一日の給料が三ドル以下で、どう生活をしていたのかと思いました。でも、こんな環境の中で服を作っていたから、服をもっと大切にしないとと思いました。」（茜）

多くの子が生活の貧しさに関心をもち、「服を大切に着よう」と考えた。しかし、経済構造まではまだみえていない。

二時間目：価格を考える

二時間目は、七〇〇〇円のシャツを製造・販売することを想定して、①材料費、②工場の運営費、③縫い手の給料、④工場長の給料、⑤輸送費、⑥売る人の給料、⑦ブランドのもうけ、という七項目をいろいろな立場から割り振ってみた。

ブランドの社長の立場なら⑦の比率が高くなるし、工場長の立場なら④が高くなる。縫い手に手厚くするために③を増やして、②や④を削減すれば電気代やミシン代が確保できなかったり、ラナ・プラザの事故のようなことが起きる危険性が高まったりする。①を削れば質の悪い製品になってしまう。解決するために服の価格七〇〇〇円を八〇〇〇円にすれば高くなるので売れなくなるし、逆に六〇〇〇円に設定すれば消費者は喜ぶが、生産者側は嬉しくない状況になることを理解した。

三時間目：売れ残った服の行方を考える

三時間目は、売れ残った服について考えた。売れ残った服はセールに出され、それでも残ればアウトレットに流れる。「そこでも売れなかった場合はどうなる？」と聞くと、「リサイクルする」「一〇円で売る」などさまざまな意見が出た。

それらの道もあるのだが、正解が「廃棄」と知ったときに子どもたちは驚き、その理由が「ブランドの価値を守るため」であること、日本では年間一〇億着もの新品が着られずに廃棄されるという事実は衝撃的であり、つぎのように憤りを感じる子も多かった。

「たくさんすてられているから、すてる分少なく作ればいいのにと思いました。ブランド価値をさげないためにと言ってもあんなにたくさんすてるのはとてももったいないと思った。」（千尋）

「他の国やインドでは命を犠牲にしてまで作っているのに年一〇億着もむだにしているなんてひどいと思った。」（直也）

四時間目：どうすればこれらの問題を解決できるのか

四時間目は「どうすればこの問題を解決できるのか？」を考えた。

「他の国の人がシーマさんたちの国へ募金をする」『〇×円以上の給料になるように』という決まりをつくる」「給料をもっと工場側に回す」など、今後の方向性につながる意見が出た。

「リサイクル」が議論になったところで、三枚のTシャツをみせて肌触りを確認させた。

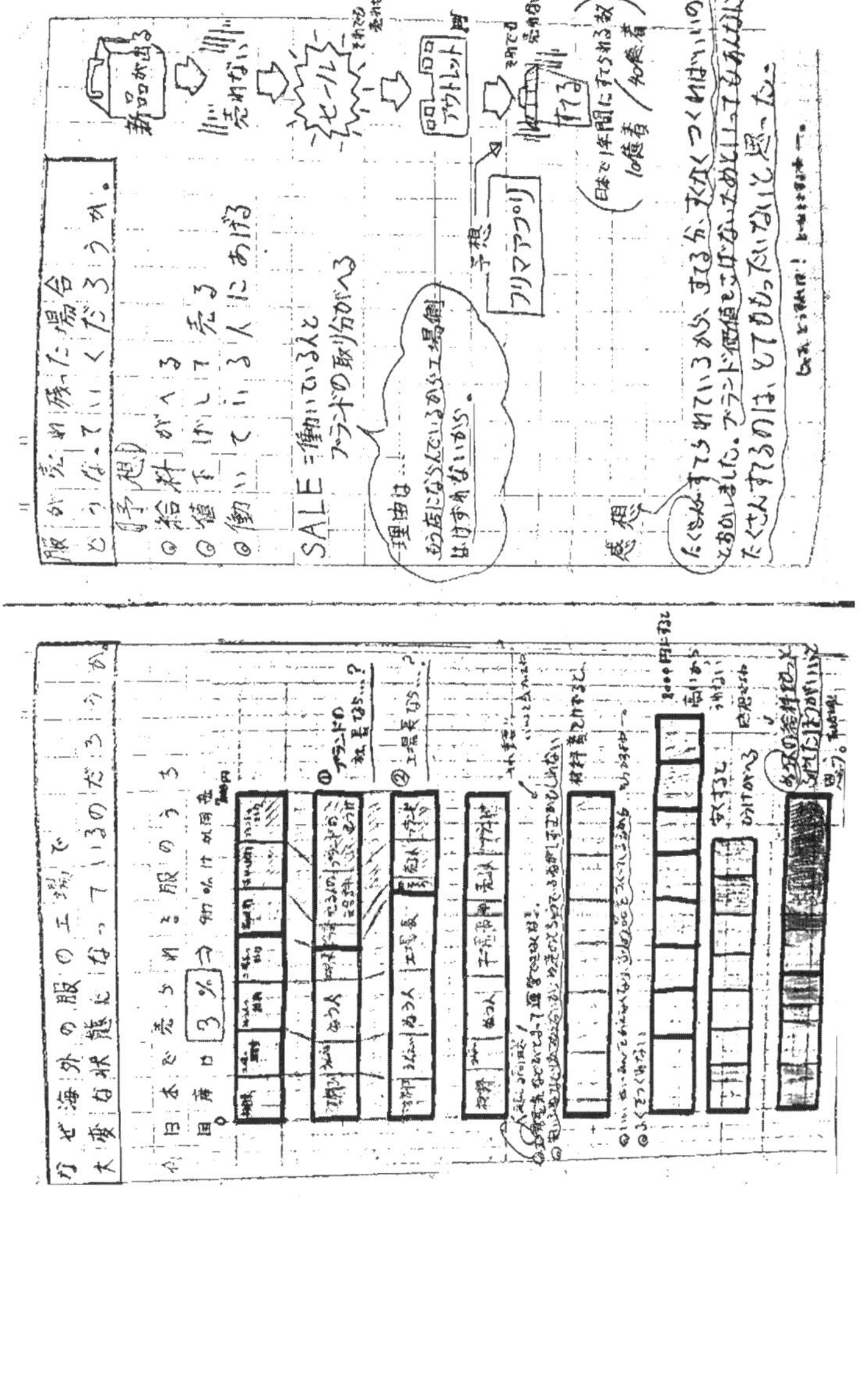

千尋のノート。2時間目終了では「ぬう人の給料をもっと増やした方がいいと思う」と感想を述べている。

一つは昔からある綿一〇〇パーセントのもの。残り二つはポリエステルとポリウレタンを配合して、夏場に涼しく感じられるようにしたものである。
「化学繊維のものは便利だけど、リサイクルしづらい」と説明すると、一葉がたまらず
「じゃあ、便利なものを求めることによって、私たちが（環境を）破壊しているということになる、ということですか？」と聞いてくる。教室中に「おれたちひでえ」などの声が出る。自分たちの購買行動と環境問題が直接つながった瞬間だった。

「決してシーマさんたちのせいじゃなくて、私たちが関係しているんだなと思いました。」（英里佳）
「ぼくらが地球を汚しているかもしれないとはびっくりです。」（徹）

五時間目：国産ならば問題を解決できるか

五時間目は「国産品なら解決できるのか？」として、外国人技能実習生の問題が描かれている番組（テレビ東京「ガイアの夜明け」二〇一七年一二月一二日放送）を視聴した。
国内のとある縫製工場で働く外国人実習生は毎日一五時間働き、七カ月で休日は一日しかない。未払い賃金が六〇〇万円あるという縫い手の実習生が東京の本社に出向いて

訴えるが聞き入れてもらえない。本社前で一着一万三〇〇〇円の、“Made in JAPAN”のタグが付いた華やかな服を掲げる姿はみていて心苦しい。

「一時間に四〇〇円の給料はすごく少ないし、作っている服は一万三〇〇〇円なのに、なんでそんなに給料が少ないのか意味が分からないです。会社で働いている人だからもっと給料を上げてもいいと思うし、自分がもうかりたいからってその働いている人たちの給料を下げるのはいいことではないと思います。」（麻美子）

4 ―授業2― 展望を理解し、葛藤を感じる

六時間目：「環境にいいけど少し高い」

六時間目以降は、労働者の賃金を上げ、環境にも配慮するいくつかの生産者の取り組みをとり上げながら、消費者としての葛藤を感じさせることが目標である。

アメリカのアウトドアメーカーであるパタゴニアでは“Worn Wear”（着ることについてのストーリー）というキャンペーンで、服の修理・再生を積極的に推進している。オーガニックコットン一〇〇パーセントの実現や、ペットボトルを原料にしたシェル（登山用

の上着）の開発も進めている。

また、同社ではフェアトレードを積極的に進めており、用途を自由に決められる賞与を労働者団体に渡している。パタゴニアのレジ袋を導入として、「レジ袋のデポジットすらやめたパタゴニアってどんな会社？」と問いかけ、YouTubeのパタゴニアチャンネルをみせながらフェアトレードや服の修理、ペットボトルを素材にしたシェルの生産などについて紹介した。[*6]

子どもたちの反応はよかった。しかし、最後に「ぼくがいま着ている（パタゴニアの）ポロシャツ、いくらでしょう？」と聞くと、将司が「絶対高いじゃん」とつぶやく。「（フェアトレードで）お金とか使わなきゃいけないから」と気づいていた。公正な取引を実現するには販売価格に「跳ね返ってくる」ということがわかったのである。そのポロシャツの金額を教えると、子どもたちから驚きとため息が出た。

「こんなみんな公平でお金とかもみんなで話し合って使い道を決める会社なんてあると思わなかったからびっくりしました。しかも環境にいいけど少し高いのが『う〜ん』と思いました。」（竜次）

「それは買った（時の）少しのお金を、服を作っている人たちの大切な支援になる

から、募金と一緒なので『いいことをした』と思えるので、いい。」(守)

子どもたちが記した感想をみると、守のようにフェアトレードの意義を重視している子もいるが、良いことをしている会社だけど、自分としてはそこに踏み切れないという意見が多かった。

七・八時間目：国内企業の取り組み

国内の企業ではどうか。東京都墨田区に10YC(テンワイシー)というアパレル企業がある。10 Years Clothing =「一〇年着続けたいと思える服」を謳ったこの会社は、自分たちで工場などと交渉し、仲介手数料を削減することで、適正な賃金を実現している。この観点から、セール販売はいっさいしないとのことだ。

まず10YCで販売しているパーカをみせ、国産であることを紹介する。生地にこだわりがあり、肌ざわりのよさなどが最大の特長であることなどを紹介したうえで、前回に続けてこのパーカの金額を予想させる。

だいたい五〇〇〇~八〇〇〇円くらいの金額を予想するが、実際は一万六八〇〇円である。しかし、この品質のパーカを他の会社がつくると三万円ぐらいすることを伝え、

10YCがどのようなことをおこなっているのかについて、私が撮ったインタビュー動画をみせて確認していった。

必死になってコストを削って原価を抑える努力をして納品したのにその服がすぐにセールにまわされていたり、品質の悪い商品を高額で買ってしまったりなどの経験から、「一〇年着続けたいと思える服」を製品化することをめざした、といった内容である。

つぎに、パタゴニアのエチオピア工場と、10YCのパーカを作っている丸和繊維工業の青森工場（アプティマルワ）の工場の様子を写真で比較させた。

アプティマルワの労働者の平均年齢は三〇歳前半であり、これは現地の高校卒業生を積極的に採用した結果である。また多品種少量生産への対応や、縫い手が休暇をとりやすくするなどの観点から多能工の制度を導入している。

子どもは、「（アプティマルワは）ミシンはいっぱいあるけど人は多くない。（パタゴニアは）ギッチギチ。」と縫い手の人数に気がついた。

複数のミシンを一人で使うことでどのようなことが生じるかを考えさせると、「早いのは左（パタゴニア）だけど、質がよいのは右（アプティマルワ）だ」と気づいていく。

ここで工場長や社員のインタビューをみせる。多能工のシステムにより、縫い手が休みをとりやすくなるという利点があることを確認する。それらを受けて「そういう工場に10YCはパーカの生産をお願いしたい、と考えたんです。それがこの一万六八〇〇円という値段なんです。」とまとめた。

八時間目：企業の根底にある価値

八時間目は丸和繊維工業のとり組みを中心に学習した。丸和繊維工業が出している「INDUSTYLE」のワイシャツを教室で同僚に着てもらい、両腕を上げてもらう。腕を上げたときに引っ張られないのがこのシャツの特長である。動体裁断という技術を用いている。だから着心地がよく自然な感じで身動きがとれるし、黒板の上のほうに文字を書くのも楽だということを子どもたちの前でやってもらった。

子どもたちはその金額にも興味をもった。私が一万五〇〇〇円だと伝えると「高いなあ」という声が出る。

「丸和繊維工業の社長がどのようなことを考えて会社を経営しているのか」と問いかけ、インタビュー動画をみせた。「誇りをもって仕事ができる」環境づくりとして、地元の若い人を積極的に雇用する、工場内の環境を改善する、多能工システムを導入する、などである。「素敵」「働きたい」などの声があがる。

最後に、シーマさんの工場とパタゴニア、10YC、丸和繊維工業のちがいを考えさせた。

「シーマさんの工場は社長さんが社員のことを全く考えていなくて、給料を減らしている。でも10YCとかはホワイト。」

「シーマさんのほうの社長は自分だけがもうかろうとしていてあらゆる犠牲を強いていて、差別的。丸和繊維のほうは縫う人が一生懸命縫っていて会社を支えているから、みんなを笑顔にしている。」

「シーマさんの工場はブランドに選ばれることを選んでいるけど、10YCとかは社員が幸せになることを大事にしている。」

企業の根底にある価値観の差に気づいていった。そのうえで「その『差』がどこにあらわれているの？」と問うと「金額」と気づいていった。

「シーマさんのような人たちが作っている服は安いけど、なんか着たくない気がしてきた。」（竜次）

「いくら安くてもいい服の方がいいから、高くてもその服を買う。」（弥太郎）

「品質の高い商品を作るには、値段は高くなるけど、やっぱり安い方が選びやすい

と思う。」（千佳）

子どもの感想を読むと、安い服の背景を実感することで、安い服に抵抗感をもつ子があらわれはじめた。これは一時間目とは大きく異なる点である。ただし、その金額の「高さ」については賛否が分かれていた。これは自分自身が着てみないとその価値が実感しにくいという点もあったのだと思う。

九時間目：自分たちはどう関わるか考える

九時間目はこれまでの学習のまとめとして、「これらの問題を解決するために、服の値段が上がっていくことにあなたは賛成か反対か」について討論した。

〈値段が上がることに賛成〉「日本でも年間一〇億着も捨てられていて、海を汚している。海が汚れると魚が少なくなって、人間が危機になってしまう。」（貴之）

反対意見も多く出された。つぎの紳一郎の意見は、前回学んだ10YCのとり組みをふまえている。このようにすれば服は高くしないですむ、ということだ。

〈値段が上がることに反対〉「ブランドを通すから高くなるのであって、生産者だけで服の売買をすればいい。ブランドの取り分があるから高い。だからその分をカットすれば全部その額は生産者の人に渡る。」（紳一郎）

この後、賛成派の真帆は「働く人の問題、自然の問題が解決するならいいと思います。それが直る方向に行くならいいと思います。」と主張し、それにたいして守や伸一郎の反対派は「高くすると売れない、だから逆効果だ。」と反論する。

議論が活発になってきたところでアプティマルワの工場長のインタビューをみせた。工場長はつぎのように語っていた。「縫製工場の地位が低い。地位を上げるには社員たちの賃金を上げることでしょうね。上げるためには、たとえば10YCさんみたいな会社が増えれば、適正な価格の仕事をいただけるわけですし、それに見合った製品をつくらなければいけない。そのために社員がいろいろ工夫や努力をしているわけですから、そういった努力を認めてもらうことが大事です。（中略）製造業がまだちょっと見下された感じがあるのかな。」

このインタビューを受けて、真帆は「やさしい」とつぶやき、この後しばらく議論が

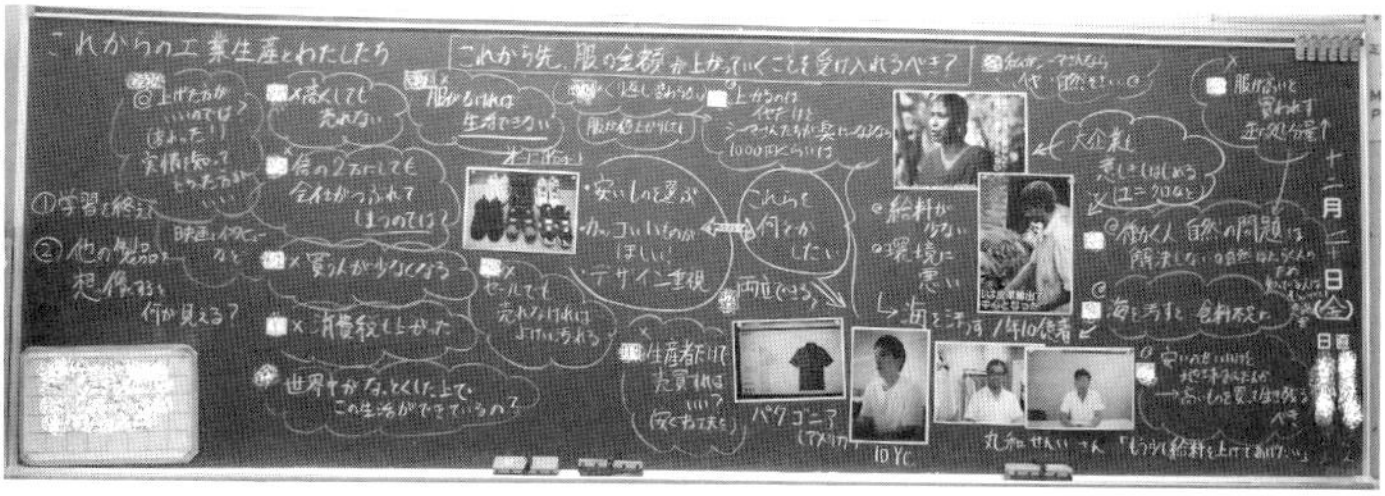

九時間目討論の様子

続いた後で紳一郎は「やっぱり値上げした方がいいと思う。」と自分の考えを変更していった。服をめぐる問題がとても深刻で、全世界規模の問題が自分たちの服に存在していることを多くの子が実感できたようだった。

5 ―成果と課題― 消費者と生産者の分断を越えるには

「一番学習を通して多かったことは人の上下関係だと思います。それは縫う人の賃金は安くても、（シーマさんの工場の）社長やブランドの代金は十分な金額となっていて、自分的には差別的な構造だなーと社会の闇を知った感じです。」（貴之）

「高い商品の裏は『ハッピー』だけど、安い商品の裏は『つらい』のかと思いました。安い商品をみると『これ買おう！』と思っていたけど、この学習をしてから、

『安いから裏は大変なのかな』と思ったりするようになりました。一〇〇円ショップなどの商品は、もう縫う人などの給料は〇円と同じぐらいなのかと思いました。安い商品がたくさんあるということは、シーマさんのような人もたくさんいると思うと、少しずつ値段をあげていった方がいいのかとも思いました。」（千尋）

「学習を終えて、私たちが使っているすべての製品はシーマさんのような人や、いろいろな環境にいる人たちが苦労して悩みを抱えている人たちが作っているんだなと思った。服以外の製品だとしても同じようなことが起きているのではないかと私は思う。でも、シーマさんのような人たちの環境を守りたい。」（千佳）

多くの子が労働者の低賃金問題をなんとかしたいという観点から意見を述べていた。服の値段を上げることに反対の立場をとる子も、自分たちの支出増を心配するよりは、逆に販売量の減少による工場の収入減と縫い手のさらなる困窮化を招きかねないと想像したためである。子どもたちなりにデフレの現状を見抜き、そのうえで縫い手たちを救うにはどうするかを考えていたといえるだろう。

この学習を通して、工業製品の生産・流通・販売に関わるコストを具体的に把握したうえで、生産者と消費者の間にある分断線の存在に、多くの子たちが気づいたといえる。

課題としては、「はじめに」で示した「『高い』ゆえにエシカルな服を購入できずに葛藤する私たちもまた、この経済構造に抑圧されている側である」という認識まではたどり着かなかったことである。たとえば、つぎのような感想である。

「僕たちは欲しい服を好きなように買っているけれど、その裏ではシーマさんたちのような暮らしをしている人たちがいっぱいいてびっくりしました。その時は『もっと給料をあげたらいいのに』や『何でこんな苦しい生活なんだ』などと思いました。けど、日本の10YCや丸和繊維やパタゴニアの人達は、働いている人たちが誇りをもって楽しく働けるような環境をつくっている。でも、そのためには商品も高くなってしまうことなどもあり、『難しいなあ』と思いました。でもぼくもみんなが楽しく働けるようになってほしいです。」（将司）

この子は生産者である縫い手が社会的排除の状況におかれていることを十分理解しつつも、消費者としての自分が、適正な価格による購買によって、その克服をめざすことは「難しいなあ」と感じている。そのジレンマを感じさせることは今回の授業の狙いの一つではある。しかし、そのジレンマを生んでいるのはいったい何だったのか、そこまで考えさせるにはどのような手立てが必要だったのだろうか。今後の課題としたい。

注

＊1　長田華子『990円のジーンズがつくられるのはなぜ？—ファストファッションの工場で起こっていること—』合同出版、二〇一六年、七二—七五頁

＊2　仲村和代・藤田さつき『大量廃棄社会—アパレルとコンビニの不都合な真実—』光文社新書、五一頁。また、この大量廃棄は全世界的な問題となっており、バーバリーは二〇一七年度に売れ残り約四一億円分を、H&Mは毎年一二トンの新品衣料を焼却処分している（杉原淳一・染原睦美『誰がアパレルを殺すのか』日本経済新聞出版、二〇一七年、七四頁）。

＊3　仲村・藤田前掲書、一一四—一一七頁

＊4　仲村・藤田前掲書、一三五頁

＊5　二〇一五年に公開。監督はアンドリュー・モーガン。ファストファッションを中心に、環境や人権などに適切なコストがかけられていないことを指摘している。詳細は https://unitedpeople.jp/truecost/ を参照。

＊6　PatagoniaJP「フェアトレード：最初の一歩」(https://www.youtube.com/watch?v=pI2qKYKU_eI)、「ついに、やったぜ!-」(https://www.youtube.com/watch?v=TJdTtjXvsPo)、「新品よりずっといい—パタゴニアのWorn Wear修理トラックと施設」(https://www.youtube.com/

watch?v=m1ZenikpQ8A)。なお、くり返しになるが、本実践は二〇一九年におこなったものであり、「レジ袋デポジットの中止」は、当時としては先進的なとり組みであった。

参考文献

仲村和代・藤田さつき『大量廃棄社会—アパレルとコンビニの不都合な真実—』光文社新書、二〇一九年
杉原淳一・染原睦美『誰がアパレルを殺すのか』日本経済新聞出版、二〇一七年
長田華子『990円のジーンズがつくられるのはなぜ?—ファストファッションの工場で起こっていること—』合同出版、二〇一六年

SDGsの授業：排除と包摂

鈴木隆弘

「誰一人とり残さない。」この言葉はSDGsの基本理念をあらわす。日本政府は、SDGs実施にあたり、①普遍性、②包摂性、③参画型、④統合性、⑤透明性という五つの原則をかかげたが、その実現には、排除されている人びとをも④統合、③参画できるようにして、②包摂をはかることが必須である。

SDGsには「質の高い教育をみんなに」（目標4）が存在する。これを受けた教育関係者の議論は、授業の質に集中しているようにみえる。しかし、不登校や進学を断念した子どもたちをみたとき、具体的目標のターゲット4・1「すべての子どもが男女の区別なく……中等教育を修了できるようにする」は忘れ去られてはいないだろうか。

新型コロナによる長期休校期間に生じた、オンライン化による学びからの排除を避けるため、現在の学校は対面を原則としている。しかし、基礎疾患などによって自主休校している子どもたちにはオンラインでの授業参加すら認められず、排除されている（NHKクローズアップ現在＋「〝失われた学び〟コロナと〝自主休校〟の子どもたち」二〇二一年四月七日放送）。また、質の高い教育手段のアクティブラーニングだが、たとえばプレゼンやグループ学習から逃避する若者たちの存在が指摘されている（高塚雄介編『ひきこもりの理解と支援―孤立する個人・家族をいかにサポートするか―』遠見書房、二〇二一年参照）。一人でコツコツ学びたい子どもに共同学習は不向きだからである。このように教育においては、包摂をめざした方策が、あらたな排除を生み出すことすらある。

　そもそも二〇三〇年の達成を前提とするSDGsは、二〇三〇年以降の世界を生きる今現在の子どもたちにとって、本当に実現したい目標なのだろうか。一七目標をただ覚え、その実現方策を考えさせる授業は、子どもを大人のための手段にしているにすぎない。SDGsの学習後に「自分はどういう未来社会に生きたいのか」を考え、一度SDGsを突き放して吟味させること、それこそが社会科授業の役割であり、持続可能な未来社会への包摂ではないだろうか。

中谷佳子

小学5年

シリア内戦と報道

情報産業と私たちのくらし

1 ―テーマ― 遠い国のシリアの内戦と出会う

子どもたちと「戦争」

二〇二一年、日本は戦後七六年を迎えた。第二次世界大戦の悲惨な戦争の記憶を継承しながら、戦争を放棄する「平和な国」が継続している。しかし、全世界のなかで、このように戦後が続いている国はいったい何カ国あるだろうか。テレビには毎日のように、内戦、難民、紛争による飢餓など、悲惨な現状が映し出される。世界はグローバル化し、社会は情報であふれている。今や、子どもたちの机上にはつねにパソコンが常備され、そのあふれる情報をすぐに手にすることができる。

しかし、小学校の社会科学習ではその内容が三年生では「身近な地域・市町村」、四年生では「都道府県」、五年生では「日本」、六年生では「日本の政治・歴史・国際」と構成されている。そのため六年生の歴史を学習するまで、子どもたちが「戦争」と出会うことはほとんどない。また、世界で今起こっている戦争については、貧困や森林破壊、地球温暖化などの地球規模の課題の一つとしてとり上げられる程度である。

では、子どもたちは、「戦争」というものにたいして、どのような実感をもっているのだろうか。現在も、戦争によって爆弾が落とされ、町が破壊され、苦しむ人びとがいると知ったとき、子どもたちはそれをどのように受け止め、どのように考えるのだろうか。おそらくその思い（子どもの心に湧き上がる率直な気持ち）は、子どもたちの生活や経験によって多様なものとなるだろう。

大切なことは、子どもたちがその思いを対話し、「戦争」や「平和」にたいする思いを深め、広げ変容させながら「よりよい社会とは？」と問いつづけられるようになることではないか。*1

本章では、子どもたちにとって遠い国であるシリアの内戦と、その内戦の状況を現地に赴き、私たちに伝える日本人ジャーナリストを教材として、第五学年「情報産業とわたしたちのくらし」の単元のなかで、子どもたちが対話を重ねながら、「戦争」や「平和」についてどうとらえていくのかを報告する。

安田純平さん解放ニュースをとり上げて

子どもたちと「シリア」との出会いは、二〇一八年一〇月に報道された「安田純平さん解放」の新聞記事だった。学級で朝の会に続けていた新聞スクラップ活動の発表で、ある子どもがその記事を発表したことによる。

その子は、ある国が日本人を「人質にする」ということへの怖さや素直な疑問をみんなの前で話した。その子の「素直な疑問」は「シリア」という国で起きていることにたいする素直な疑問……。しかし、その疑問さえも、新聞というメディアの「情報」がなければ知ることさえできなかった。遠い日本に住む私たちがシリアで起きていることを知ることができるのはなぜか……。

この新聞スクラップから、改めて「安田純平さんの解放」を教材として、情報産業の学習を構想することとした。子どもたちに、ただシリアの内戦をみせただけでは、「遠い国のできごと」で終わってしまう。小学生の子どもたちとシリアという遠い国をつなげる日本人、つまり国際ジャーナリストを教材とすることは、より多角的に、また共感的に「戦争」を知ることに有効であろう。

2 ―第一次― 国際ジャーナリストってどんな仕事？

シリアで起きていることを知る

指導計画表にあるように、第一次の授業の冒頭では、「安田さんの解放」を伝えるニュース番組を視聴したあと、安田純平さんがシリアを取材するために入国後、拘束さ

指導計画表

	時配	おもな学習活動
第一次	二時間	国際ジャーナリストってどんな仕事？ 学級でおこなっている新聞スクラップ活動で子どもがとり上げた「安田純平さん拘束事件」の記事から、安田さんの解放を伝えるニュース番組を視聴する。シリアについての基本事項を確認したのち、安田さんにたいする論争（自己責任論）について知り、考える。
第二次	一時間	「報道することで戦争は止められる。」に賛成・反対？ 安田さんが拘束された地であるシリアで、銃撃を受けてなくなったジャーナリスト山本美香さんについて知る。山本さんを特集した番組を視聴し、山本さんが残した言葉について考え、情報を受け取る自分たちを意識する。
第三次	三時間	情報はどうやって届くの？ 情報を自分たちに発信し届けるテレビ局の仕事を調べる。また、テレビ局で働く保護者Mさんの話を聞き、情報を伝える人びとの思いや願いを知る。
第四次	二時間	情報を受け取った私たちのできることはあるの？ 学習のまとめをして、「報道することで戦争は止められる」という山本さんの言葉についてあらためて議論する。

れたこと、安田さんがシリアでどんな生活を送っていたか、などを確認した。そのあと、実際に安田さんがシリアに生きる人びとを取材したニュース映像を視聴した。

ここまでの活動を終えて、子どもたちに感想を聞くと、つぎのように意見が続いた(名前は仮名)。

「安田さんが前日取材した家に血が飛び散っていました。」(りおな)

「私たちは、毎日栄養のあるものを食べれて、健康に過ごしているけど、日本の裏側では正反対のことが起きていて、日本に生まれてよかったけど、そんな国が無かったら、もっと平和になると思います。」(ゆりか)

「私は、シリアは平和じゃないと思いました。」(ゆうな)

「私は、毎日人が殺されているのが、日本では(このようなことが)ないからびっくりしたし、シリアの内戦で悪いのは独裁している人なのに、住民まで殺されているのはかわいそうだし、おかしいと思いました。」(さくら)

「僕も同じような意見で、政府がそういうことをしているんだったら、政府として、国を背負う人として考え直してほしいなと思いました。」(ゆうき)

「僕はあまりにも強引だと思って、大統領も国民が決めたのかなぁと思って、あと

こんな街に住むのは嫌だし、僕がこの街にいたら難民になると思います。」（たくみ）

ここまで、子どもたちは、ニュース映像からわかったことや自分が感じたことをつぎつぎに話していた。そこで、「みんないろんな思いを話していったけど、シリアでこういうことが起こっているのは知っていた？」と、たずねた。「安田さんのことは知ってたけど、シリアのことは知らなかった。」「このニュースのことも知らなかったな。」などと話した。では、このことについて「知る」必要はないのか……。そんな問いが子どものなかに生まれることを期待したのである。

安田さんにたいする「自己責任論」を考える

ここまでの話し合いのあと、帰国した安田さんにたいして起きた「政府が行くなというところに行ったのだから、迷惑をかけず、自分で責任をとれ」という、「自己責任論」について、当時、報道された著名人二人の意見から、話し合いをおこなった。

一人目は、ある野球選手の、「一人の人間が助かったわけで、それにほっとするのってへんでしょうか？　後悔とか反省って自分でするもので、他人が強要するものではないとおもうんですよね」という意見。二人目は、あるタレントの「安田純平さんに批判が集まるのは、拘束も何度もされていますし仕方がないのかな。テロリストに身代金が払われているかもしれないわけで、そのお金が彼らの支援金になる。命が助かったのは本当に良かったけど、そのお金が新たな脅威も生みますね」という意見である。この意見を受けて、子どもたちは話を続けた。

「僕は安田さんが拘束されていて、その解放のお金がシリア政府に入っていたら平和な国とかお金がある国が難民を助けて、シリア政府を止めればいいと思う。また、安田さんがシリアに行かなければ今のシリアの状況が分からなかったかもしれないから、安田さんは助けてもよかったけど、助けられた安田さんは、今度は助ける側で、生でみてきたシリアの状況をどうしたら改善できるか、どうしたらシリア政府を止められるかを考えればいいと思う。」（はるき）

「さっき、先生が芸能人の意見を見せてくれたけど、二人目の人の意見が、日本人が捕まったからと言っていたけど、トルコは自分たちの国ではないのに、助けてくれたから、日本人にこだわらなくてもいいと思う。あとそういうことがあったら、日本が次はお金を払うべき。」（ゆりか）

「私は、安田さんの自己責任もあるけど、身代金をすぐに払えば、安田さんも日本

に帰れたし、お金がないなら募金すればいいと思った。」（すずか）

ここまでの話は、「安田さんが助かってよかった」という流れで進んでいた。そこですずかの意見から「自己責任」にたいして考えていることを発露させたいと考え、「自己責任っていう意見もあるんだよね？」と問いかけた。すると、あいが立ち上がり「シリアに行くか行かないかは自分で決めるから、やっぱり自己責任だと思います。」と話して座った。そこで、「この意見にたいしては？」と問うた。

「僕は、行くことにたいしては自己責任だけど、シリア以外の人も巻き込まれて、三年も拘束されていたから、そこにたいしては世界がちゃんと考えないといけないかなと思いました。」（いつき）

「私はちょっと迷ってるんですけど、安田さんの意見が知りたくて、安田さんが全く反省していなかったら許せないし、反省して感謝していたら許してもいいかなって思う。もし安田さんだったら反省してもう危険な国にはいかないと思うし。」（あゆみ）

「私は助けてあげてよかったと思うけど、私のお母さんは、危険な地域に自分で

言ったから自己責任じゃないかと言っていた。だけど、やっぱり助けてよかった。」（さくら）

「（前述の）あゆみさんの許す許さないって何？」（ゆうき）

「お金を貸してあげたこととか。」（さくら）

「安田さんはトルコがお金を払ってくれるとは思ってなかったから許す許さないじゃないよ。」（あすか）

あすかは、トルコが身代金を出してくれたと思っている。このような誤認が起こることから、小学校の社会では、構造が複雑な社会問題を扱わないことが多い。しかし、それでは、子どもたちは社会で起こるさまざまな問題を「知る」ことさえできない。小学生ならではの想像力と素直な「思い」で問題を考え、調べ、話し合うことこそが、「社会を学ぶ」ことではないか。

私は「まだつなげてない人は？」（本学級では、少人数で自由に話し合うことを「交流」、学級で意見を聴き合うことを「つなげる」とよんでいる）と声をかけ、発言をうながした。

「安田さんは、自分で行って拘束されていたけれど、日本人は日本人だと思うし、行くなら日本に影響を出さないで、もし行くならこのことを覚悟して行ってほしいと思って。でも他の国の情報を小学生や大人の人に伝えて考えさせるのはいいと思うし、私は安田さん自身も悪いと思うし、ありがたいとも思う。」（たかこ）
「私は、お金を出すのに反対してて、理由は安田さんは何度もそういった危ない国をまわって逮捕されて、いろんな国に悪いお金を与えるのなら、次は、つかまえられたら自分の責任だからお金を払わなくていいと思う。」（ひなた）
「僕は、安田さんが助かるのはとてもいいと思って、もし安田さんが日本人と関係がまったくない人でも、命は大切だから、どんな人でも助けたらいいと思いました。」（かのん）

授業後の振り返りの作文には、「なぜシリアはこんな戦争をすることになったのか」「どうやって大統領を選んだのか」など「シリア」という国家の歴史や現状にたいする疑問と、「そもそも、何でこんな危ない思いをしてシリアに行かなくてはいけなかったのか?」「なぜ、シリアのことを伝えたいのか?」といったジャーナリストである安田さん自身の行動やその動機にたいする疑問が多く上がっていた。

これらの疑問にたいして、調べたり、理解したりしていくことは、小学生の発達段階ではとても難しい。しかし、第一次の授業の終わりに、あすかがみんなにつぎのようによびかけた。

「僕が思ったのは、みんな一人一人の意見はわからないけど、今はシリアのことだからって言ってるけど、でもこういうことが日本でも起きたらどうなるかって、もうちょっと平和について考えたいから（意見を）つなげて。」

ここまでも十分活発な議論をしてきた子どもたちである。しかし、これまで「戦争」や「平和」についてみんなで考え話し合う、という経験がなかったからだろう。ここからは、「戦争」だけでなく、「情報産業」についても考えながら、あすかがよびかけたように、もっとみんなで考えて、意見をつなげてほしい。教師として、その思いをいっそう強くした出来事であった。

3 ―第二次― 「報道することで戦争は止められる」に賛成・反対？

山本美香さんの言葉を考える

ここからは、シリア内戦の取材中に四五歳という若さで銃弾に倒れた国際ジャーナリスト山本美香さんをとり上げ、「情報産業」についても考えていけるようにした。

山本さんは、独立系通信社のジャーナリストとして、イラク戦争など、世界各地の紛争地を取材した。山本さんは、「外国人ジャーナリストがいることで、最悪の事態を防ぐことができる。抑止力」や「現地の人たちが全力で怒りや悲しみをぶつけてくるのですから、同じ人間として心を大きく揺さぶられます。悔しかったり、悲しかったり、怒りの感情が生まれ、心の中にどんどん積もっていきます」など、戦争に立ち会った人だからこそ感じたことを言葉にしている。本実践では、山本さんの「報道することで戦争は止められる」という言葉をとり上げて、情報を伝えること、そしてその情報を受け取ることについて調べ、考えていった。

まず、シリアから情報を伝えるニュース番組を視聴したり、山本さんの著作を読んだりして、山本さんが残した「報道することで戦争は止められる」という言葉について、「賛成か・反対か?」と投げかけ、小黒板に「名札マグネット」を貼るよう指示した（写真1）。

これは子どもたちが問題にたいして今、どのような立ち位置で授業に参加しているかを明確にするものである。賛成や反対の度合いが強いほど左右に動き、その思いがはっきりとしていればいるほど上へ、わからなければ下へ、とマグネットを動かす。このマグネットの場所はいつでも変えに来てよい、と話している。「友だちの意見を聞いて、ますます賛成だって思った。」「調べれば調べるほど、わからなくなってしまった。」と、授業のなかで子どもはマグネットの位置を変えていく。

これによって、発表することはできなくても、自分の思いや考えを発露することができる。[*2] たとえば、ゆうなは、授業の冒頭から、「報道することで戦争は止められる」に強く反対した（白丸でかこんだ名札マグネット）。

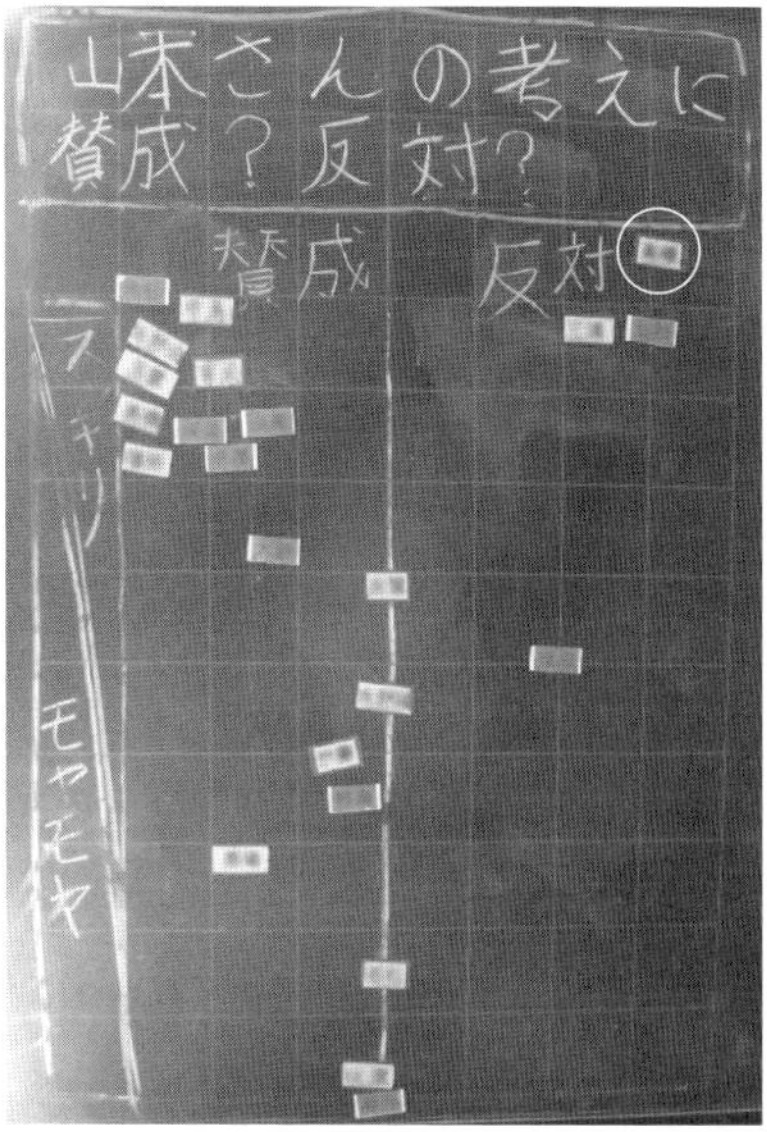

写真１　子どもの考えを見える化するための名札マグネット

「なぜ反対かっていうと、戦争を伝えたところで助ける方法が出てこないって言ってたし、戦争を助ける方法があるのか……。」（ゆうな）

「助ける方法がないのでは？」これがゆうなの強い思いである。第一次の話し合いのなかでも子どもたちは、安田さんのニュースから、その現状にたいして、募金をすればいい、食料を送れば……といった意見を出し合った。しかしそれでは、シリアの内戦は止められない、助けられない、といった意見も出ていた。山本さんの映像やニュースから、ゆうなはますますその思いを強くしていったのだろう。

「でも、たぶん（山本さんの言葉に）反対意見の人は、自分の幸せはみんなの幸せっていうのを考えてなくて、山本さんはそう考えて、行動することの大切さを伝えてるんじゃないかな。」（りおな）

「助ける方法がないなら、行ったって意味がないと思う。」（ゆうな）

ジャーナリストが命がけで届ける情報を受け取る自分たち。

次時の話し合いの前に、山本美香さんが作成した写真集『これから戦場に向かいます』（ポプラ社）を読んだ。ここでもゆうなは遠い国の戦争を報道するのに反対であった。

「みんな、かわいそうだと思った。だけど、山本さんは私たちに伝えてくれているけど、何かできることがあるのだろうか。まず、なぜ戦争というものが起こったのだろうか。世界の戦争の情報はいらないと思う。情報を伝えてくれたとしても、私たち小学生はどうすることもできない。情報を伝えたところで難民の人を助けることができるのか。ジャーナリストの人がぎせいになってしまう。」（ゆうなの記述より）

「しかたがない」に気づくこと

その後の話し合いも、ゆうなが「報道することで戦争は止められる」という言葉にたいする反対意見を強く主張することから始まった。

「私は反対で、戦争が悪化すると言っていたけど、伝えたところで助ける方法がぴんと来ないとみんなが言っていた、山本さんも危ないし、危険だと思うからです。助ける方法がないし……。」（ゆうな）

「でも、もしなかったらゆうなさんは、あーただ困ってるなって見捨てるだけになるけど、それはどうなんですか。」（はるき）
「報道しても助ける方法がないなら報道しても意味がないと思う。」（ゆうな）
「私はゆうなさんと反対の賛成のところで、美香さんは報道することで戦争は止められるって言ってるけど、自分なりに対策を考えていたんじゃないか。」（りおな）
「わたしはさっきゆうなちゃんが伝えても助けられないって言ったけど、日本にはいろんな人がいるし、それに助ける方法も思いつくかもしれないから伝えることで戦争はとめられると思う。」（ゆりか）
「僕は真ん中で賛成と反対どっちもあるんですけど、山本さんが取材して放送しても、ほとんどの人がニュースを見ていなかったら伝えた意味がないし、いろんな人がちゃんと見ていてくれれば山本さんが言ってた戦争が止められる、がちゃんと伝わると思う。たぶん山本さんが取材したことはニュースでいろんな人が見るか見ないかで、助けられる助けられないが決まって来るんじゃないかなって思いました。」（いっき）
「助ける方法がまずないから。」（ゆうな）
「まずないって言いきっているけど、本当にないんですか　ただ思いつかないだけ

じゃない。」（はるき）
「じゃあなんかあるんですか。」（ゆうな）
「考えればいいじゃん。」（はるき）
「でも考えたって何があるの。」（ゆうな）
「本当にないの。」（はるき）
「じゃあ何があるの。」（ゆうな）
「ないって言いきれるのもおかしいじゃん　言い切っちゃったらそれで終わりじゃん。」（はるき）
「俺もそう思う。」（たくみ）
「まず本当にないかをみんなで確かめてからないって言った方がいいと思う。」（はるき）

ここからは「情報を受け取ること」にたいする議論が始まった。

「ぼくもテレビを見たとしても、シリアを助けるか助けないかはその人の判断だと思う。」（あすか）

「私は聞かなくてもいいと思って。世界で起こっている情報がわかっても助ける方法はぴんと来ないと思う人が多いから。報道する人の命にかかわることもあるから、自分がもしフリージャーナリストだったら危険なところに行く？」（ゆうな）

「最後よく聞こえなかった。」（あすか）

確かに、ゆうなはだんだんと、自信がなさそうな小さな声になっていった。おそらくゆうなは、自分がフリージャーナリストだったら、と考えることで、今までとは違った思いが一瞬、湧き出たのかもしれない。だからこそ、あすかの「聞こえなかった」という発言にたいして、「（みんなは）自分がもしフリージャーナリストだったら危険なところに行くのか知りたい。」と発言した。すると、りおなは、「でもそれだと、もし自分が難民だったらフリージャーナリストがいなかったらすごい困ると思うから、やっぱり知っていた方がいい。」と、発言する。りおなはつねに、自分の立ち位置を「スッキリ賛成」に置いていた。シリアの難民の立場に立って考えつづけていたのだろう。

「やっぱり助ける方法はあるかもしれないし助ける方法がないから『しかたがない。』って言うのは何にもできないってことになっちゃうから、みすてるのと一緒

だと思う。」（りおな）
「他の国で起きていることを知った方がいいと思うけど、わざわざ危険な国に行ってまで知る必要はない。」（まさき）
「危険な国の情報こそ知った方がいいんじゃないの。」（りおな）
「こういう情報は知った方がいい。同じ人間でもつらい生活をしている人がいるからそういう人たちを助けたいっていう思いは強くなる。でも助ける方法があるかって言ったら……。」（たかし）

「もし難民だったら〜」「ジャーナリストなら〜」と、子どもたちは、さまざまな立場に立ってこの問題を考えていった。しかし、話し合いが進むにつれて、「助ける方法が見当たらない」「伝えても意味がないのではないか」と、判断のマグネットは「スッキリ賛成」から「モヤモヤでわからない」と考える子どもが増えていった（写真2）。

シリアの情報をジャーナリストが伝えても、受け取る私たちには何もできない、だからしかたがない……。社会科学習のなかでこれまでも、子どもたちと、公害やダム、森林やごみなど、日本社会の問題について学び、話し合ってきた。その問題のなかにはつねに、「しかたがない」ということがつきまとう。

写真2　「モヤモヤでわからない」が多くなった名札マグネット

多角的に考えれば考えるほど、子どもたちは、わからなくなる。これらの社会の問題に内在する「しかたがない」という意識、その意識に気づくことは、社会にある「排除」や「分断」に目を向けるために必要であろう。しかし、そのままでは、「しかたがない」、その思いで終わってしまう。「しかたがない」思いを乗り越えて、「自分も幸せ、みんなも幸せな社会とは？」と問いつづける子ども[*3]を育成するためには、どうしたらいいのか。それは、明るい未来を見据え、「しかたがない」を乗り越える人の姿を知ること、にあるだろう。

そう考え、第三次では、ニュース番組ができるまでのテレビ局の仕事を調べた後、実際にテレビ局でディレクターとして働く保護者のMさんにお話をしていただいた。

4 ―第三次― 「しかたがない」を乗り越える大人と出会う

「シリアの報道を見ても、自分たちには助ける方法がない。」

そんなジレンマを抱えた子どもたちに、Mさんは、ご自身が実際に報道した「在ペルー日本大使公邸人質事件」（一九九六年一二月～一九九七年四月）を報道する四カ月間の話をしてくれた。

この事件は、パーティ中の日本大使公邸をテロリストが襲い、人質七二人をとって、四カ月にわたる籠城の末、最終的にペルー軍の武力突入によりテロリストは全員殺害され、ペルー人人質一名が犠牲となったものの、そのほかの人質は全員解放された。日本では、日本人人質の全員無事解放が歓喜のうちに伝えられ、ペルーでは「武力突入成功」とみんながほめたたえた。Mさんは、事件発生直後から現地リマに派遣された。四カ月の間、いつ動き出すかわからない事件現場を目の前にする緊張やさまざまな情報を日本に伝える苦労などを交え、遠い国で起こる事件の、その裏にある話を語りかけた。

じつは、Mさんが当初から取材を続けていたのは、事件現場でただ一人犠牲となったペルー人人質の妻のイリスさんだったのだ。夫の葬儀後、イリスさんとは連絡がとれなくなった。解放の一週間後、イリスさんから「悲しい」と電話があり、Mさんが会いに行く。「夫の死を受け入れなくてはならないとわかっています。夫はペルーの平和のために死んだのです。英雄的な死を遂げたのだと。だから、夫のために、この悲しみに耐えようと。本当は、世界中に向かって叫びたかった。なぜ死ななくてはならなかったの。私はどうやって生きていけばいいの……。でも私はだまりました。」

Mさんは、ハッピーエンドにみえた事件解決でも、じつは苦しんでいる人がいること、人質は、その後もテロリストに仕返しされるかもしれないという恐怖をもっていること、何よりも社会の不平等などをなくすことこそが本当の解決に必要なこと、などを話してくれた。また、つらい時、支えになるのは家族の愛情や友人のつながりであること、そして「ことばには人を励ます力がある」と話し、「これからも放送することを通じて世界の人びとを励ましたい」と、その熱意を語ってくれた。

5 ―第四次― 情報を受けとる私たちは……？

その後の授業の話し合いで、子どもたちが行きついたのは、「シリアの戦争を止めることはできない。しかし、日本が戦争をしないようにするために、報道が有効である。」ということだった。

「賛成のスッキリ側にいて、その後真ん中に行って、反対に行ってから賛成にもどったんですけど、最初の時は何か、報道すれば戦争が止められると思っていたけど、知っても、助けられないし……でも、いま日本がその報道をして、最初に内戦をしないようにすること、戦争を止める、日本が戦争をしないようにすることっていうことなら。」（さくら）

「さくらさんさっき、日本が戦争していないのは報道しているからって言っていたけど、じゃあもう内戦している国に報道に行ったら戦争は止められるって意見に賛成か反対か教えてください。」（はるき）

「それ（すでに内戦をしている国の戦争を止めること）だったら反対側だけど、どっちがっ

てとらえればいいかわからなかったから、とりあえず日本が内戦を止めることができるってことでは賛成にしました。」（さくら）

「私はこの授業が始まってからずっと賛成で、報道することで戦争を止めるっていうのは、さくらちゃんはいま、日本は戦争になってないけど、ここから内戦をするのは止められるって言っていたけど、今ある内戦もとめられるって思いました。それで、私は前から賛成です。」（りおな）

また、このような話し合いのなかで、ゆうなの意見にも変化がみられた。

「私は日本で同じようなことが起こったらやっぱり知ってほしいって思って、知った人が医療のようなことで助けてくれる可能性があるから、助けてほしいのと、自分の気持ちを世界の人にも知ってほしいから、っていうことで報道してほしいと思う。」（ゆりか）

「ぼくも助けてほしいと思って、もし自分たちじゃなくてもせめて他の人は助かってほしいとも思うし、自分の国が収まらなくても、他の国の戦争がおさまったり、戦争が起きないこともあり得る。」（はるき）

「報道することで、少しの希望もあるかもしれないから。」（りおな）
「ゆうなちゃんが反対の下から真ん中になってるけど、ゆうなちゃんの意見聞きたい。」（さくら）
「賛成でもあるし反対でもあるんだけど、さくらちゃんの意見で、今から内戦をするってことなら止められるかもしれないけど、戦争をしてしまっている国は、止められるかわからないし、戦争は止められるとは言い切れないし、どちらともいえない。」（ゆうな）

情報はいらない、という強い考えをもっていたゆうなであったが、Mさんの話で、「はっきりとは、いらないと言い切れないのかもしれない。」とマグネットを動かしていた（写真3）。

子どもたちは、遠い国から送られてくる「情報」を受け取ることやその情報を送る人びとの思いや願いを知ることで、情報を未来の「平和」、これから「戦争」を起こすことを止めることにつなげよう、ということを導いた。子どもたちは、小学生ならではの認識と想像力、そして思いをもって、話し合いを深めていった。しかし、教室のなかは、「それでも今ある戦争に対しては、自分たちには何もできないのか。」とジレンマを抱え

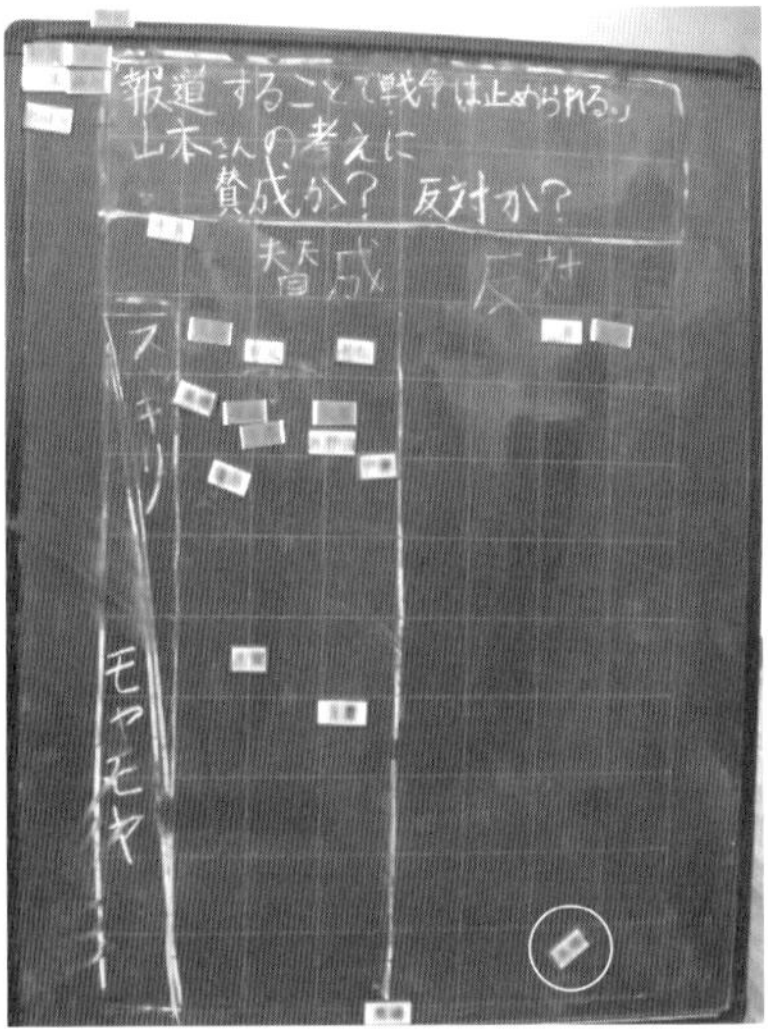

写真３　Ｍさんの話で大きく移動
した名札マグネット

ているようであった。その後の新聞スクラップの活動では、ユニセフやＳＤＧｓのとり組みを紹介する記事が続き、「何かできることはないか。」と問いつづける子どもたちの姿がみられた。

6 ── 成果と課題 ── 今ある「戦争」を知ること

本章では、小学校社会科学習では学ばれることの少ない、現在、地球上でおこなわれている紛争や難民の問題について、子どもたちがどのようにとらえ、考えるのか、を世界から送られてくる「情報」やそれを発信する日本人ジャーナリストの仕事や思いを教材としてみてきた。

子どもたちは、小学生ならではの認識と想像力、思いをもって、この問題と真剣に向き合い、「日本人だったら〜」「自分が難民だったら〜」「地球に生きる一人として〜」と、多角的に思考していた。また、「報道しても、助ける方法が見つからない」というジレンマに対して、「今、自分たちの国で戦争をおこさないことにはつなげていける。」という未来への希望に自分たちでたどり着いていったように思う。

これは、子どもたちが、授業のなかで、自分ならではの考えを話し合い、友だちの意見をよく聞いて、自己内省しながら、また考えを変化させていくまでの十分な対話の時間を確保したからだろう。

では、シリアの紛争や難民の問題について十分な知識を獲得することができていたのか、と言えば、否であろう。しかし、本学習の目的は紛争や難民問題の知識を獲得することやその解決する方法をみつけることではない。その問題に対して、友だちと対話することをとおして、自分をみつめ、社会の問題にたいして、考えつづけていく……。問題のなかにいる人びと、「しかたがない」と排除されてしまう少数の人びとの存在に気づき、多角的に考えつづけていく……。そのなかで、「自分も幸せ、みんなも幸せな解決方法とは何か」と問いつづけていくこと、このことをていねいにおこなうことこそが、未来を生き抜く子どもたちに大切な資質・能力となっていくと願い、これからも子どもたちとの学びの時を紡いでいく。

注

＊1　由井薗健『「深い学び」をつくる社会科授業3年』東洋館出版社、二〇一九年、一五頁
＊2　粕谷昌良『アナザーストーリーの社会科授業―異なる立場から多角的に考える力を育てる―』学事出版、二〇一九年、一一一頁
＊3　由井薗は、「『大多数の利益のために少数が犠牲なる』という」社会の問題が内包された「水俣にかかわる事実を、まずは、水俣病の『患者側』から、『人のいる風景』としてじっくりと見つめ

させる。」など、社会の問題が内包される教材について述べている（『教育研究』七六―九、不昧堂出版、二〇二一年、七一頁）。

参考文献

由井薗健『一人ひとりが考え、全員でつくる社会科授業』東洋館出版社、二〇一七年
山本美香『戦争を取材する―子どもたちは何を体験したか―』講談社、二〇一一年
山本美香『ザ・ミッション―戦場からの問い―』早稲田大学出版部、二〇一三年
山本美香著・日本テレビ編『山本美香という生き方』新潮文庫、二〇一四年

決めかねる思考の育成

重松克也

教材づくりにとり組ませる授業をおこなっている。その時間の多くが、誰の・どのような見解を選択するのかの指導に費やされてしまう。社会的な出来事の事実確定で、SNSなどで自身の価値観や見解を後押しするオピニオンだけを選択する者が少なくない。アクセスするのが公的な機関や学術論文であっても、結論だけを引き寄せる。結論ありきの演繹的な思考が特徴である。

何をもって専門家として、またどの専門家の、かつどのような意見を意味すればよいか。また大きなくくりの「専門家」は当然のことながら、私たち一人ひとりの安心を保障する見解ではなく、たとえば統計的な数値をもとに安全を示している。ごく稀に生じるというリスクの説明は、私やかけがえのない者の安心とは直接的に結びつかない。だからといって、「専門家」の見解は役に立たないと破棄する反知性にもくみできない。

情報リテラシーやメディア・リテラシーの知見を使った指導をしているが、未曾有な出来事であるCOVID-19やその感染経路などでは、何が事実か／何が妥当性の高い見解かが専門家でも確定できず、不可知論的な諦めやシニシズムなどが入り込んできてしまう。

また、早わかりの理解にもとづく即レスの規範的／心情的な判断（解決策）の表明がなされる。それらの解決策でもたらされる社会的な排除について、やむえない／思考停止となる者も少なくない。多くの時間を使った指導が必要となっている。

わかるができるに包摂され、できなければが肥大化し、できないこと・者への排除を自明する風潮がある。私はひとまず、かけがえのない内なる他者とともに思考しつづけるに着目している。視点（立場、含む内なる他者）の矛盾対立拮抗（止揚不可能な関係）のなかで、わからないことからわからないことへという連続的な思考の育成が、これまで以上に教室に必要だと考えるがゆえである。容易にわかりえない学びにたいする試行錯誤が続いている。

小学5・6年

宮田浩行

近代産業の発展と現在の問い直し

高学年の社会科学習とよりよく生きようとする意識

1 ―テーマ― 実践を通して考える「排除と包摂」

本章は、小学校高学年をもち上がりで二年間担任し、連続して社会科の授業実践を行った記録である。

子どもの実態として、大人の顔色をうかがう様子や、教師が学びのなかでどのような答えや発言を求めているのかとても慎重に見極めようとしているような印象を、授業開きのころから数カ月間感じることがあった。また、時に仲間の発言を強く否定してしまうような姿もみられた。そして、社会科の授業のなかでは、いわゆる「知識」に近い部分は多く発言できるが、価値観をもとにした「自分の考え」を語ることに抵抗を感じているような雰囲気も少なくはなかった。

もちろん低学年・中学年と多様な担任の指導や関わりのもと学びを重ねてきた子どもたちなので、その経験を否定することはあってはならないが、せめて自分が課題意識をもって研究的実践にとり組んでいる社会科という教科のなかでは、社会事象に向き合ってじっくり解釈したり、根拠をもとに自分自身の価値観をみつめてよりよい生き方を模索したり、自分自身のために学ぶことを楽しんでほしいと、担任として願いをかけた。

まず、そのような子どもたちに社会科の学び観をやわらかくしてもらうためにも、いくつかのスタイルと教師の構えを示し、二年間貫くことを大切にした。「社会的な課題を含む教材を単元のなかに位置づけること」「具体的な人物をとおして社会科の学習を進めることを重視すること」「おかしいと思ったら担任にも遠慮せず反論してかまわないこと」「真剣に社会的な課題にたいして向き合って考えると教師や子どもという区別はなくなり、同じ問いを考える他者として尊重し合えること」を伝えつづけた。学習のスタイルとしては「知識や答えはどこかにあるのではなく、教室にいる仲間と話し合いを重ねることでみつけていくもの」「授業中に発せられた言葉を黒板に名前入りで記し、発言をつなぎ、このメンバーだからこその学びの足跡を残す」「ノートに書いた一人一人の学習感想を（パソコンで打ち込み一覧にして）教材とし、誰がどのようなことを考えているのか共有する」ことを可能な範囲でつづけた。

そのような学びの経験を重ねるなかで、「排除と包摂」という概念が意識されるように、学習内容のなかに社会的な課題を含むような教材を位置づけることを重視していたが、卒業を目前とした第六学年の三学期、二年間の学びをふり返り、そのあり方をみつめ直す瞬間があった。どのような学びを小学校卒業目前の子どもたちと共につくりあげていくことがこの「排除と包摂」という鍵概念をより深く学べるのか。社会科という教科の小学校段階での出口では、どのような単元の進め方や教材の提示のタイミングがよいのか。授業のなかでまさに「排除と包摂」のような状況が構造的に生じていないか、と自らの実践のあり方をみつめ直した。

学習内容として扱われる「排除と包摂」の事例は、社会の其処此処にあるもので、潜在的なものが社会的課題として顕在化された際に、「排除と包摂」は無意識のうちに自分の身のまわりにも生じているかもしれない、ということを学習者に自覚させる可能性があるものになる。一方、その学習内容や教材をつくり込めばつくり込むほど、教師の思惑の内側に学習者を押し込めてしまう結果になり、子どもの学びのあり方そのものにも「排除と包摂」の種は生じてしまう。複雑な社会事象と向き合うことや、みんなで考えを練り上げていく学習のプロセス自体に「合う子／合わない子」の差が生じていたかもしれない。また「主体的・対話的な学び」という言葉を意識するあまり、話し合い活動が一見活発であったり一生懸命に作品にまとめる姿がみられたりという裏側で、言語的なマイノリティや字や絵への抵抗感なども、その活動における「排除」の要素として働いてしまうことがあったかもしれない。

学びのなかで「あちら／こちら」「できる子／できない子」に分け隔てる二分法の文脈と「排除と包摂」はいとも簡単に結びついてしまう。この考え方を敷衍すると、当然教師自身が計画する単元計画や教室の学習環境、さらにいえば学習指導要領への教師の理解度や、そもそもの教科の目標も、「排除と包摂」をつねに危険性としてはらんでいるものになりうる。

では、「平和で民主的な国家及び社会の形成者」をめざすはずの社会科の学習は、そのような危険も含み込んだ、自己矛盾を抱える無力な教科なのであるのか。それは正否どちらでもあるのではないか。

「排除と包摂」を視点として、学びのさまざまな要素や教師自身のあり方をみつめ、絶えず自己相対化をはかることが、社会科の学びとしてより正当性・妥当性を増すことであり、無自覚的・無意識的に差別や偏見を助長したり再生産したりしないように努めることが、これからの社会科学習においてますます重要になるのではないか。

本章は、そのような前提で進めた二年間の子どもたちの学びの姿を実践全体をとおしてふり返ってみたものである。

2 ―単元― 第五学年での社会科学習の重点

私が勤務する小学校では、社会科の単元構成は、細分化せずに一学期一単元にして、学習内容のまとまりや子ども一人ひとりの問いの連続性を重視する学びを大切にしている。教師が一方的に教材を与えつづけるのではなく、子どもの学習感想をていねいに読み合って新たなテーマを立てたり、時に子ども同士が対立・葛藤を起こしたりしながら、社会的な課題についてじっくりと考え、時間をかけて「どうなることがよいのか」と生き方まで見つめる学びを大切にしている。

第五学年は、学期ごとに第一次産業・第二次産業・第三次産業という大きなまとまりで学ぶ。具体的には、一学期は米作りと日本の食料生産の課題、二学期は自動車工業と日本の工業生産、三学期は情報産業を学習する。扱う題材は子どもの意欲によってアレンジし、一学期間じっくりと事実を認識し、一人ひとりの価値観がゆさぶられることや生活とのつながりを意識して展開する。

3 ― 授業1 ― 食料生産の現場と自分たち

私が担任した学級では、一学期は、学校給食で食べるごはんを生産している秋田県大潟村の米農家の変遷を扱った。私が実際に大潟村に赴き、生産者のKさんのインタビュー資料を一時間に一枚、紙で配布し、教科書や資料集の事例と比較・関連づけなが

二年間の単元表

学年	第5学年		
学期	1学期	2学期	3学期
単元とおもな内容	「わたしたちのくらしを支える食料生産」 ・地図帳から土地の様子を想像しよう ・学校で食べているお米はどのように作られているの？　秋田大潟村のKさんの米作り ・自分たちの食の問題は	（教育実習生単元「特色ある日本」） 「わたしたちのくらしを支える工業と環境」 ・水俣病事件から考える日本の工業の光と陰 ・発達した日本の工業：自動車工業 ・日本理化学工業のチョークづくりとO会長の理念	「わたしたちのくらしと情報」 ・生活を便利にする情報技術 ・情報との安全な関わり：SNSの危険性
「排除と包摂」のテーマを意識した単元で伸ばし発揮させたい資質・能力	・秋田大潟村の米農家のKさんのインタビューから日本の就農人口や、これからの米生産のあり方について自分の生活とつなげてじっくりと考える ・食料自給率や食の安全性、フードロスなど食に関連する社会的課題について自分でテーマを設定して積極的に調べる	・水俣病事件に関連する人びとのそれぞれの立場による生き方や価値観のちがいを想像して考えることから、地域社会が再生したり、環境や人に配慮したものづくりへと産業のあり方が変化したりしたこととつなげ、現代の工業の様子を相対化してみつめる ・日本理化学工業のチョークづくりの理念や従業員の方の働き方などを通して、共生社会のあり方を模索したり、自分たちの社会の課題を見出したりする	・情報の利便性と危険性を認識しながら、適切に活用していくことの重要性を考えるとともに、使い方によっては簡単に他者を傷つけたり、利用規約に違反したりすることを理解し、細かな部分まで注意をくばる意識をもつ

第６学年		
１学期	２学期	３学期
「政治：よりよい社会の実現のために」 •学校のしくみと国のしくみ •候補者を見つめ模擬投票をしよう •日本国憲法とＳＤＧｓ 「歴史：国ができるまで」 「歴史：貴族の世の中から武士の世の中へ」	「歴史：力をつける人々」 「歴史：三人の武将」 「歴史：およそ二百年の平和の訳は？」 「歴史：新しい日本の幕開け」	「歴史：平和で豊かな時代を求めて」 「国際：世界の中の日本」 •サーロー節子さん川崎哲さんの核廃絶への思いと中村哲さんのアフガニスタンでの治水事業や地域貢献をみつめて
•多様な主張をする地方議会の候補者について、どのような立場の人にむけてどのような政策を進めようとしているのか調べ、投票までを楽しみ、当選後も活動を追いかけることを大切にする •聖武天皇の大仏建立が制作に携わった多くの人の苦労の上に実現したことを踏まえ、関わった人びとの想いを想像することで、開眼式や大仏づくりで人びとが幸せになったのか考える	•為政者の政策だけでなく、当時の人びとがその政策でよりよい世の中をすごすことができたか、未来に何を望んだのかを想像する •国政ではなく藩政の中で実現した仁政イデオロギーや二宮尊徳の報徳仕法が地域社会の苦しむ人びとを救うセーフティネットとして実在していたことを現代社会とつなげて考える	•戦争という排除の典型に何を事例として自分なりに考えるかテーマを設定しじっくりと分析する •戦後の日本社会で国を超えて包摂をめざした人びとの生き方をみつめ、これからの日本や地域社会、自分自身のあり方を模索する •小学校卒業に際して、今の白らの課題意識をとらえ卒業研究に臨む

ら学びを重ねていた。四枚目に、現代の貿易問題や世界の食料事情などの社会的課題につながる資料を出すと、

「TPPや後継者問題、米の消費量の減少などさまざまな課題を抱えているのにもかかわらず、自分のことだけでなく世界の生産者さんの幸せを願っているなんてすごい。」

とKさんの米作りに対して感動したことを発言する子どもがいた。それまでの学習では、知識的事柄に興味を示すことが多かったが、この発言は、子どもたちが自分の考えを表出することや価値観につなげるようになる契機になった。また、社会的課題を考えていこうとする意識が子どもたちの内側から高まり、つぎのような発言が出るようになった。

「先生、自学（自主学習）で福島のこと調べたんだけど、みんなで考えてみたい。」
「沖縄の基地問題について家族で話してみた。」

Kさんを事例として学んだことでみえてきた都市と地方の関係や日本全体の課題は、

姿や形をかえていたるところで顕在化していることに少しずつ気づく子どもが出てきた。そして、そのような一人ひとりの課題意識からつなげた福島の現状を考える授業の終わりには、つぎの学習感想をノートに書いた子どもがいた。

「今は環境基準をこえていないものなら、福島の農家さんも大変だから食べてあげた方がいいと思う。しかも、原発は東京の電気を作っていたのだから東京の人は福島の復興を助けたりするべきだと思う。福島の人は福島が責任をとると言ってくれているが、根本は東京にある。東京が都市だから福島は優しく対応してくれているので、東京は福島の物を食べるのか、復興を手伝うのかを決めて動いたほうがいい。福島県民は故郷に帰れなくて怒っている？　悲しんでいる？　このことも気になる。」（たいし）

「家に福島の食材がなかったので、スーパーに買いに行った。なかなか見つからなくて、見つけたのはキュウリとトマト。家で食べて、他の食材と変わりはなかった。ただちょっと値段が安かった。キュウリなんてとっても安かった。特売だったらしい。福島産の食材は他の食材と変わらなくて美味しかった。スーパーではなかなか見つからなかった。」（りんたろう）

たいしは、東京と福島の関係にジレンマを感じつつ、都市部に住む人間としての責任を受け止めようとしている。りんたろうは少し子どもらしい短い言葉での書きぶりだが、生活のなかにこそふだん意識されないい目にみえない課題が潜んでいることを鋭くとらえている。感受性の豊かさ、福島の農家の方を想像し、傷ついている様子がうかがえる感想であった。さらに、つぎのように記す子どももいた。

「福島の食材についてお母さんお父さんと話し合ったところ、私が『福島の食材は買う?』と聞いたところ『なるべく買わないようにしているな。でももしほしい食材が福島産しかなければ買うと思う。でも……買ったほうが復興支援になるけど、それで子どもたちが食べつづけて病気になってしまうなら、いやだよね』と言っていました。海の食材についてはお父さんがサーフィンをやっているのですが、東日本大震災でたくさんの汚染物質が海に流れ出たので、その日以来海流の影響で北茨城には入らなくなりました。海に行く日は毎回SRFで濃度を調べて入っているそうです。なので魚なども、福島のものや北茨城は買わないと言っていました。私の感想は、前ニュースで原子力発電所の人たちが、記者などの前で『申し訳ありませんでした』と頭を下げているのを見たけど、何をあやまっているのかわからなかったけど、今思えば『申し訳ありませんでした』ですむ話じゃないと思いました。放射性物質のせいで大好きな村に帰ることができず、仮設住宅でくるしむ人もいるのに『二年』と言われていたひなんが長引く中、本当に福島のひがいに会った人たちがかわいそうだと心から思う。だったらもっと行動にうつせってなるけど……。この事故はだれのせいでもないもんね……。」（まりな）

まりなは、授業をこえて家族で本気で考えたこと、そのことで葛藤をしたことが伝わる赤裸々な記述をして、私も自分自身の価値観と向き合うことになった。

「当事者ではないからこそ授業化できる」という批判が当然あり、距離があるからこそ「かわいそう」というような言葉が子どもたちから発せられるのかもしれない。しかし、自分たちが生活する東京から離れた地域に暗い影を落としている現実を直視し、さらには本当に苦しんでいる社会的に弱い立場の人の生の声を受け止めることが必要であることを、子どもたち自身がそのような場を選択したこのことが二年間の社会科学習のスタートであった。

なお、毎回子どもたちがノートに記す学習感想を教師がパソコンで打ち込み全員分を一覧としてプリントを配布し、画用紙に貼り重ねることで、全員の考えがいつでも見ることができる感想集を作成していった。枚数が増えるごとに自分たちの大切な学びの記録になり、ともに学ぶ仲間の考えや価値観が詰まった作品となっていった。心に引っかかった記述に線を引いたり黙々と読み込んだりする姿に、学び合い、他者の価値観を尊重しようとする成長を感じた。

4 ―授業2― 水俣病事件から学ぶ産業学習

水俣病事件のとらえ方

二学期の産業学習では、過去の水俣病事件を事例にし、現在の第二次産業のあり方をみつめていけるように単元構成した。

水俣病事件が公害単元の教材としてとり扱われるときに、ともすると「昔はとんでもない公害が起こったが、人びとの努力によって環境都市へとよみがえった」というまとめ方になりやすい。「被害者―加害者」の構造のなかで「許し―許される」ということが議論されがちである。しかし、ここでは、かつて例がないほどの自然環境破壊が起きたこと、そして多くの人権侵害が起きたことをふまえながら、患者、支援者、医師、行政、技術者……それぞれの立場の人が「水俣病」を通して人生や生き方をどのようにみつめたかを子どもとともに考えることにした。

単元の第二次では、患者の手記やインタビューをして作成した映像資料や文字資料、水俣市の資料館で借りた映像などで生の声を聞き、患者の苦悩や乗り越えようとしている姿に注目した。

「村で一番でなければ……」

「村で一番でなければ……」この言葉は、網元で水俣病になった杉本栄子さんが、原因不明の奇病として集落の人びとから激しい差別やいじめを受けたことにたいして、「自分が村で一番目の患者でなければ、私もいじめる側になっていたと思う」とご自身の受けた苦しみをふり返りつつも、しかし、加害者の意識も理解できると語った言葉である。そして、杉本さんの映像資料をみたあとに、インタビューに出てきた杉本栄子さん、雄さんご夫妻の「のさり」という言葉の内容をまとめた資料を提示した（「のさり」とは天からの授かり物という意味をもつ地域の言葉）。

子どもたちに心に残ったことや感想をたずねると、重たい空気が流れ、なかなか発言が出るまでに時間がかかった。被害者でありながら自分自身を一度加害者側に置き換えて他人の気持ちを想像できる精神力や、水俣病の症状だけでなく、地域社会から排除されたこと自体も、のさりとして自分たちの家族に授かったこととして受け容れる姿に、それまで患者に感情移入して水俣病事件の悲惨さを理解しようとしていた子どもたちにとって、語句としては意味が理解できても、感情としては理解できず、簡単に言葉を発せられない状況に陥ったのだろう。

なかなか発言が出てこなかったので、心に残った言葉や印象的な杉本さんのとり組みをたずねると、「いじめ返しを他人にしないことになったから、村で一番目でよかったと話していたことは、自分が想像していた気持ちとちがったから驚いた」という発言や、「ほっとはうす」という施設をつくったことにたいして「胎児性の患者さんも引き込んでないで、自分たちは生きているということを発信する場所があるのは本当に大切なことだと思う」と、杉本さんの考え方から患者の思いや差別そのものをみつめ直すような意見が出てきた。

「『水俣病一人目だったからいじめないですんだ』って優しい。水俣市みたいに、一つの会社で市ができあがっている市は、会社にさからえないから、どうしようもなく死んでしまうから、栄子さんは自分がかかわろうと思ったんじゃない？　ふつう

の人だったらいじめてきた人をうらむ。」（あゆと）

「水俣病の人たちはいじめられて、いじめられたからこそ心も強くなって、裁判で『勝利』という文字を勝ちとったんだと思う。いじめていた人たちは人たちで、外部からも電車が通るたびに窓をしめられてストレスがたまっていて、そんな状況で、何でストレスを発さんするんだってなったら、さらに内部の人をいじめる、っていう選択しを選んだんだろうな。もし私が水俣市民だったら、原因不明で伝染病というわさされていたら、たとえノリ気じゃなく、いじめていたと思う。私が栄子さんの立場だと朝起きて、階段にうんちとかおしっこがおいてあったら大げきどするけど、いざ自分がそうなったらぜったいに言えない。」（ここみ）

「患者さんが笑って死ねる世の中を作りたいっていうのは、杉本さんしか伝えられない思いなんだなと思った。」（ゆみ）

このように学習感想には、杉本さんの生き方や価値観に言及する意見が多くみられた。

「美しく生きたいな」

「美しく生きたいな」この言葉は、元新日窒水俣工場附属病院院長の細川一氏が死を覚悟した病床で放った言葉である。
「患者さんの気持ちはだいぶわかってきたけど、実際チッソの人がどのような気持ちでいたのか知らないと考えが進まない。」という声が子どもからあがり、NHKの映像資料で、チッソで働いていた立場で水俣病の原因がチッソの工場廃液にあることを解明した細川医師の思いをみつめることにした。映像には、細川医師が原因企業で働いていた身でありながら、会社側が不利になる訴訟の証言台に立つかどうかで壮絶な葛藤をした場面が描かれていた。

その様子を子どもたちは食い入るようにみつめていた。映像視聴のあとに、「美しく生きたいなっていう言葉が出てきたけれど、意味がわからなかった。」という発言が出てきた。ほかの子どもにもどういうことか問い返すと、「意味はわかるけど、これまで学んできた事実や今日の映像をもとにじっくりその本当の気持ちを想像したい。」という発言が多く出てきたので、「美しく生きる」という言葉をどのような気持ちで細川医師が発したのか、根拠をもとに考えを交流することが次時の中心課題になった。

この「美しく生きる」という言葉をどのようにとらえるか意見交流することは、水俣病事件を起こした当事者たちが患者や社会とどのようにつながり直していくのか考える場面になる。

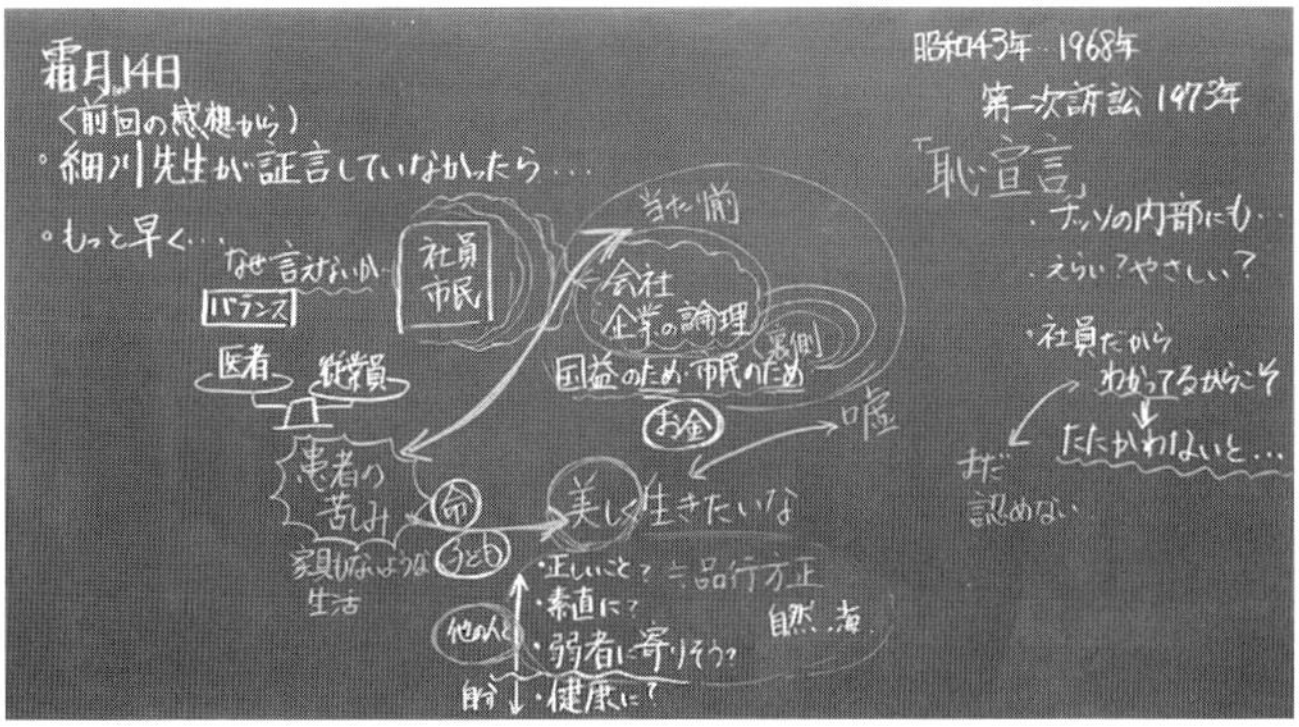

「美しく生きたいな」をめぐる授業の板書

水俣病事件の解決にむけた動きの特徴は、「被害者―加害者」の構造を解きほぐして地域社会のつながりを再構築するだけではなく、犠牲になった魚や鳥、猫、そして豊かな海とのつながり方そのものを再構築することが最大の特徴である。それは「被害者―加害者」を「排除する・包摂する」という二分法を超えた一つ高い次元で包摂する概念であろう。

「美しく生きたいな」の言葉が含む意味を子どもたち一人ひとりが発表し、出てきた意見をつなぎながら板書したが、意見が出つくしたところで教師側の価値観で一般的な言葉で概括することを避けるため、また観念的な授業で終わらないためにも、新たな事実を提示して、それをどう読み込むかを学習のまとめに変えた。それは別の「チッソで働いていた立場」である第一組合の意見である。

資料としては当時工場内にあった第一組合の機関誌「さいれん」に掲載された「恥宣言」という文書資料を用いた。その後の学習感想に子どもたちの「美しく生きる」という言葉を多様に考える価値観が垣間見えた。

「『美しく生きたいな』と最後の紙に書いてあった『水俣病と斗う』ということはつながっていると思う。細川さんは水俣病と闘うことを目指して『美しく生きたい』といったのかな？」（うるみ）

「昨日映像を見たけど、細川一さんだけじゃなかったんだと思った。そういう人がいたなら、なぜ工場排水を止められなかったの？『美しく生きたいな』という言葉にはもちろんKがいった意見（患者に対する医師としての思い）もあるけど、同時にチッソにむけて言ったんじゃないかなぁって思った。」（さき）

うるみは、加害者が自身の非を認めたうえで当事者性を相対化し、つまり「被害者―加害者」という関係性を超えて、人として正しいことを選んだ姿に「美しく生きたい」の本質的な意義を感じ、さきは会社がきちんと過ちを認めて考えをあらためることの糸口をつくろうとした細川医師の覚悟に「美しく生きたい」の意義をみいだしているように思える。杉本さんの価値観や細川医師の「美しく生きる」という言葉を重く、真正面から受け止めたことで、子どもたちから高次の包摂の意識が感じられるようになった。

5 授業3 日本の工業と日本理化学工業

水俣病事件の授業のあと、第三次では自動車工業を扱い、第四次では日本理化学工業という学校でも使用しているチョークの製造工場を扱った。

子どもたちにとっても身近な題材であること、学校からほど近い隣接する地域に工場があること、ホタテの貝殻を利用して環境負荷を減らした製品をつくるだけでなく人体にも影響がないことなど、チョークだけでなく小さな子どもでも扱いやすい新製品をつくっていることなど、子どもたちとその意義を考えるだけでも面白い事例である。だがさらに深く考えたい特筆すべき点がもう一つあった。それは従業員八五人のうち六三人が知的障害者で、そのうち二六人が重度知的障害（実践当時）ということである。

当時の会長であった大山泰弘氏は、採用の条件として、①食事や排泄を含め、自分のことは自分でできること、②簡単でもいいから意思表示ができること、③一生懸命に仕事をすること、④まわりに迷惑をかけないこと、という四点を定め、さらには「福祉」

という考え方（福：ものの豊かさ　祉：心の豊かさ）を大切にし、企業が、障害者も働ける場を提供する「福祉主義」の重要性を伝えつづけた。そして従業員に人間の幸せ（①人に愛されること、②人にほめられること、③人の役に立つこと、④人から必要とされること）を会社で働くなかで味わえるように、約束が守れない時は帰ってもらい徐々に成長するのを助ける雇用形態をとった。その理念は息子で現社長の大山隆久氏にも大切に受け継がれている。

だが、大山隆久氏は、「慈善事業でやっているのではなく、あくまでも経営を成り立たせるために知的障害の方を採用している」ということを語ってくれた。工場内を見学した際にその真意がわかった。従業員はたいへんな作業や細かい検査などに凄まじい集中力でとり組んでいたからである。従業員一人ひとりが「人間の幸せ」を働くなかに感じられるように生産ラインが組まれていることが感じられた。自動車工場でも、生産ラインのなかで人の目が大切なことが学べるが、それ以上に「その人ならではの働き」を実感できる事例である。

授業では、「チッソとぜんぜんちがう」とつぶやいた子どもがいた。どういう点か問い返してみると、「社員の幸せって言うけど、チッソの体質は死んでもよいと思えるかみたいな感じだった。」と語った（はるお）。

この言葉を皮切りに、その前に学んでいた水俣病事件の原因企業のチッソや二次産業

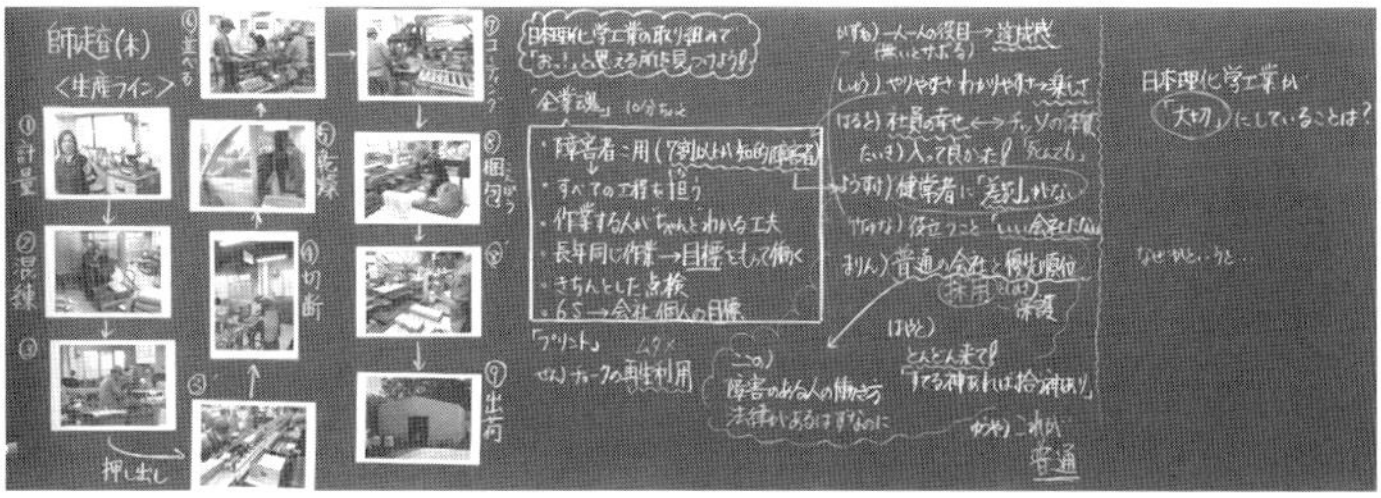

日本理化学工業をめぐる授業の板書

のあり方をつなげて思考する姿がみられた。

「うーんなんかこんなチョークも水俣のことにつながるんだー！！　やっぱし大山さんは『社員の幸せ』と言っていた。そういうのが美しく生きる事なのかなーと思った。そして障害の人も自分で働く、そして生活をするという事をうれしいと思ってるし。」（はるお）

また「ふつうの人より、知的障害者の方がやといやすいけど、『使えない』っていうがいねんがあったから、『障害者はダメだ！』ってなっているけど、ふつうの人より、障害者の方が働きたいと思っているから、この会社は、うまく障害者を使いつつ、会社が出来上がっているから社員の使い方を一番大切にしている会社だと思う。あと、かんけいないけど、社員をうまく使っている社長もすごいけど、障害者優先のルールに不満なふつうの社員はいないのか。」（あゆと）のように、会社内の人間関係に問いをもち、本当の共生社会がどのようになるべきかを考えた児童もいた。

水俣病事件と日本理化学工業の学習から何かみえてこないかと計画段階では期待を抱いていたが、その教師の期待以上に子どもたちは映像や紙の資料で出会った当事者と対話をし、自分の価値観とも向き合い考えた。「被害者―加害者」「障害者―健常者」というような区分けを超え、「人として幸せに生きる・美しく生きる」という包摂のありようにに思いいたったといえる。

6 第六学年の社会科学習

第六学年の社会科は、政治や憲法の学習からスタートした。第五学年で学んだ水俣病事件や日本理化学工業のことも憲法の条文を読み、解釈するなかでつながり、さらに解釈がひろがることを期待した。

一学期は校内の子どもたちの生活にかかわる全校集会や子ども主体の会議システムと政治の働きを関連させて学習を進めたり、「ＳＤＧｓって憲法に似ている気がする」という子どもの発言から憲法との類似性をさがす活動をとり入れたりしながら、少しでも実感をともなった理解になるよう学習を展開した。

「よりよく生きる」「自分も大切に他者も大切に」を政治や憲法をみつめる際の視点としたことで、「水俣病の差別の時には憲法が保証されなかったのかな」「理化学工業の働いている人たちは、条文で守られているしお互いを尊重するもとにもなっているのかも」とつなげて考える子どももいた。

歴史学習に入ってからも、「よりよく生きる」「自分も大切に他者も大切に」という視点を意識して歴史事象と向き合う姿があった。とくに奈良の大仏づくりや、江戸時代の飢饉で苦しんだ人びとと仁政イデオロギーにもとづく藩政、二宮尊徳の報徳仕法などを考える場面で、差別や偏見、不遇な扱いを受けていた人びとの気持ちを想像しようとする姿が数多くみられた。

7 ── 授業4 ── アジア太平洋戦争から国際理解・国際協力への道

歴史学習の最後、戦争から戦後復興や国際協力のあり方の単元では、二年間のまとめとして、教師主導ではなく子どもと授業をともにつくりあげるように学習のスタイルを

指導計画表

次	・学習内容　「　」は小単元のテーマ
○次	冬休みの課題：戦争体験調べカード／社会科見学：参議院・昭和館・江戸東京博物館
一次	「戦争って何?」 ・ブレインストーミング→学び方のデザイン→みんなで考えたい問いの考察
二次	「日中戦争・アジア太平洋戦争って?」（教師からの資料提示による共通学習） ・青い目の人形、日中戦争からアジア太平洋戦争へ ・空襲と沖縄、広島、長崎
三次	「テーマをもとに追究しよう①」 ○個人調べ→レポート作成→発表・共有 「世界の中の日本の戦争とその後」 ・視点を変えてアジア太平洋戦争を見つめる なぜ他の国と仲良くせずに戦争という手段を選んだのか?
四次	「テーマをもとに追究しよう②」 ○グループづくり→役割分担→まとめ→発表 ・人権意識・基地問題・日本国憲法 「世界とつながる日本」 ・国際情勢・外交課題・国際貢献 ・文化交流・東アジアとの関わり （戦争の経験をふまえ「争いの種」に気づくために）これからの〝日本のあり方〟はどうあるべきか? ・世界で活躍する　日本人 ・日本で活躍する　海外の方

大きく変更した。具体的には、戦争について調べる学習や発表の場を多くとり入れた。戦争単元では、前半に教師が映像資料やスライド資料、当時の新聞やビラを用いて、どのような情報が世の中に流れていたのかを確認したり、子どもが調べていくための基礎になるような情報を提示したが、中盤から後半はレポートやグループ学習、発表会など全員の子どもが課題意識をもってとり組める学習活動にとり組んだ。

その個人のレポートのテーマをみると、子どもたち一人ひとりの価値観が滲み出ており、戦争を動物の扱いから考える視点やハンセン病患者が迫害された事例などハッとさせられる内容がいくつもあった。

レポートを読み終わった後、単元中盤の子どもたちの話し合いのなかで、「戦争を起こさないためにもその種を知り、水をまかない」ことが重要であるというテーマで議論が起きた。その「戦争の種」になりうるものとして挙がったのがつぎの七つであった。

「食・貧困」「先人の努力を無視」「国民の状況把握や政治家の判断が×」「自然や生き物の軽視」「学びが奪われる」「歴史の事実を知ろうとしない」「人権意識の低下」

個人のレポートやその後のグループワークのなかでこのような視点が出てきたことは、第五学年からの意識が連続した結果であろう。一人ひとりが社会事象に真剣に向き合い、自分自身の「よりよく生きる」ための価値観を考えつづけて醸成されてきたものといえる。

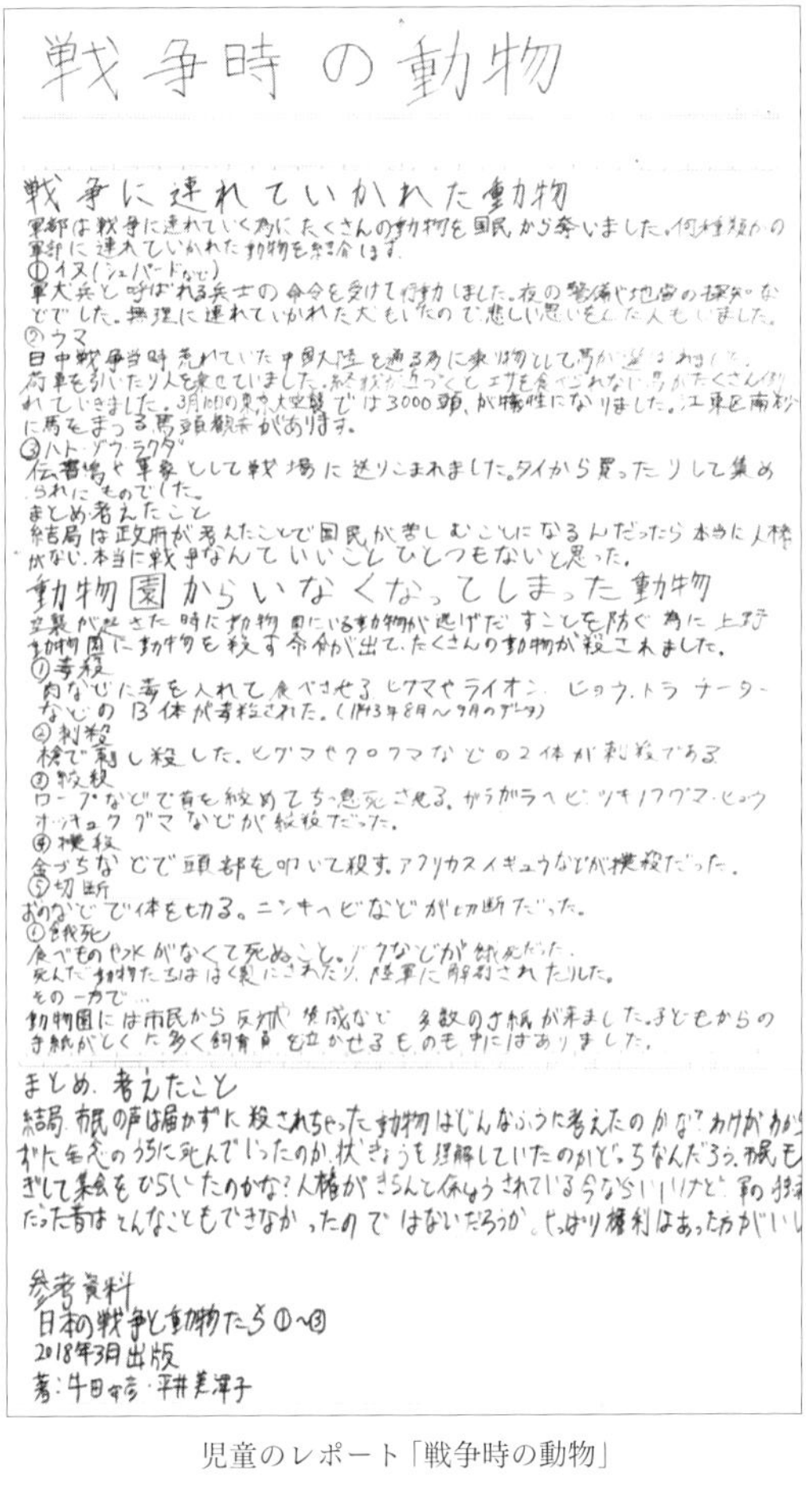
戦争時の動物

戦争に連れていかれた動物
軍部は戦争に連れていく為にたくさんの動物を国民から奪いました。何種類かの軍部に連れていかれた動物を紹介します。
①イヌ(シェパードなど)
軍犬兵と呼ばれる兵士の命令を受けて行動しました。夜の警備や地雷の探知などでした。無理に連れていかれた犬もいたので悲しい思いをした人もいました。
②ウマ
日中戦争当時荒れていた中国大陸を通る為に乗り物として馬が選ばれました。荷車を引いたり人を乗せていました。終戦が近づくとエサを食べられない馬がたくさん倒れていきました。3月10日の東京大空襲では3000頭が犠牲になりました。江東区南砂に馬をまつる馬頭観音があります。
③ハト・ゾウ・ラクダ
伝書鳩や軍象として戦場に送りこまれました。タイから買ったりして集められたものでした。
まとめ考えたこと
結局は政府が考えたことで国民が苦しむことになるんだったら本当に人権がない。本当に戦争なんていいことひとつもないと思った。

動物園からいなくなってしまった動物
空襲が起きた時に動物園にいる動物が逃げだすことを防ぐ為に上野動物園に動物を殺す命令が出て、たくさんの動物が殺されました。
①毒殺
肉などに毒を入れて食べさせる。ヒグマやライオン、ヒョウ、トラ、チーターなどの13体が毒殺された。(1943年8月～9月のデータ)
②刺殺
槍で刺し殺した。ヒグマやクロクマなどの2体が刺殺である。
③絞殺
ロープなどで首を絞めて窒息死させる。ガラガラヘビ、ツキノワグマ、ヒョウ、ホッキョクグマなどが絞殺だった。
④撲殺
金づちなどで頭部を叩いて殺す。アフリカスイギュウなどが撲殺だった。
⑤切断
おのなどで体を切る。ニシキヘビなどが切断だった。
⑥餓死
食べものや水がなくて死ぬこと。ゾウなどが餓死だった。

死んだ動物たちははく製にされたり、陸軍に解剖されたりした。

その一方で…

動物園には市民から反対、賛成など多数の手紙が来ました。子どもからの手紙がとくに多く飼育員を泣かせるものも中にはありました。

まとめ、考えたこと
結局、市民の声は届かずに殺されちゃった動物はどんなふうに考えたのかな？わけがわか
ずに無念のうちに死んでいったのか、状きょうを理解していたのかどっちなんだろう。市民も
ぎして集会をひらいたのかな？人権がきちんと保障されている今ならいいけど、軍の
だった昔はそんなこともできなかったのではないだろうか。やっぱり権利はあった方がいい

参考資料
日本の戦争と動物たち①～③
2018年3月出版
著：牛田守彦・平井美津子

児童のレポート「戦争時の動物」

8 ―成果と課題― よりよく生きることを考える民主的な学び

二年間の子どもの学びの足跡を記してきたが、第五・六学年を連続して担任できたことで、社会科の学びに一貫性をもたせることができたと思う。具体的な人間の生き方と社会問題を教材として単元のなかに据え、排除や包摂がありとあらゆる場面で姿を変えてあらわれることを考えた。第五学年では戦後の近代産業から現在へと、過去の事例から現在をつなげることで社会的課題を連続的なものとして学び、第六学年では戦争やそこにむかうような膨張主義的な近代化の負の側面とその反省としての憲法や民主政治を学んだ。

だが、気をつけなければいけないのは、過去と現在をつなぐことで、過去が劣っていて現在が素晴らしいという価値観に陥ってしまうことである。過去の事例や人びとを学ぶことは、現在を相対化し問い直すことでもある。現代社会でも近代化の過程で形成された負の価値観は姿形を変えて噴出する時がある。その結果、排除や分断が生じた際に、人はどのように生きるのか。「排除と包摂」を学習内容に位置づけることは、戦後の社会科が戦争の反省としてスタートした際の理念と大きく重なる部分があるのだろうと思う。

また、授業の進め方や学習環境も含めて、教師の強制力を働かせることよりも、子どもと学びの方向性や身につけたい方向性を合意形成し、学びの意味をていねいに振り返り確認することを教師はもっと意識する必要がある。

子どもたちにとってより民主主義にたいする意識を喚起する学びのプロセスと自分たちの生活や経験につながる課題意識という具体的な文脈のなかで子どもが学ぶことが、あらためて社会科の学習のなかで大切にされるべきであろうと考える。一人ひとりの課題意識がバラバラで、一見まとまりがないようにみえる授業でも、子どもたちは根底ではつながりつつ学ぶ内容において多様性があることを自覚していた。教師自身の学習プロセスの形成段階や実際に授業を進める過程において排除が生じていないか。確固たる学習観や学力観をもつことも重要なことであるが、自己のあり方と、子どもの学びの実際を反省的にみつめて、顧みることも必要なことである。社会科という民主主義をめざす学習であるならば、なおさらそういえるのではないか。

教師も民主的ではない学校教育の文脈を反省し、排除を生み出しうる学習内容・学習過程・学習環境をみつめ、「平和で民主的な国家及び社会の形成者」のためにできることを今一度考える時期なのではないかと、みずからの実践を反省的に顧みて強く思う。

「排除と包摂」、この言葉の解釈はさまざまである。だが、社会科が戦後の民主化教育の中核であったように、現在のような混迷をきわめる社会情勢でこそ、社会科の学びのあり方の是非があらためて問われるのではないか。「排除と包摂」は社会事象と向き合い学ぶ際の重要な視点の一つである。

水俣病事件の学びのなかで、医師や患者が対立構造を超えて人としての生き方の尊さをつらぬこうとする姿を学ぶことから子どもたち自身がその価値に気づいたように、また戦争単元で人間中心主義や人権を奪う危険性に子どもたち自身が強く反応し、戦争という排除の極まった形にたどりつかないために何が必要か考えたように、問題や課題をミクロな視点や一部の思惑、特定の立場だけで解決したと進めるのではなく、より高次の次元でマクロな視点をもって解決しようとするような、包摂のあり方をめざそうとすることは非常に重要であろう。子どもの具体的な学びの姿からたくさんの価値ある気づきを得られた。

だが、その考え方も万能ではない。教師の構えとして包摂は新たな排除を生むかもしれないという思慮深さや慎重さがきっと求められるであろう。二年間の子どもの学びの姿を追うことで、自分自身の授業スタイルを顧みるだけでなく、「排除と包摂」は「排除が課題で包摂がゴールである」というような徳目のようなものではなく社会事象に向き合う視点である、ということに意識が向いたのは大きな成果であった。この実践上の留意点は、「排除」と「包摂」の関係性を考察する社会学的知見とも整合性がある。

視点としての「排除と包摂」の概念をもち、固有名詞のある人びとがまき込まれた過去の社会的な課題から学べることを受け止め、現在をつねに相対化し絶対視しないことが、子どもとともに授業をつくり、排除を生み出し拡大させつづけない意識を発揮させていくためにも非常に重要なことであろう。

参考文献

大山泰弘『「働く幸せ」の道—知的障がい者に導かれて—』WAVE出版、二〇一八年

ガート・ビースタ（上野正道ほか訳）『民主主義を学習する—教育・生涯学習・シティズンシップ—』勁草書房、二〇一四年

倉石一郎『増補新版　包摂と排除の教育学—マイノリティ研究から教育福祉社会史へ—』生活書院、二〇一八年

高橋源一郎編著『憲法が変わるかもしれない社会』文藝春秋、二〇一八年

森敏明監修『二一世紀の学びを創る―学習開発学の展開―』北大路書房、二〇一五年
ユヴァル・ノア・ハラリ（柴田裕之訳）『サピエンス全史―文明の構造と人類の幸福―』河出書房新社、二〇一六年

中学2年

上園悦史

フクシマ問題と災害リスク

災害リスクの解消にむけてのとり組み

1 ―テーマ― 福島の現実と私たちの課題

災害にたいする私たちの課題

二〇一一年三月の東日本大震災は、地震・津波による犠牲者が約二万人にのぼり、被害状況の把握さえままならないなか、福島第一原子力発電所の事故による放射能の恐怖が人びとを襲った。あの日から一〇年がすぎ、今なお避難生活を余儀なくされている住民が多く、自主避難者を合わせると数万人が全国で避難生活を送っている。

政府は二〇二三年までに帰宅困難区域の全面解除・帰還をめざすとしている。また、とくに被害の大きかった福島県南相馬市や浪江町に、ロボット開発の拠点地として企業の積極的誘致や「エネルギーの地産地消」へのチャレンジの提言、民間の新たな電力会社による再生可能エネルギーの導入やスマートコミュニティの推進など、将来へむけて具体施策を示している。

しかし、福島県内に仮置きされている除去土壌などの中間貯蔵施設の建設場所をめぐる問題や、たまりつづける汚染水の海洋放出をめぐる問題、今までと同じ生活を望んでもできない現実に直面している人びとの不安など、数多くの問題が残されている。また、福島を応援する声の影で、自主避難者にたいして「福島県を勝手に離れたのだから自己責任」といった発言もなされている。

こうした福島の現実を、私たちは自分たちの課題として考える必要があると強く感じている。私たちは、文明が進めば進むほど、自然を制御しているかのような錯覚をもってしまいがちである。リスクを感じないようになってしまっていることのリスクが発生しているともいえる。この状況において、防災意識をもたせる実践を継続していかなければ、つねに災害という偶然性に左右されなければならないことになる。災害を今の生活に潜んでいるリスクとしてとらえ直し、災害にたいするみずからの判断の指標を獲得し、みずから判断し行動していく態度を生徒たちに育みたいと考えている。

防災の視点から学ぶリスクコミュニケーション

自然災害に関する自然科学による解明が進み、大規模地震の発生メカニズムが解明されたり、震源地が特定されたりするなどの知識が蓄積されていくと、逆説的に、防災の対策や災害への意識を高めて行動に移すことの重要性がさらに増していくという側面がある。

たとえば地震予知の技術がより正確に可能となれば、つぎの課題は、私たち一人ひとりが避難・減災対策・防災体制をどのように進めていくのかになってくる。メディアから発信される情報を批判的に受け止める態度を養うとともに、何が危険か、安全か、といった判断ができる防災力の充実が重要なのではないだろうか。実際に災害が発生した場合、メディアからの情報が乏しく、専門家の意見も十分に聞くことができないなかで防災の行動をとっていくための経験と学びが求められているといえよう。

そのためにどのような手立てを講じることができるのか、防災のとり組みをさらに促進するためには、起こりうる災害のリスクを周知することで、自発的かつ実践的な防災行動の定着を図ることが大事なのではないか。防災や減災についてはマスコミだけでなく、地方自治体からもさまざまな情報が提供されているものの、受け手の私たちは、はたしてどこまでその情報を能動的に受けとり、みずからの判断の指標として活用することができるだろうか。

2 —単元— 災害リスクの解消にむけてのとり組み

災害発生時に、みずから危険を予想し、回避するためには、自然災害に関する知識を身につけるとともに、習得した知識にもとづいて的確に判断し、迅速な行動をとることが必要となってくる。その力を身につけるためには、日常生活においても状況を判断し、最善をつくそうとする「主体的に行動する態度」を育成する必要がある。

そこで本実践では、地理的分野における身近な地域の学習において、実際に地域を調査し、事故や災害の発生する可能性について理解し、そこから災害時に対応できる実践的なスキルをもつことができるようになることをねらいとしている。

地震などの自然災害の発生を避けることのできない日本列島においては、そこに暮らす生徒の防災意識を高め、「減災」にむけてのとり組みや改善の方策を提案するような活動を構想できるのではないかと考えている。

本単元では、防災についての知識をもつとともに、想定される事態にたいして、みずから適切であるという判断をし、その結果を生徒たちで話し合う活動場面を設定し、仲間との意見のちがいを認め、さらに自分の考えを問い直す契機となることをねらい、つぎのように目標を立てた。

・災害への意識を深めさせ、相互に助け合い、適切な行動をとることができる。
・想定される被害の状況のなかで、関係機関と連携した迅速な人命救助や避難までの円滑な行動ができるようになる。

いつ起こるかわからない災害について明確なイメージをもつことで、心理的な圧迫感

単元計画表

時配	おもな学習活動
第一時	身のまわりの危険を察知しよう～危険予測・危険回避の想定～ 自分たちの学校から最寄り駅までの道筋や、本校の立地する武蔵野台地の地形の特色から想定される災害を予想し、文京区の防災マップと照合してどのようなリスクがあるのか把握する。
第二時	防災の視点から地域調査にでかけよう 文京区は起伏に富んだ地形であり、火災やビルの倒壊などの都市災害にみられる特徴のほかに、水害や土砂災害などのリスクも潜んでいる。学校周辺の地域を防災の視点から調査し、地図上に具体的なリスクの内容を記述しながら、地域の防災マップづくりの基礎的な資料を得る。
第三時～第五時	防災マップをつくろう～災害図上訓練ＤＩＣ～ 地域調査で実際に見聞した場所以外のポイントも含めて、危険性を判断するために、詳細な地図情報や地図アプリケーションを使って具体的な状況を知り、想定される災害の実態を記述する。その際、ＤＩＧ（Disaster, Imagination, Game）とよばれる災害図上訓練の手法を用いる。
第六時	災害時への適切な対処・想定外を想定しよう～防災クロスロード～ 地域ごとに想定される災害状況をもとに、具体的な状況や意思決定の場面ごとに、生徒に意思決定を促していく。その際に、都市型災害の事例として阪神・淡路大震災や、東日本大震災の被害などをとり上げて、防災にかかわる問題点を整理し、かつ、身近な地域の防災に何が必要であるのかについてイメージをもたせる。
第七時	都市に潜む災害の危険性～東京の防災を考えよう～ これまでの学習を生かして、防災を視点として東京の災害の予想やリスクを想定し、ワークシートを用いて、問題点を整理して、課題の解決への方策をさぐる。

をとり除き、防災行動につながる一歩を踏み出すことができる。そうした生徒を育てることにより、災害によって失われる命や被害を少しでも少なくすること、それが本単元の意義でもある。

とくに本校がある文京区は通学者が多く、災害時に帰宅困難になったり保護者と連絡がとれなくなったりする児童・生徒・学生の存在はきわめて大きな問題である。そこで実際に学校のまわりの地域調査をおこなうことで、より深い理解を得ることができると考えられる。身近な地域の学習を防災の視点からとらえ直し、危険性や退避行動の選択肢の幅を広げ、都市に潜む危険性について考える契機としたい。

3 ―授業― 災害の想定と適切な対処を考える

第一時では、防災の視点から、自分たちの学校から最寄り駅までの道筋や、本校の立地する地域の地形の特色から想定される災害を考え、その具体的な危険性について、スライドをとおして理解した。さらに文京区の防災マップと比較検討し、自分たちが想定したものとどのような点がちがっていたり、ほかにもどのようなリスクが想定されたりしているかを確認した。

第二時では、文京区の地形から災害を考えた。文京区は武蔵野台地の東端にあたり、関口台、小日向台、小石川台、白山台、本郷台の五つの台地に分かれ、その間に田川や千川などによってつくられた低地があり、こう配の急な坂と崖の多い起伏に富んだ地形である。そのことから災害として想定されることは、火災やビルの倒壊などの都市災害のほかに、水害や土砂災害などのリスクも潜んでいる。そこで学校周辺の地域を防災の視点から調査し、地図上に具体的なリスクの内容を記述しながら、地域の防災マップづくりの基礎的な資料を収集した。

たとえば、本校の隣接している春日通りから丸ノ内線の走る線路まで一気に下る急な坂道は、土砂災害のリスクだけでなく、豪雨の際には降雨が流れ落ち線路下が浸水する危険性があるなど、具体的な状況を調査した結果、さまざまなリスクを想定して気づいたことを地図にまとめることができた。防災マップをみると土砂崩れの危険地帯になっているところが通学路になっていることや、曲がりくねった道幅の狭い道路では見通しが悪く、正面から来る自動車にぶつかりそうになる場所があるなど、グループごとに気づいたことを発表し、その成果をまとめることができた。

第三〜五時では、文京区の防災マップ、地域調査の結果と合わせて、地図上に危険な場所やそのリスクの概要を付せんに書き記し、防災マップを作成した。こうした活動は

防災の視点から地域を調査する

防災マップを作成する

いわゆるＤＩＧ（Disaster, Imagination, Game）とよばれる災害図上訓練の一つとしておこなわれているものである。災害が発生したと仮定して、提示された状況にたいしてどのように対処するのかをグループの討議をとおして意見を交換し、図上に記入していくものである。

たとえば自分たちが使っている通学路の途中には「大学や小学校などの避難場所」があることや、「道が狭くU字型に曲がっていて危険」な場所や、豪雨のときには「水没する」場所であることなど、グループごとに気づいたことがらを地図の上に付加していった。そこから生徒は、「それでは適切な回避行動としてどのようなことが考えられるのか」といった点に話が進んでいった。

こうした地図上に想定される災害の種類を可視化することで、緊急時の意思決定を疑似体験して、実際の場面で役立つことが期待できる。

第六時では、この手法を用いて地域ごとに想定される災害状況をもとに、具体的な場面ごとに、生徒に意思決定を促していく活動をおこなった。教材は、阪神・淡路大震災で、災害対応にあたった神戸市職員へのインタビューをもとに作成された、カードゲーム形式の防災教材である。東日本大震災と原発事故の影響などについて追加したカードも入れて、どのように行動することがよいのか、それぞれの生徒個々人の見解の相違が

Q1．茗台中学校の西側に濃い青の表示があるのはなぜだろう？
メモ：

・丸ノ内線の下をくぐるトンネルの存在と，トンネルが最も低い谷の部分にあることから雨がたまりやすいことを理解させたい。
・丸ノ内線は地下鉄であるのに，頭上を走っていることを「茗荷谷」という地名から考えることもできる。
（・茗台中学校の西側を下る階段から右を見ると崖であることが一目瞭然である。土砂災害の可能性も理解させたい。）

やってみよう！
トンネルを抜けて坂を上がって振り返ってみるとどんな景色が見えるだろうか？
メモ：

切支丹屋敷跡のある台地とトンネルのある谷，茗台中学校のある台地が見渡すことが出来る。Q1．をより深めることができるのではないかと考える。関心の高い生徒は図示できるか？

Q2．巻石通り（緑のライン）に出ると，どんな地名・町名があるだろうか（電柱や信号その他看板に注目してみよう）
メモ：

・地図上から分かる通り，「水道」という地名がある。他の看板には「水道端住宅」などもある。この地域と「水」との関係について考えさせたい。
・「小日向」という地名については南向けの「斜面」であることからついたことを理解させたい。

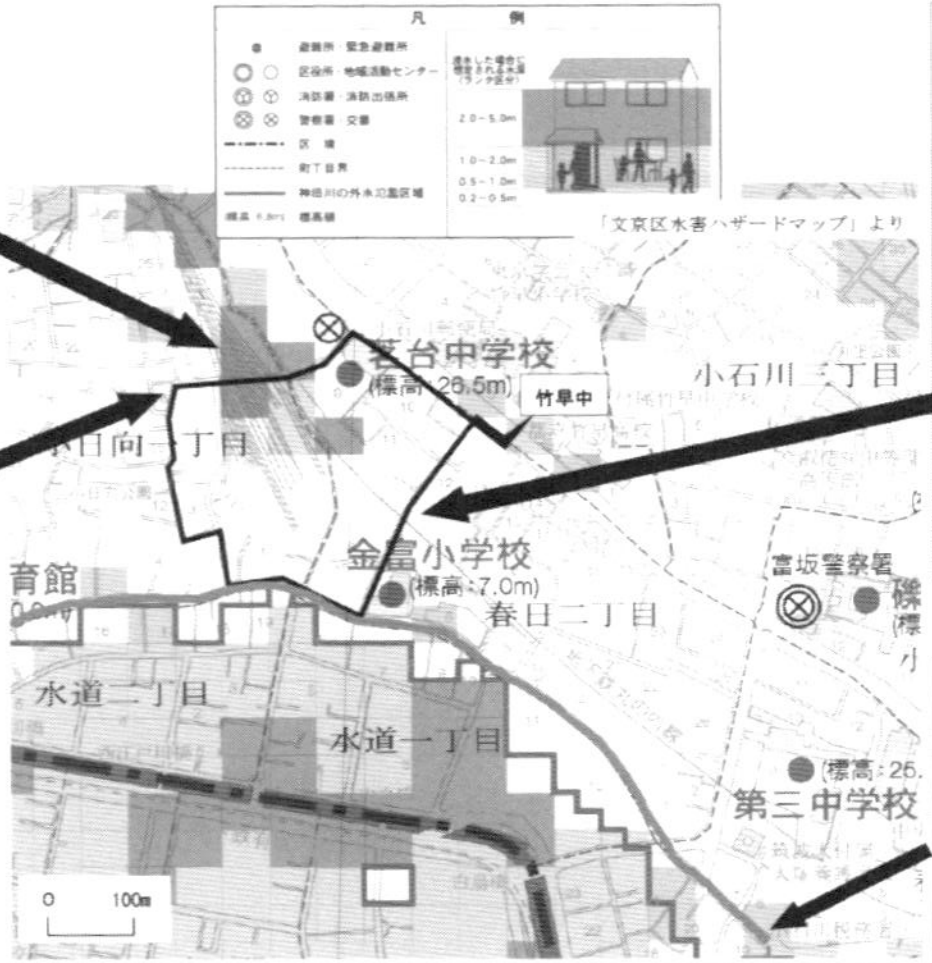

歩いてみての感想

Q4．洪水が発生し高いところに避難する際，この坂を通らなければならなくなった。どんなことに注意したらいいだろうか？
メモ：

急な坂の様子から，避難する際に高齢者や車いすの方，幼児にとっては避難が容易ではないことを理解させたい。

Q3．巻石通り（緑のライン）だけくねくねしているのはなぜだろう？この道の歴史に注目して考えてみよう。
メモ：

巻石通りが神田上水であったことを理解させたい。しかし，神田上水に関する看板は金富小学校前にあるため，この点どうするか検討が必要である。

防災ワークシート
災害時の危険性をみんなで話し合う

ある場合には、できるだけ合意した意見になるように指導した。

こうした活動をとおして、防災にかかわる問題点を整理し、かつ、身近な地域の防災に何が必要であるのかについてイメージをもつことを企図した。

第七時では、これまでの学習を生かして、防災の視点から東京の災害やリスクを想定し、問題点を整理して、課題の解決への方策をさぐる活動をおこなった。

具体的にはワークシートを用い、地震が発生した場面を想定して、自分のいる場所（①高層ビルのエレベーター内、②学校の周辺、③マンションの部屋、④JR大塚駅の電車内、⑤地下鉄春日駅構内）により、ケガはしていないが停電が発生しているという設定で、当事者の立場から想定される状況を時間の経過とともに記述させた。

こうした作業をとおして、想定した状況のなかで起こりうることやみずからの行動の判断の根拠について互いに発表し、その課題や問題点について意見を交換した。たとえば、優先する行動として「まずはその場から逃げる」という発言があったとき、別な生徒が「それはあまりに卑怯なのではないか」と指摘したことから話が深まっていった。そして周囲の状況に依存することで結果的に即時避難ができないことや、自己の安全の保持ということが、まわりの人びとを助けることにつながらないとはいえないという話になっていった。

<table>
<tr><th>主な学習活動</th><th>指導上の留意</th></tr>
<tr><td>・本時の主題となる状況の設定について、ワークシートを読んで把握する。
［今の状況］　平成2×年6月30日（金）の午後3時30分地震が発生しました。周囲の状況から震度6強と思われます。あなたは、(①高層ビルのエレベーターの中、②学校の周辺、③マンションの部屋、④JR大塚駅の電車内、⑤地下鉄春日駅構内）にいます。
　幸いあなたはケガをしていません。屋内は停電しているようです。</td><td>読みとりの内容や状況設定場面など共通理解させることを主眼とする。</td></tr>
<tr><td>・上記の想定される5つの立場のなかから自分が選んだ番号を記入し、当事者の立場から想定される状況を時間の経過とともに記述させる。
<table>
<tr><th></th><th>０分</th><th>１０分後</th><th>３０分後</th></tr>
<tr><td>どのような状況になっていますか。</td><td></td><td></td><td></td></tr>
<tr><td>あなたはどのようなことをしていますか？</td><td></td><td></td><td></td></tr>
</table></td><td>ワークシートを用いて、自分の判断の根拠や理由づけを確認させる。</td></tr>
<tr><td>・想定した状況のなかで起こりうることやみずからの行動の判断の根拠について互いに発表し、その課題や問題点について意見を交換する。
・本時の学習のまとめとして、災害が発生した場合に自分も含めてさまざまな立場や関係者がどのような動きをしているのか想像し、発生する課題や問題点について整理し、自分なりの考えをまとめさせる。</td><td>互いに協力しながら問題を解決していくことができる。</td></tr>
</table>

災害時想定ワークシート
災害時の状況と対応を想定する

さらに、第七時の学習のまとめとして、災害が発生した場合に自分も含めてさまざまな立場や関係者がどのような動きをしているのか想像し、発生する課題や問題点について整理し、自分なりの考えをまとめさせた。生徒の意見のなかにはつぎのものがあった。

「災害の発生時には自分のことだけで精一杯になると思う。でも今日の話し合いのなかで、意見のちがいはあったけど、まずは自分の身を守ることができれば、少しずつ状況が冷静にみえてきて、より適切な判断や行動ができるのではないかと思った。」

想定する事態に自分だったらどう対処するのか、そして時間の経過により冷静な判断ができるようになるという気づきで、話し合いの活動の成果が出てきたことがわかる。

またつぎのような意見があった。

「おかれた状況から臨機応変に対応することの大切さを学んだ。」

「まずは自分の身を守ることが大事だが、その後はまわりの人と助け合って行動することが大事。」

「想定していなかったことを考えることで、実際に起こる災害に冷静に対処することができる。」

危険回避だけでなく、協力して状況にとり組んでいこうという意欲が芽生えたことを確認することができた。こうした一人ひとりの「選択・判断・行動」が防災の実質を形成する土台となっていくだろう。

4 ―成果と課題― 情報への判断力を育てる

授業後の生徒の学習感想をみると、「通学路をあらためて考え直してみよう」という意見や、家のなかで危険だと思われる場所の写真を撮ってレポートにまとめた生徒もいた。また何が危険なのか、起こりうる被害や考えられる対策を記入して、その成果をレポートにすることもできた。

注目すべきは、地形の特色をふまえて災害時における社会的な弱者の立場にある人びとへの配慮や、具体的な援助の方策にまで踏み込んで考察を加えているものが散見されたことである。生徒の意見には、つぎの記述がある。

「避難する時に坂が多いので、高齢者や車いすの人が避難するのに大変。住民どうしの協力が大切。」
「今井坂：かなり急で長い坂。大雨が降ったら下の方は水が溜まりやすい。↓お年寄りの方、子ども連れの方は逃げ遅れないように地域の人が協力しよう！」
「坂の上は安全で隣に大学が隣接しているのでさらに安全だが、とても急で長い坂なので、ベビーカー、車いす、お年寄りは登るのが大変↓地域の人が助ける。」

いわゆる「災害弱者」の問題は、阪神・淡路大震災においても、多くの高齢者が犠牲となり、その保護の重要性が指摘された。授業をとおして生徒の認識は災害時において保護すべき「弱者」の捉え方についても、あらためてその考え方に修正を迫るものであったことがわかる。

この実践をした後に、本校の家庭科においても防災の実践がされていることがわかった。「衣生活・住生活と自立」という単元で、学校の校舎内を調査して、危険であると感じている場所をとり上げ、どのように危険なのかその原因を考察する活動である。防災・減災を題材とした活動は必ずしも一つの教科にのみで完結するものではなく、教科横断的に活動が展開されることによって、その成果が生徒のなかに蓄積されていくものである。

これまで防災の主力となっていたのは国や地方自治体などの公的機関であった。それは防災にとって必要不可欠な要素であるが、公的機関以外の防災活動が小さく扱われてきたことも事実である。災害時の行動には「確実に正しい」というものは容易にはみいだせないだろう。その場面では個々の判断・行動のちがいをふまえて、最適に近い形での「合意」という、理解し・共感することのできる地平を開いていくことが重要であろう。

生徒たちは、自己の価値観にもとづいて思考、判断し、その結果を発表し、また仲間の意見を認め、さらに自分の価値認識を問い直した。具体的には、特定の災害の状況を想定し、複数の考えられる選択肢のなかから、みずからが適切だと思われるものを選択し、そうした意思決定をした根拠を述べるとともに、他者の意見も聞く。こうした活動ができたことが一つの成果である。

今日でも原発事故による風評被害が続く現状があり、さらに新型コロナウイルスにたいする不安から感染者やその接触者、医療従事者などにたいしてゆきすぎた対応をしてしまう事例も問題となっている。重要なことは正確な基礎知識や最新の知見、また感染事例などを共有して、「正しく恐れる」ことであることはいうまでもない。そのためにも情報への判断力を育てていく授業にとり組んでいくことが重要であろう。

参考文献

福島県浪江町『浪江町再生可能エネルギー推進計画』二〇一八年
復興庁『福島の復興・再生に向けた取組』二〇二〇年
ウルリッヒ・ベック『世界リスク社会論―テロ、戦争、自然破壊―』ちくま学芸文庫、二〇一〇年
鈴木みどり編『新版　メディア・リテラシー入門編』リベルタ出版、二〇〇四年
武田徹『原発報道とメディア』講談社現代新書、二〇一一年
児玉龍彦『内部被曝の真実』幻冬舎新書、二〇一一年
影浦峡『三・一一後の放射能「安全」報道を読み解く―社会情報リテラシー実践講座―』現代企画室、二〇一一年
関谷直也『風評被害―そのメカニズムを考える―』光文社新書、二〇一一年
菅谷明子『メディア・リテラシー―世界の現場から―』岩波新書、二〇〇〇年

中学2・3年

飯塚真吾

アイヌを知り、出会う授業

「日本」と「アイヌ」をめぐる排除と包摂の歴史と現在から学ぶ

1 ―テーマ― アイヌを知ることの意味

差別的なまなざしはどのようにすれば克服できるか

アイヌが日本列島の先住民であることはいうまでもないことだが、「日本（ないしは和人）」と「アイヌ」との歴史的関係には、本書のテーマである「排除と包摂」の視点から負の側面が多く指摘できる。とくに明治期以降の国民国家創設の過程において、アイヌ固有の文化や生活が破壊され、「日本」への同化を迫られると同時に、社会的排除の対象でもあった。この歴史から学ぶことは多い。

筆者は千葉県の中高一貫校に勤務しており、たびたびアイヌを授業のテーマとしてとり上げてきた。筆者はアイヌではないが、アイヌの文化に魅力を感じ、学び、それを生徒に伝えている。そのなかで、「じつは私はアイヌの血を引いているんです」と打ち明けてくれる生徒が複数いた。首都圏にどのくらいの数のアイヌが住んでいるのか実態を直接的に示す調査はないが、アイヌの血を引く方が身近にいることを知ることができる。

北海道では、アイヌの文化を紹介する授業が数多くおこなわれている。アイヌにたいする差別的なまなざしは軽減しつつあるといわれるが、それでもまったくなくなったとはいえない。だからこそ、まずはアイヌの文化を身近に感じ、理解し、「共に生きる」ことがめざされているのではないだろうか。

これにたいして千葉県をはじめとする他の都府県では、北海道よりもアイヌを意識する機会は少ないのではないか。こうした地域でアイヌの授業をどのようにおこなえばよいだろうか。またアイヌにたいする差別的なまなざしはどのようにすれば克服できるか。この視点からおこなった授業を紹介したい。

「問いの往還」から学ぶこと

教師の側が「学ばせたいこと」があり、それを教授するという学習スタイルが従来多くとり組まれてきた。それはこれからも重要である。一方、生徒が学びの主体であることを回復し、授業では生徒が学びたいと思うことを学ばせるのが重要だとする学習スタイルへの転換も期待されるようになった。新学習指導要領でも「主体的・対話的で深い学び」が求められている。なかでも私は、「問いを表現する」という文言に注目し、生徒みずから問題意識をもつような授業実践を重ねているところである。

しかし、知識のないところに問題意識は生まれえず、生徒の思い描く世界を広げたり深めたりするには教師の手助けが欠かせない。これらを二律背反的にとらえるのではなく、そのバランスを考えることが重要だ。そして、これまでも社会科教育の実践の積み重ねのなかで、先人たちがとり組んできたことでもある。

「問いを表現する」ためには、みずから考えた「問い」がどのような意味をもつものなのかを生徒に自覚させる必要がある。「問い」の意味を自覚するためには、「問い」と「その解」を導く過程をくり返し経験させるほかない。社会科にかぎらず、教科を越え、みずから「問い」を立て、その解決をめざす探究学習の価値はここにある。

生徒が導いた「解」は、新たな疑問、「問い」を生む。この「問いの往還」は、「総合的な学習の時間」のみならず、各教科の学習のなかでも求められる。これによって生徒は、「どうせ正しい答えがあるのだから、それを覚えればよい」という「正答主義」から脱却し、みずから考えることの楽しさと責任とを考えるようになるのではないだろうか。

ところで、生徒たちにとって、本や論文を参照して「問い」の解を導くのは意外とむずかしい。幼少期からインターネットやSNSを使いこなすデジタル・ネイティヴな生徒たちは、無自覚に「ググる（googleで検索する）ことが調べること、ググって出てこないことはわからないこと」と考えているのではないか。日々の実践のなかでそのように感じさせられている。

「問いの往還」を体験させるには、たくさんの「ホンモノ」に出会わせ、直接コミュニケーションすることが一番よい。コロナ感染が広がるなかで、ネット環境を利用してオンラインで「つながる」さまざまな授業がおこなわれて、それが普及してきた。これは教育において、じつに画期的なことである。

本章のテーマであるアイヌについていうならば、「教師の学ばせたい素晴らしいアイヌの文化を伝える授業」から、「アイヌの文化についてたくさん質問して答えてもらう授業」への転換が可能になった。「問いの往還」のなかで生徒がどのように「問い」を鍛え、社会的認識を深めたのか、論じていきたい。

2 ——単元——「排除と包摂」の視点で学ぶ近代日本

「排除と包摂」の視点を導入すると、近代日本における「国民国家」の形成と「同化政策」とがよりよくみえてくる。勤務校には少なからず外国籍の生徒がいる。多様性の尊重の大切さは、小学校でも、中学校の道徳の授業でも学ぶだろう。しかし、「日本人」が多数である教室では、無意識に「日本人であること」が前提とされ、悪気なく異文化を忌避したり、排除したりすることを是とする発言を耳にする。自分のなかにある無意識の差別的なまなざしに気づくには、歴史のなかにある「排除と包摂」の事実を学ぶのがよい。中学二年生の歴史の授業のなかで、この点を意識して授業実践をおこなった。

アイヌと琉球とは、少なくとも江戸時代までは日本の「半周辺」とも位置づけられる存在であり、独自性ある生活と文化を維持していたが、明治期になって北海道に開拓使が設置され、また琉球処分によって、両者は「内なる異文化」として日本に包摂されていくことになる。しかし同化政策は「日本」と同じになることを求めるものであり、彼らの文化は尊重されず、蔑まれ、蔑視の対象となってゆく。日本に「包摂」されていく過程で、アイヌと琉球の「排除」の論理が彼らを苦しめたのである。アイヌについていえば、この過程でアイヌ語を日常語として用いる人はほとんどいなくなった。言語の破壊が文化の破壊につながることはいうまでもない。

日本の植民地であった台湾と韓国も、同様の論理で考えることができる。相違点は、第二次世界大戦後に彼らは独立し、現在は日本とは別の国である、という当たり前の事実である。韓国では義兵闘争や三・一独立運動など、日本による植民地化と同化政策にたいする強烈な反対が表明されている。その一方で体制に組み込まれ、少なくとも一九四五年まではその統治にしたがい、同化を求める教育政策がおこなわれていた。

日本も、もともと確たる「日本」が存在していたわけではなく、国民国家形成の過程

指導計画表

歴史（中2）	
一時間目	「排除と包摂」という視点から歴史をみるとどのようなことがみえてくるか、アイヌや琉球などを事例にして簡潔に説明。その後、四つのテーマにわかれ、グループ学習。
二時間目	一時間目につくったグループで、それぞれが図書館で借りてきた本を読み、スライドを分担して作成する。
三時間目	四つのテーマから一名ずつ集まって別のグループを形成。四つのテーマについてスライドを用いてそれぞれが発表する。
四時間目	課題として書かせたエッセイを、相互に批判的に読み合う授業。
公民（中3）	
一時間目	公民の教科書を手がかりに、江戸から明治までの和人とアイヌの関係を学ぶ。自分なりの「問いを表現する」。
二時間目	実物資料や動画資料から、アイヌの文化を知り、関心をもつ。
三時間目	今を生きるアイヌの思いを知る。動画を視聴したり、『こころ揺らす―自らのアイヌと出会い、生きていく―』を読んだりして、自分の考えをまとめる。
四時間目	ゲストティーチャーと学ぶ。ゲストティーチャーに、自分がつくった「問い」を投げかけ、回答をもらう。
五時間目	いただいた回答から学び、まとめのエッセイを書く。

で人為的に形成されてきた。「日本」の目線からみると、これら同化政策はどのように映るだろうか。

3 授業1 「排除と包摂」の日本近代史を調べる

ジグソー法を用いて「排除と包摂」を語る

授業では、いわゆる通史学習のあとに四時間を配当し、調べ学習をおこなった。その際生徒たちに問題提起したのが、この「排除と包摂」という視点である。クラス全体を四つのグループに分け、それぞれに「アイヌ」「琉球」「韓国または台湾」「日本」というテーマを割りふり、「排除と包摂」という視点から、彼らの近代史を調べまとめるよう指示した。

四人一組でグループを構成させ、それぞれ図書館で調べるに足る書籍を借りてきて読み、その内容を共有する。グループ内で分担してスライドを作成、その後、四つのテーマを担当する生徒が一名ずつ集まって相互に内容を発表するジグソー法の要領で発表をおこなった。

たとえば、「アイヌ」を担当したあるグループは、北海道開拓のときに設置された

「旧土人学校」について発表した。他方、アイヌ文化振興法制定にいたる過程を調べた者もいた。生徒たちの問題意識によって注目する話題が異なっていた。逆に「日本」をテーマとしたグループは、アイヌや琉球にたいする同化政策について、日本側がなぜそれを必要としたのかについて論じていた。

四つの視点を学んでのエッセイライティング

発表によって四つの視点から「排除と包摂」のありさまを学んだ生徒たちに、まとめのエッセイを書かせた。ある生徒のエッセイを示そう。

「『排除と包摂』の理論から、実際に起きたことを『された側』と『した側』から調べると、例えば、琉球の方言を日本が禁止したことだと、日本の立場から言えば、方言をなくすことで沖縄の人々が本土の人とも喋れるようにした、と考えられるが、琉球の立場から言えば、方言を禁止されることは今まで受け継がれてきた自分たちの文化を潰される、というように考えられ、そこから導き出す結論が大きく違ったものになる。この『排除と包摂』という考え方で一つの事実を違う立場から見ることでその事実が抱えている光も闇もわかり、客観的に見ることができたと思

う。」（後略）

「日本」の視点からみた、アイヌや琉球を「日本人」として近代国民国家に「包摂」した過程は、「アイヌ・琉球」という視点からみることで、それぞれの文化が「排除」された過程でもあることに、この生徒はよく気づいている。明治維新以降の日本の近代化はアジアでの成功例として記憶されているが、「排除」の上に成り立った近代化をどのように評価すべきか、この生徒は葛藤していった。彼は「光と闇」という表現を使ったが、はたして「包摂は光」で「排除は闇」という図式が適切なものかどうか、もう一度それぞれの歴史を学ぶことで考えさせるべく、エッセイを相互に読み合う授業もおこなった。

4 ―授業2― 生徒たちがアイヌを知り、出会う授業

コロナ禍における人権学習の意義

日本に暮らす生徒たちは、人権侵害などどこか他人事で、過去のことで、今の自分たちの生活は平和だと思っている。この感覚は先に述べた「無意識の差別的なまなざし」

ともつながっている。理想や正義を語るだけでなく、地に足のついた知識と経験にもとづく語りができる生徒を育てたい。

新型コロナウイルス感染症の流行は、「自分たちの平和な生活」が幻想であることを射抜いた。生徒たちも学校も、「コロナに感染した」という情報に踊らされ、自分が簡単に差別意識をもってしまうことに気づかされた。「差別はいけない」――誰しもが知っていることである。誰しもが知っていても、差別はなくならないのはなぜか。その背景にある歴史的経緯を知ったり、過去の同様の事例と比較したりして、生徒たちは考えを深めてゆくことになる。

差別は、人の心の問題であると同時に、社会的な仕組みの問題でもある。国、ないしは法が差別を助長するという構図も、歴史を振り返ればたくさんみることができる。そうしたことを総合的に学ぶ機会として、アイヌの現在をとり上げたい。

「知ること」と「問いを立てること」

これまでの諸実践に学び、まずは「アイヌを知ること」がはじめにとり組まれるべきことだと考えた。日本に、千葉県に暮らす生徒たちが、まずはアイヌの文化や言語に関心をもち、「おもしろい」「カッコいい」など正のイメージをもってもらうことを前提としたかった。

そこで授業者がアイヌの民族衣装を着て授業をしたり、ムックリを演奏したりした。またイオマンテの動画を視聴させた。「和風」といってイメージされるものとは異なる文化、異なる世界が日本に存在していることに気づかせた。その価値を認め尊重することが、人権学習としてアイヌを学ぶ目的の一つである。

そのうえで、生徒たちには今後、毎時間「質問を考えるように」と投げかけた。アイヌの学習の総仕上げとしてゲストティーチャーに話を聞くことを予告し、どのような「問い」を彼らに投げかければよりよくアイヌを理解できるかを考えさせる。

前述したように、知識が深まれば「問い」の質も深まる。そこでこの後、毎時間、みずからの「問い」を鍛える時間を設けることにした。「googleフォーム」というオンラインツールを用い、一時間の授業が終わるたびに自分が立てた「問い」が適切かを考えさせ、よりよい「問い」を考えて、再度入力させた。オンラインツールによって「問い」を鍛え、それを共有することが容易におこなえる。

他者としてのアイヌ、自己を照射するアイヌ

つぎの時間には、人権問題としてのアイヌに焦点をあてた。東京書籍の教科書『新し

い社会 公民』には、「アイヌ民族と先住民族の権利」という特設ページが設けられている。前述の「同化政策」から二〇二〇年の民族共生象徴空間（ウポポイ）のオープンまで、コンパクトに説明されている。すでに歴史の授業で学びを深めた生徒たちは、近代国家成立の過程での「排除」については、比較的容易に理解してくれた。

そのうえで、現在を生きるアイヌについて考える機会をもった。アイヌの若者が、アイヌとどのように向き合い、自身の人生を考えているのか、実例としてニュース動画から二つ学ばせた。動画に登場する二人は、取材当時、高校生であり、アイヌの血を引き、それと懸命に向き合う姿が描かれていた。日本人であり、アイヌである二人は、アイヌに触れずに生きるか、アイヌの文化をアイデンティティの中心として生きるか、葛藤していた。

生徒の多くは、自分のルーツを疑ったことがない。自分に流れる血に無自覚であるともいえる（もちろん外国の血を引く生徒が少なからず授業にはおり、彼らはまた異なる見方をしている）。生徒たちはアイヌと向き合う同年代の姿から、ルーツを知り考えることの意味に気づきはじめた。「アイヌが日本の先住民であることは理解できた。では私たち日本人とは何者なのだろうか。」

ここで北海道新聞社編『こころ揺らす―自らのアイヌと出会い、生きていく―』から、同じく現在を生きるアイヌの方の葛藤や思いを学んだ。多くがアイヌの血を引かない日本人である生徒たちが、アイヌの血を引く日本人の生き方から、自己の存在に照らして考えを深め、「問い」を鍛えていった。

生徒にはもう一つ、北海道観光振興機構のウェブページより、「アイヌ文化・ガイド教本」のなかから、「ガイド・解説検討のポジティブチェック・ネガティブチェック表」を参照させた。これは「意図せずに差別的なガイドをしてしまうことを避けるため」に作成されたものだが、生徒が「問い」を考える際に、その「問い」が不適切なものかどうかをチェックするときにたいへん役立った。たとえば悪い例として「北海道にはアイヌ民族がくらしていました」という語り方があるとされ、「『埼玉県には日本の人びとがくらしていました』と聞くと、受けとり方によっては『まるで今はいないようだ』と感じてしまいます」と説明が付されている。つまり、アイヌについて質問するとき、その主語を「日本人が」などと置き換えても問題ないかどうか、考えるべきであるということである。これを読むことで、生徒たちは自分のなかにある無意識の差別的なまなざしに気づいたようである。

ゲストティーチャーから学ぶ

ここまで学んできたうえで、平取町教育委員会職員でアイヌ語講師の関根健司さんをゲストティーチャーとして招いてオンラインでつながり、講演と質疑応答をおこなった。関根さんからアイヌ語を紹介してもらい、アイヌ語を教える現在の仕事について話していただいた。その後、アイヌの置かれた現在の状況について質疑をおこなった。

現在、アイヌ語を母語としている人はおらず、若い人がアイヌ語を学ぶようになってきたこと。それはアイヌが差別の対象だったから、アイヌであることを隠して生活してきた人が多く、子どもにもアイヌ語を教えなかったことが、言語が失われた背景にあること。現在はアイヌであることを声に出して言えるようになってきたこと。アイヌの言語権を守り、アイヌ語を北海道の公用語にしたい。以上のようなことを話していただいた。

生徒たちの質問と関根さんの回答は以下のとおりだった。

Q　アイヌの人にとってのアイヌとは？

「アイヌの人が、『アイヌというのは悪い言葉ではないか、使わないほうがよい』ということもある。それは差別用語して使われてきた歴史があるからだ。そういう感覚の人が昔はいて、アイヌということがはばかられた時期があった。アイヌのなかでも思いはさまざま。」

Q　アイヌと他の先住民との関わりはありますか？
「ニュージーランドのマオリの人との交流がある。クラウドファンディングでお金を集めて行った。ただ、必ずしも進んでいるとはいえない。慣れない農業をやせた土地で強制されたという歴史から、アイヌは低所得者が多く、大学進学率も低いという現実がある。」

Q　アイヌの人たちがアイヌの文化で大切にしているものは？
「アイヌプリ（アイヌの精神で生きること）が薄れている。今も継承している人は少ない。大事にするのは先祖とのつながり。」

生徒にとっては、こうしてオンラインで直接つながって話したという経験がきわめて重要な意味をもったと考える。生徒たちの意識に潜む「どこか他人事」の感覚は、この授業によって一掃され、さらに真剣に向き合うようになっていった。

生徒たちの考えた「問い」

これまで授業のたびに、前述の通り「問い」を何度も書き直してきた。この段階で生徒たちの考えた「問い」を四つに類型化し、整理した。代表的な質問をそれぞれあげておく。

①アイヌの文化について

・アイヌ文化のどのようなところが好きですか？
・アイヌ文化や言語を学校では学ばなくなってしまったのに、アイヌ文化や言語が今存在しているのはなぜか。
・アイヌ民族の一日の生活の中に、文化や伝統が影響しているなと感じるときはどのようなときか。
・アイヌの文化でなくなったものとその理由、また新しく増えた文化もあれば知りたい。
・今ではアイヌの言葉を話す人はどのくらいいるのか。
・アイヌの言語はどのように誕生したのか。なぜ、言葉で伝承しているのか、それだったら、聞いた人の都合のいいように変えられるようになるのではないでしょうか。

②アイヌの思いについて

・誇りに思っているアイヌ文化はなんですか？
・アイヌの文化で最も知ってもらいたいものはなんですか？
・アイヌの文化を伝えていくうえで嬉しかった経験などはありますか。
・同化政策がおこなわれるようになってから、どのようにアイヌの文化を守り、継承してきたか。
・アイヌの人びとは、和人に対してどのような印象をもっているのか。

③アイヌへの偏見・差別について

・結婚するとなって、親や周囲の人に、結婚について反対される事や差別的な発言などはありましたか？
・差別行為をなくすためにはどのようなことを理解してもらいたいですか？
・「アイヌ民族」として差別されてしまうのはどのような時でどのような思いを感

じるのか。差別がなくなったと感じるのはどのような時か。
・アイヌであることを差別的にとらえる人たちはどのようにしたら減るか。
・聞かれて差別的だなと思った質問とはなんですか？
・アイヌ民族が尊重してもらいたいこととは何なのか。

④アイヌと法について
・北海道旧土人保護法が廃止され、アイヌ文化振興法が制定されてから実際に改善した部分はありますか？
・二〇一九年に新しいアイヌの法律ができてどう思っているのか。

これらの質問を関根さん、および北海道博物館アイヌ民族文化研究センター研究職員の遠藤志保さんにお送りし、回答をいただくことができた。それぞれの質問にたいし真摯に、詳細に回答いただき、そのことにたいして感動していた生徒が多数いたことにははじめに触れておく。

生徒たちは、関根さんからの回答と遠藤さんからの回答それぞれを、時間をかけて読み込み、考えを深めていった。本章の課題と直接的にかかわる問題として、遠藤さんよりいただいた以下のコメントに、生徒は大きな衝撃を受けていた。

この「②」のカテゴリにまとめてくださった質問（それ以外もそうですが）のなかには、「アイヌの人は……についてどう思っているのか？」という大きな主語が使われているものがみられることが気になりました。友だち同士だったら、「『あなたは』どう思うの？」という主語でたずねると思います。そうではなくて、「アイヌは」と主語が大きくなっています。主語が大きいということは、『『アイヌがどう思うか』と聞かれても、私がすべてのアイヌを代表して答えられるわけもないし……」と、答えるほうが困ってしまうという問題がありますが、それとは、また別の問題もあります。

相手が自分（たち）とちがう属性をもっている人、とくに少数者（マイノリティといいます）であるときに、「アイヌは」「同性愛者は」など、主語を大きくまとめる、ということが、一般的にもみられます。ただ、こうしてマイノリティを「ひとまとまり」としてとらえているような言い方は、マイノリティが、一人ひとり別の人間で別の考えをもっているという、ごく当たり前のことを無視しているように見えます。つまり、相手を「自分と対等な個人」として扱っていない言い方なのです。

いっている本人にそういう気持ちがあるかどうかとは関係なく、相手にそのように（誤解が）伝わってしまう言い方だ、ということです。

もちろん、マイノリティについて知ることは大事です。自分が知らない知識を知る姿勢も大切です。ただ、その聞き方には注意しましょう、という話です。そして聞き方を注意するということは、自分自身の、マイノリティに対する見方を内省することにもなります（これが重要なことなのです）。

生徒たちはここに至るまで、新しい題材からアイヌについて学ぶたびに、自分の質問をブラッシュアップしてきたはずだった。また授業者からも「質問を考える際の主語に気をつけなさい」と何度も話を聞いたはずだった。にもかかわらず、自分たちが適切な質問をできなかったこと自体から、自身のなかにある無意識の差別的なまなざしに気づかされたのである。以下は事後の生徒のふり返りの一部である。

「私たちは、関根さんや遠藤さんにコメントを送る際に、『差別的な用語になっていないか確認しなさい』といわれていたのにもかかわらず、『アイヌの人たちは〜』などといったような質問が多く見受けられました。たしかに私も確認したはずで、関根さんや遠藤さんのコメントをみていても、とくに差別的な用語はないなと思っていました。しかし実際は違っていて、遠藤さんの追加のコメントをみるまでまったく『アイヌの人たちは〜』といった言葉が差別的な言葉だということに気づくことができませんでした。私は差別をしてはいけないとすごく強く思っていますが、ここで気づけない以上、感覚として差別をしているのではないかと思いました。これが自分の無意識なところで差別をしているということなのかなと感じました。遠藤さんが追加のコメントで言ってくださったおかげで、自分の差別感覚について深く考えることができました。」

5 ——今後の課題——「主体的な学び」の姿勢を認める授業

本章で課題としたのは、『排除と包摂』の視点を手がかりに、北海道以外の地域で、アイヌに対する差別的なまなざしに気づき克服するためにはどのような授業が必要か」という点と、「『問いの往還』のなかで、生徒たちはどのように『問い』を鍛え、認識を深めたのか」という点である。後者のような授業をすることで、前者の授業が実現できる、というのが結論である。

生徒たちは歴史の授業のなかで、「排除と包摂」という視点から日本近代史をみつめ直した。近代国民国家が成立する過程で「日本」への同化が迫られる一方、「日本ではないもの」として「排除」がおこなわれていたことに生徒たちは気づいた。それらの認識をもとに、公民の授業ではアイヌの文化について学び、同化の歴史をたどり、アイヌの現在についてさまざまなかたちで学んでいった。単元の最後に質問することを前提に、授業のたびに「問い」を考え直し、鍛えていった。オンラインでの関根さんへの質問は、より自分事としてとらえる機会になり、書面での関根さんと遠藤さんへの質問とその回答からは、考えたつもりの「問い」に潜む無意識の差別的なまなざしに気づき、さらに思考を深めていった。

これら授業の過程では、私はそれほど積極的に語ったわけではない。動画だったり、書籍だったり、オンラインのつながりだったりという、生徒に学ぶべき素材を提供することだけである。もちろんその選択に授業者の意図があるわけだが、そこから生徒たちは自分たちで聴き、あるいは読みとり、自分なりに「問い」をつくり、考えを深めてエッセイとしてまとめていった。そうした「主体的な学び」の姿勢を授業で認めることが、今後の授業のあり方の一つになっていくのではないかと考えている。いわば「学びのコーディネーター」として、教師が生徒を包み込んでいくイメージだろうか。

結果として、アイヌへ関心を寄せ、相対的に日本について考え、文化を相互に尊重し、差別的なまなざしを克服する、そういう生徒が育ってくれればと願っている。最後に、ある生徒のエッセイを紹介して結びとしたい。

「僕は最初、アイヌ民族は差別や偏見により伝承されなくなってしまったものだと誤った理解をしていました。しかし、関根さんや遠藤さんのお話を聞いて、アイヌ民族にたいして〝伝承をしようとする若者の強い気持ち〟や〝アイヌを伝承する＝良いこと〟という考え方が広まっていることを知って、復活しつつあるんだなと感じました。後世につながるような伝承をしていくことは、今までの歴史や残っている資料をまとめる必要があってとてもたいへんだとは思いますが、頑張ってほしいなと感じました。

また、そのうえで僕たちには何ができるのかと考えたときに、まず最初にアイヌ民族の差別や偏見についても深く学ぶことが大切だと感じました。アイヌ民族という大きなくくりでみるのではなく、アイヌの人びとを個人として、別の考えをもっているということを忘れないことが大切であることに気づきました。大きなくくりでみることによって、その相手の印象も大きく変わってしまい、差別や偏見につながってしまうので、アイヌ民族に限らず個人として接することがとても大切だと感じました。
これまでのアイヌ民族の学びを通して、アイヌの文化や伝統にも興味をもつことができ、差別や偏見に対する考え方も変わってきたのでとても勉強になったし、とても面白かったです。」

参考文献

北海道新聞社編『こころ揺らす―自らのアイヌと出会い、生きていく―』北海道新聞社、二〇一八年
小内透『現代アイヌの生活と地域住民』東信堂、二〇一八年
北海道観光振興機構ウェブページ「アイヌ文化・ガイド教本」https://ainu-guide.visit-hokkaido.jp/ainu_guide.pdf

中学3年

震災から一〇年、帰還困難区域の双葉町

田﨑義久

1

——テーマ——

原発事故・放射線問題をどう考えるか

コロナ禍のこの一年、学校生活では緊急事態宣言にともなう休校、分散登校、修学旅行などの学校行事の中止や縮小など、いつもは当たり前にできていたことができなかった。社会生活に目をむけると、ロックダウン宣言が発令されるというチェーンメールでスーパーから長期保存できる冷凍食品が品薄になった。マスク購入のためドラッグストアには長蛇の列ができた。新型コロナウイルス感染症拡大にともなう不安や恐怖から、自粛警察の動きがあらわれたり、感染者やクラスターが発生した組織への誹謗中傷がみられたりした。

東日本大震災から一〇年目になるが、当時も千葉県のコンビナート火災で有害物質が雨に含まれるというチェーンメールでカッパを着ることが勧められた。ガソリンスタンドに長蛇の列ができたことを思い出す。原発事故による放射線への不安から福島県内からの避難者への差別や偏見、福島産の農産物や水産物への風評被害がみられた。自分や家族の健康、安全・安心な生活を誰もが一番に大切にしたい気持ちは理解できるが、それを優先するあまり自分が信じる狭い視野での考え方におちいり、自分とは異なる考えや自分と同じ行動をしない立場の人を受け入れず、差別や偏見をもち、当事者にたいして誹謗中傷することはあってはならない。

問題に直面している当事者のおかれている現状やその方々の思い、願いを知って理解すれば、互いの間で関係性が生まれ、それが共生につながるだろう。しかし、時間的な経過のなかで、原発事故・放射線の問題は報道される機会も減ってしまった。解決していない日本の抱える大きな問題の一つでありながら、現実には知らないことのほうが多すぎる。これからの社会を担う子どもたちに問題意識と解決のためにできることを考えてもらいたいという願いから、社会科の授業でとり上げるようにしてきた。

最近の授業実践では、東日本大震災の被災地の現状と人びとの復興の様子を具体的に生徒に理解し考えてもらうために、地理的分野で「松川浦の青のりの復活」（二〇一八年）や公民的分野で「浪江町のまちづくり」（二〇一九年）をとり上げてきた。

そして今回、双葉町のまちづくりをとり上げたいと考えたのは、震災から一〇年目になり震災当時を知らない生徒に震災関連の授業実践をおこないたいと考えたからである。とくに双葉町は原発事故・放射線の問題の影響が大きい。避難指示が解除され居住も段階的に進んできたが、福島県から県外への避難者数だけでも二万八九五九人（福島県、二〇二一年一月）である。これによって人生が大きく変わり、今なお先の見えない生活に悩みを抱えながら生きる町民の思いや願いを、この問題を知らない生徒に伝えなければならないと考えた。また、将来の課題として中間貯蔵施設の県外最終処分の問題を福島第一原子力発電所がある双葉町や大熊町だけの問題とするのではなく、日本全体の問題として考えるきっかけにしたいと思ったからである。

2 ──単元── 双葉町から地方自治を考える

この単元では、日常の社会生活や東日本大震災からの復旧・復興と関連づけながら、具体的な事例を通して地方自治をとり上げたいと考えた。その際、被災地の地方公共団体が抱えるまちづくりの課題を考え、被災者の苦悩や思いに着目させ、寄り添うことに重きをおいた。

これまでも授業で津波の被害を受けた岩手県宮古市田老地区、福島県と放射線の問題について原発事故による帰還困難区域の双葉町、避難指示が解除された（帰還困難区域を除く）浪江町のまちづくりをとり上げた。今回、双葉町をとり上げるのは二回目である。

新学習指導要領では公民的分野の政治のところで「地方自治の基本的な考え方について理解すること。その際、地方公共団体の政治の仕組み、住民の権利や義務について理

地方自治の単元計画（全10時間）

時限	テーマ	授業の概要
第一時	東京都三鷹市の下水道	三鷹市がいち早く市全体に下水道を普及させたことをとり上げる。
第二時	東京都武蔵野市の「ムーバス」	足の不自由な高齢者の手紙をきっかけに、武蔵野市が全国初のコミュニティバスとして走らせたムーバスをとり上げる。
第三時	東京都小平市の住民投票	都道の未着工部分の建設をめぐり、自然環境の悪化を懸念した住民団体が直接請求し、住民投票にいたるまでの流れをとり上げる。
第四時	岩手県旧沢内村の取り組み 宮城県の気仙沼バッティングセンター	旧沢内村の「命を守る」「弱者を切り捨てない」という基本を実行した深澤村長を中心とした取り組みを学ぶ。また、「希望ののむヨーグルト」を販売して、息子との約束であったバッティングセンターを建設した千葉さん親子の物語を紹介する。
第五時	奈良県明日香村の取り組み	人口減少や高齢化が進む中で、歴史的風土の保存のための村民のとり組みなどをとり上げる。
第六時	沖縄県の県民投票	辺野古に計画している米軍基地建設のための埋立てについて、県民投票の結果や沖縄県の立場を知り、この問題のむずかしさを考える。

第七時	山梨県小菅村 東京都国分寺市の地域通貨「ぶんじ」	人口減少や高齢化が進む中で、人が来てもらうためのとり組みを考える。また、メッセージを書く地域通貨が何を大切にしているのかを考える。
第八時	原発事故による双葉町の避難	双葉町における東日本大震災の被災状況、避難指示区域の現状や役場の避難先の変遷などを確認する。
第九時	双葉町のまちづくり	左の【本時の目標】参照
第一〇時	単元全体のまとめ	

注：二〇二〇年度は新型コロナウイルス感染症による休校にともない、第一・五・七時について扱わなかった。

本時（第九時）「双葉町のまちづくり」の目標

目標	・福島第一原発事故の影響による避難生活の長期化により、避難先での新しい生活が進む双葉町の人びとの苦悩や思いを理解させる。 ・双葉町の避難指示解除に関する考え方と復興まちづくり若者アンケートの声をもとに、これからのまちづくりや中間貯蔵施設をめぐる課題を考えさせる。
具体目標	・双葉町の避難指示解除に関する考え方を具体的に説明できる。 ・震災から九年以上が経過し、ふるさとを離れ生活する双葉町の人びとの思いを理解する。 ・帰還をためらう状況や背景、また東電の賠償や中間貯蔵施設建設がまちづくりに与える影響を考える。 ・私たちが中間貯蔵施設の除染土壌の再生利用を受け入れ、県外最終処分地を受け入れるために何ができるかを考える。

解すること」があげられている。その解説部分には、「地域社会における住民の福祉は住民の自発的努力によって実現するものであり、住民参加による住民自治に基づくものであること、そしてこのような住民自治を基本とする地方自治の考え方が、地方公共団体の政治の仕組みや働きを貫いている基本的な考え方」であり、「地方自治の発展に寄与しようとする住民としての自治意識の基礎を育成することが大切である」ことが述べられている。

私は、地方自治の単元全体を貫く目標として、以下の三点を考えた。

○住民参加による住民自治を基本とする地方自治の考え方を理解させる。（知識・理解）
○それぞれの地域にみられる課題とその背景に目を向け、解決にむけたとり組みについて多面的・多角的に考察させる。（思考・判断・表現）
○よりよい地域づくりに関心をもち、地域の課題の解決のために努力する人びとと協働し、みずからもできることにとり組み、主体的にかかわろうとする意欲をもたせる。（主体的に学習にとり組む態度）

3 ―授業― 双葉町のまちづくり

前時（第八時）「原発事故による双葉町の避難」の授業

双葉町の資料や朝日新聞の記事（二〇二〇年一二月一一日夕刊）をもとに、双葉町における東日本大震災の概要と被災状況、避難指示区域の現状や役場の避難先の変遷などを確認した。「避難して大変だったことは何か」を考えさせた。

生徒から、「集団生活のストレス、慣れない生活やいつ日常に戻れるかわからない不安、差別やいじめ」などがあげられた。教師から、旧騎西高校には風呂がなく、避難した約一四〇〇人が町の手配するバスで三日に一回くらい温泉に送迎してもらい、あとは個人で行ってもらうしかなく、保護者は避難してきたからと子どもが変な目でみられないように毎日行けるように苦労したことを伝え、会津若松市に避難した双葉中学校二年生女子生徒の双葉中に戻れることを信じる作文を紹介した。

また、双葉町役場の方から聞いた二つの話を紹介した。一つ目は旧騎西高校に避難したときに全国から「お前らの責任だ」という電話やＦＡＸが来てつらかったこと、日本中で震災後の絆が注目されたなかで避難した町民に責任転嫁する動きもあったことを伝えた。二つ目は、被災者同士の対応のちがいである。川俣町に避難した時から、各避難所での物資配給への不満があった。将来の健康を優先して埼玉県に避難したことにたいして福島県に残った町民から非難があった。さらに、今の生活再建を優先したい町民からは、区域再編をめぐって双葉町は一つとする町の方針が町民一人ひとりへの賠償を遅らせているとの非難もあった。

最後に、一時帰宅で戻るたびにねずみやイノシシの被害で荒れはてたわが家や町をみて、避難後の時間経過とともに双葉町に帰れない、悲しいくらいひどい状況だったことを伝えた。戻りたいけど戻れないことがみえてきた町民の気持ちの変化も伝えた。

つぎに町民の避難状況（二〇二〇年一二月三一日現在）を確認した。福島県内に避難している方は四〇二一人、県外に避難している方は二七八六人である。和歌山県、鳥取県、徳島県、香川県、高知県の五県を除いて全国に今も避難して生活する双葉町民の方々がいる。東京都にも三五三人が避難していることを確認した。

このような状況下をおさえたうえで、双葉町住民意向調査結果（二〇二〇年一一月二七日）の双葉町への帰還意向の部分を紹介した。年代別になっているが全体として、戻りたいと考えている（将来的な希望も含む）は約一一パーセントで、戻らないと決めているは約六二パーセントであったことに注目し、「戻りたい町民が約一一パーセントと少ないのはなぜか」を考えさせた。生徒から、「それぞれの場所で新しい生活が始まった」「放射線の影響が怖い」「もう前に住んでいた町はない」「帰れる兆しがない」「今の生活の便利さ、元の町へのあきらめ」などがあげられた。授業の最後に、この結果をみて思ったことや考えたことをノートに書いて第八時は終わりにした。

ノートからは、多くの生徒が戻ることの困難さに衝撃を受けている様子がわかる。

「よほど故郷に大切なものや人でもない限り戻るメリットがないから（私だったら戻らない）。人は変われる（変わってしまう）。」

「悲しいことだと思った。帰りたいと思っていても長い時間が経過しても、新しい家族ができても何一つ自分たちの故郷は変わらない。ずっと警戒態勢で少し家に行くことも自由にできない。だから故郷へ帰ることをあきらめてしまうのだと思った。たとえ仕事があっても都会の便利さはあっても故郷への思いは変わらないと思うから早く復興してほしいと思った。」

「大変だと思った。それでも新しい生活を始められた人がそこに来て良かったと思えるような生活をしてほしいと思う。震災から十年、同じことを起こしてはいけない。一方で日本のエネルギー政策はどうすればいいのか、考えていかなければならない。」

私だったら戻らないと考えた背景には、放射線の問題のリスクや新しい生活がはじまったから帰還しない、できないという考えがある。だが、故郷への思いには共感している。さらに、エネルギー政策がどうあるべきかへの問題意識も芽生えている。

町民の声をどう受け止めるか

本時では、町民の声として、双葉町の「復興まちづくり若者アンケート」の集計結果(二〇一八年三月)から五人の意見を紹介した。

①「抽象的ですが、多少の不便があっても住む人たちがそこでの暮らしを愛せる、誇らしいと思える町になってほしいです。以前の双葉町のように。」

②「双葉町で育ち、たくさんの良いところがあったと離れてから感じています。特に人のあたたかさや、活性化のためにイベントなどを行っていた方々の双葉町を想う心、その良さは残しつつ、今までよりも色々な人が行き来できるような新しい街になってほしい!」

③「何年経っても、双葉町が大事なふるさとであることに変わりはありません。ただ、

今は人が住めるような普通のまちとして機能するようには到底思えません。それでも、双葉町が町民にとって素敵な場所であるようにどうするか頑張ってくださっている方々がいることが嬉しいです。まちとしては機能しなくても、町民が素敵に語り継ぐまちになってほしいと思います。」

④「中間貯蔵施設建設で自宅に戻れない以上、町内の他地区に戻って住むという選択は考えられない。」

⑤「原子力発電所廃炉作業も進み、中間貯蔵施設が建設される町に小さな子供を住まわせたいとは思いません。他の市町村の帰還率を見ても今後の双葉町に希望を持つことができません。今後の復興事業に多額の費用をかける意味があるか疑問を持たざるをえません。否定的なことばかり言って申し訳ありません。」

生徒の多くは②や③の考えに共感していたが、厳しい現実をふまえた④や⑤の考えに共感する生徒も数人いた。自分が共感した考えを受けて、今後のまちづくりで大事にしてほしいことを考えさせた。

「双葉町という名前を市町村合併しても残す、語り部やそういう体験を聞けるようにする。」

「どんな町だったのかを次の世代に伝える、町民一人ひとりが素敵な町のことを忘れずに思う。」

などと考えていた生徒がいた。帰還できない現状、帰還する町民が少なくても、かつて生活していた故郷として心の中には変わらずあり続けてほしいという願いに共感した考えである。また、「活気を取り戻すこと。大型の商業施設でもいいし、何でもいい。」と考えた生徒もいた。帰還した町民が今は少なくても、町の活性化や人口が増えるための起爆剤に期待したものである。

双葉町の復興案を知る

その後で、双葉町役場が作成した『避難指示解除に関する考え方（概要版）』（二〇一八年）と私が役場を取材した概要を生徒に示し、双葉町がどのように復興しようとしているのかを生徒と確認した。少し長くなるが、その内容を示しておこう。

二〇二〇年は「駅周辺等の先行解除により、町民や産業拠点就労者、来訪者が往来しますとあるように、交通網の開通と復興の拠点づくりがめざされた。実際、二〇二〇年三月四日に、町の約五パーセントにあたる避難指示解除準備区域が解除され、三月七日には常磐自動車道の常磐双葉インターチェンジが開通し、三月一四日にはＪＲ常磐線が全線営業を再開して双葉駅が開業した。そして、九月二〇日に中野地区の被災伝承・復興ゾーンに東日本大震災・原子力災害伝承館が開館し、一〇月一日には貸事務所や飲食店舗を備える双葉町産業交流センターが開館した。

開業した双葉駅は無人駅で列車本数も多くないが、双葉駅西側の新拠点では避難指示解除・居住開始をめざして整地作業がおこなわれ、診療所や集会所も整え、双葉駅東側には役場やミニマーケットをオープンする構想がある。双葉町内に学校を移すかは検討中であるという。

また、避難指示の解除と町への帰還に関して、国による避難指示解除の基準、町による町内環境の確認、町民一人ひとりによる判断にも簡単にふれた。双葉町は、早期帰還する町民への支援、当面は帰町を見合わせる町民への支援、新たな町民の受け入れ、帰町しない町民との絆の維持など、町民一人ひとりの選択に応じた支援などを考え、避難指示解除から五年後の居住人口の目標を約二〇〇〇人としている。

生徒には、具体的な構想が一つひとつ形になってきたことを時間の経過とともに感じ、ここまで来るまでの道のりと苦労を理解してほしいと思った。生徒はつぎのように考えた。

「町民が二度と帰ってこなくても、帰ってくるかわからない人でも双葉町の人だったということを思い出せるよういつでも帰ってこられるようにしていたのはよかった。」

「本当に辛いことが多かった中で町を復興しようと前向きに行動している人がいるのはすごいなと思った。町民一人ひとりに応じた支援を見ると、町の優しさ温かさがとても伝わってきた。」

「活気を取り戻すことは第一にされていたと思う。一方で、帰還予定者が二千人と少ないのは何とかしてほしいと思った。」

これらの生徒の言葉は他人事への感想と読めてしまう一面も否めない。双葉町役場の方に直接話をしてもらったり、インタビューの場面をビデオで撮影してみせたりすれば、届き方も違ったのではないか、工夫の必要性を感じている。

中間貯蔵施設・県外最終処分を考える

確かに復興は進んだが町の約九五パーセントが帰還困難区域で、双葉町の広域図を見ると、灰色に塗られた中間貯蔵施設がある。復興まちづくり若者アンケートの町民の声にもあったこの施設は、福島第一原子力発電所の北に広がり、町の約一〇パーセントを占める。大熊町にも広がり合わせると約一六平方キロメートルで、渋谷区と同じ広さになる。

生徒に環境省の中間貯蔵施設情報サイトにある中間貯蔵施設の概要の映像を最初にみせた。福島県内の各市町村から、福島第一原子力発電所の事故により環境中に放出された放射性物質をとり除く除染により発生した土壌や廃棄物、一キログラムあたり一〇万ベクレルを超える放射性セシウム濃度の焼却灰等を一定期間保管する施設である。

二〇一五年三月から搬入がはじまり、三〇年以内に県外で最終処分されることになっている。施設への輸送対象物量は約一四〇〇万立方メートルで、二〇二一年度にはおおむね搬入が終わる予定になっている。施設内の受入・分別施設で土壌と可燃に分けられ、可燃物はさらに減容化施設で灰になる。土壌は土壌貯蔵施設、灰は廃棄物貯蔵施設で保管されることになる。県外最終処分に向け減容技術の活用により除去土壌などを処理し、再生利用の対象となる土壌などの量を可能なかぎり増やし、最終処分量の低減を図りたいと考えている。再生利用として、長期に形状が変わらず安全に管理できる公共事業等の盛土材などに限定して利用することにして実証事業も進められている。

三〇年以内（二〇四五年まで）の県外最終処分については他人事ではなく、私たちがこの問題の当事者であることを強調した。そして、授業の最後に「私たちが再生利用を受け入れ、県外最終処分地を受け入れるために何ができるか」と問いかけた。

この問題に関して答えを出すことはむずかしく、今、直接生徒ができることは少ない。しかし、東京からは離れた問題で気にもかけないまま三〇年という時間が流れてしまうのではなく、その折々にふれてこの問題への関心をもちつづけ、大人になった時に一人の主権者として主体的に解決にむけて考え行動し、異なる意見の人びととも協力できる人であってほしいとの願いからである。この時間をきっかけに考えつづけることこそが大切であると考えている。生徒からは、つぎの考えが出た。

「福島の負担が大きいので国の問題として法律を作り各自治体に一律に引き受けてもらう。」

「福島県外のどこかに最終処分地がおかれてもそのことで差別をしたりしない。」

苦労や苦悩を日本全体で分かち合うことが大切と考えていることがわかる。

「受け入れても安全なことや受け入れることで助かっている地域を知っていけば、そのために協力できると思う。」

という意見も出た。当事者のおかれている現状やその方々の思い、願いを知って理解したうえで、関係をもっていこうとする萌芽があるといえよう。

「よくわからない、どう答えればいいかわからない、自分たちが処分場を受け入れるということか。何ができるか、何をしたらいいかよくわからない。」

「最終処分地を早く決定しなければならないとは思うが、自分の住む地域には受け入れてほしくないと皆が思ってしまうのが現状であり、結局原発事故の地域にまかせてしまう……。」

「双葉町に戻れなくなって新しい土地で生活する人は、受け入れることが出来ないのではないか。」

と、この問題にどうかかわっていけばいいのかみいだせない生徒たちもいた。

4 ―今後の課題― さまざまな思いや願いに目をむける

福島県内の仮置き場に山積みにされていたフレコンパック（袋状の包材）が中間貯蔵施設に運搬されると、除染がおこなわれたことも忘れられ、見た目にはその市町村の復興も進んだかのように感じられる。しかし、それはみえていた放射線の問題が私たちの目が届かない、みえないところに先送りされてしまったことでもある。私たちは現実の社会問題にこそ目を向け、みえない問題を子どもたちにみえるように提示して考えさせる努力をしていくことが必要ではないだろうか。

この先何年かかるかわからない福島第一原子力発電所の廃炉のほかに、中間貯蔵施設ができたことを双葉町の人びとはどんな思いで受け止めているのか。震災から十年、町民一人ひとりによって境遇は異なり、そのなかで葛藤をもちながら過ごしてきただろう。

生徒が授業のなかで出会うことができるのは、多くの当事者のなかのほんの数人でしかない。しかし、そうした人びととの出会いから学んだことをもとに、同じ問題に関してもさまざまな思いや願いがあることや、本質は何かに目を向けることができるような見方・考え方を獲得させたい。そして、自分たちには理解しようとしてもわからない境遇があっても、それを受け止め寄り添っていくことができるようになってほしいと思う。福島第一原子力発電所の廃炉問題や除染で発生した土壌や廃棄物の最終処分について、そうした姿勢で真摯に向き合っていかなければならないと思う。

参考文献

福島県双葉町『避難指示解除に向けた考え方（概要版）』二〇一八年
福島県双葉町「東日本大震災・原発事故と双葉町の復興状況について」二〇二〇年
山川充夫・瀬戸真之編著『福島復興学―被災地再生と被災者支援に向けて―』八朔社、二〇一八年
齊藤誠『震災復興の政治経済学―津波被災と原発危機の分離と交錯―』日本評論社、二〇一五年

高校1年

「韓国併合」を多面的・多角的な視点からみる

加藤 将

1 ──テーマ── ヘイトスピーチと「韓国併合」の歴史学習

韓国をはじめとする朝鮮半島にルーツをもつ人びとにたいし、日本社会から追い出そうとしたり危害を加えようとしたりするなどの一方的な内容の言動、いわゆるヘイトスピーチが日本国内で年々活発となっている。とくに、在日韓国・朝鮮人が多く居住する神奈川県内では、ヘイトスピーチが頻繁におこなわれている。

このヘイトスピーチは、日本社会に生活する一般の人びとが参加している点に大きな問題がある。日本社会のなかに、〝自分たち〟以外を「追い出そう」「危害を加えよう」と考える人が一定数存在しているのだ。また、その考えに同調する人がデモや街宣活動などをし、その考えを広げようとしている。このことは、今後の日韓関係にかぎらず、国際社会と協調していくことを憲法でうたっている日本にとって看過できない問題である。法務省のヘイトスピーチにたいする方針にも、「言われている人びとの心を傷つけたり、そのような人びとにたいする差別を生じさせるおそれがあり、決してあってはならない」とあるように、人権をゆがめている面からもけっして容認されることではない。

さて、日本社会のなかでヘイトスピーチに代表される差別や偏見が生まれた背景には、日本の近代化におけるアジア認識と当時の欧米諸国を中心としたいわゆる「文明国」の世界にたいする認識が大きく影響していると考えられる。

日本では明治維新以降、アジア蔑視の認識が生まれ、その考えは日清・日露戦争を経て日本人の間に広がり、アジア・太平洋戦争までの日本社会で認識されつづけてきた。とくに、朝鮮半島の人びとにたいする蔑視や差別意識、優越性は、現在でも存在し、それらがヘイトスピーチの一因となっている。

日本人は、いつから朝鮮半島の人びとにたいし、このような考えをもつようになったのだろうか。それを私は、日本が「一等国」と自他ともに認識しはじめた時期、日本と朝鮮半島との関係でいえば「韓国併合」の時期であると考える。

「日本が朝鮮を併合したと思いがちだけれど、清についていたり、閔妃がロシア派であったりと、外交に対して弱腰である姿勢に問題があるとも考えられる。朝鮮も併合されてしょうがないくらいの明確さが足りない外交だった。このことを学ぶことで、日本の朝鮮併合が他国からどのようにみられていたのかだけではなく、朝鮮が他国にふりまわされていた原因もわかる。つまり、朝鮮が日本に併合されてしまったというとらえ方もある。」

との生徒のコメントがあるように、このような認識は敗戦後の日本で一定数息づき、生徒たちもそのような考えが正しい認識だと意識し生活してきた可能性がある。つまりヘイトの主張やこの生徒のコメントのような見解を鵜呑みにして、歴史的な背景や当時の日本や朝鮮半島、世界各国の情勢を十分に認識していない人が多いのではないだろうか。

そこで、「韓国併合」期の日韓は、それぞれの国にたいしてどのような認識をもっていたのかを知るとともに、どのような理由から「日本人」の間に蔑視や差別が生まれたのか、また「韓国併合」を日韓以外の国々はどのようにとらえていたのかを知り、日韓の関係改善にはどのようなことが必要なのかを、生徒がさまざまな視点からとらえられる授業を考えていきたい。

2　――指導計画――　多面的・多角的に「韓国併合」をとらえる

本授業は、二〇二二年からはじまる歴史総合を意識し、「韓国併合」を多面的・多角的な視点でとらえようと試み展開した。

「韓国併合」を二時間で学習する計画を立て、一時間目は、大日本帝国と大韓帝国との

単元指導計画（全七時間）

時間	学習項目	学習の流れと生徒の活動
第一次	【問】近代日本は、清や朝鮮にどのように向き合ったのだろうか。	
	条約改正と近代日本	改正までのあゆみをもとに条約改正交渉を確認する。
	壬午軍乱と甲申事変	朝鮮をめぐる清との対立について、日本・清の考えをふまえて考える。
	脱亜論	「脱亜論」をとおして、当時の日本の東アジアや欧米にたいする考えについて理解する。
第二次	【問】近代日本最初の対外戦は、東アジアや欧米諸国にどのような影響を与えたのだろう。	
	日清戦争	日清戦争およびそこにいたるまでの外交関係を理解する。
	下関条約と台湾征服戦争	日清戦争は、日本および東アジアにどのような影響を与えたかを考える。
	戦争と兵士	戦地における兵士を含めた戦争関係者の実態を考える。
第三次	【問】欧米の中国進出に対して、日本は、清や朝鮮とどのように関わろうとしたのだろうか。	
	三国干渉と列強の中国分割	欧米列強の中国進出の意図を資料をもとに考える。
	王朝の自己改革	清・朝鮮の近代化政策の意図を考える。
	藩閥勢力と政党政治	国内政治の変化の理由を理解する。

第四次	【問】日露戦争は、日本をどのように変えたのだろうか。 義和団戦争から日露戦争へ 日本の中国進出と韓国の植民地化	日露戦争開戦の理由を地図や資料から、当時の日本政府の政策を踏まえて考える。 日本政府の満州進出、韓国の植民地化の動きを理解する。
第五次	【問】日本は、どのような目的から日清・日露戦争をおこなったのだろうか。 宣戦の詔勅	日清・日露戦争の宣戦の詔勅を読み、日本がどのような理由で開戦したかを読みとる。
第六次 第七次 （本時）	【問】日本の「韓国併合」の動きを、欧米の政府やアジアの人々は、どのように捉えていたのだろうか。 「韓国併合」 欧米の対応 日本、韓国、インドの動向 史料の読み取り	資料から「韓国併合」にいたる、日本と韓国の動向を理解する。 「列強」といわれた欧米諸国は、日本の「韓国併合」にどのように対応したかを読みとる。 日本、韓国、インドのそれぞれの人びとは、「韓国併合」をどのように考えたかを読みとる。 日本、韓国、インドは「韓国併合」をどのようにとらえたかを伝える。

間でとり交わされた外交文書から「韓国併合」の過程を確認した。

続く二時間目では、生徒に二つの作業を課した。一つは、アメリカ、イギリス、ロシアが日本の「韓国併合」にたいして同意した理由を読みとらせた。各国の思惑をつかませるため、生徒には、最初にアメリカ役、イギリス役、ロシア役を決め、その立場から読むこと、その立場からほかの生徒にたいして主張させるようにした。もう一つの作業は、当事者である日本と韓国、そしてインドの立場から史料を読みとり、アジアの視点から「韓国併合」を考える作業をおこなった。

次節は、生徒がそれらの史料を読みとった感想と、私が「どの史料から一番学ぶべきか」と質問した際などの回答である。

3 ―授業― アジア・ヨーロッパからみた「韓国併合」

「韓国併合」に至る経緯を、大日本帝国と大韓帝国の政府間だけでなく、当事者二カ国をとり巻く周辺諸国やその国の人びとおよび欧米各国政府の対応をみていきたい。そのことをとおして、日本の「韓国併合」の意図や日本人の韓国にたいするとらえた方、韓国をはじめとするアジアにたいする当時の認識を知ることが目標である。

当事者政府の外交文書——大日本帝国と大韓帝国

「韓国併合」をとらえる一つの軸、経過として、はじめに併合までの経緯を外交文書で確認する必要がある。そこで左記の外交文書の読みとりをおこなった。

史料一「日韓議定書」一九〇四年二月二三日調印
史料二「(第一次)日韓協約」一九〇四年八月二二日調印
史料三「(第二次)日韓協約(乙巳保護条約)」一九〇五年一一月一七日調印
史料四「(第三次)日韓協約(丁未七条約)」一九〇七年七月二四日調印
史料五「韓国併合に関する条約」一九一〇年八月二二日調印、八月二九日公布

ここでは以上の条約や外交上のとり決めをへて、「韓国併合」がなされたことを理解させることにした。

「韓国併合」に際し、大韓帝国ととり交わした外交文書、史料一から五について、それぞれ考えるポイントや視点を提示して解説した。史料を読み進めるにあたっては、外交文書自体の内容以外に、文書が結ばれた時代背景や当時の状況も視野に入れることで、

「なぜ、これらの条約が結ばれたのか」に気づかせるようにした。

解説したポイントはつぎの点である。史料一「日韓議定書」については、第三条では、「韓国の独立・領土保全の保証」が書かれてある一方、第五条では「韓国が外国と条約を結ぶ際の日本への事前承認」が必要とされ、また第四条では、韓国内で「日本は軍略上必要な韓国の土地を臨機に収用」、つまり韓国の土地を日本軍が自由に使用できるとされている。これらのことをどのように考える必要があるだろうか。

史料二「（第一次）日韓協約」では、「韓国政府への日本政府が推薦する財務顧問の設置」「韓国政府への日本政府が推薦する外交顧問の設置」「韓国政府の外交にたいする日本政府の介入」が記されている。史料二は、史料一同様、日露戦争のさなかの文書である。韓国に日本軍が駐留しているなかでのとり決めである。戦争中に結ばれた二つのとり決めは、はたして日本と韓国が対等の立場で、しっかりした議論や話し合いをへて結ばれたものといえるだろうか。史料三「（第二次）日韓協約（乙巳保護条約）」は、日露戦後のポーツマス条約が九月に締結された直後の一一月の文書である。協約にある第一、二、三条をとおして韓国の外交権を接収することや韓国の外交を管理する「統監」の設置が記されている。また史料四「（第三次）日韓協約（丁未七条約）」は、日本が韓国の内政権を掌握した文書である。つまり、日本は、史料三と史料四によって、日露戦後の短い期間で、韓国の外交と内政をつかんだのである。そして、史料五「韓国併合に関する条約」をへて、日本は韓国を併合するに至った。

以上の外交文書を読み進める生徒に「両国政府が対等な立場で合意して条約を締結したと言えるだろうか」との問いをなげかけた。

アメリカ・イギリス・ロシアの三カ国は「なぜ日本の韓国併合を承認したか」

韓国を中心とする東アジアには、日本だけでなく、アメリカ・イギリス・ロシアも勢力拡大の意思を有しながら、関心を示していた。それらの国々は、韓国を含む東アジアに関心をもちながらも日本の「韓国併合」を承認した。アメリカ・イギリス・ロシアは、日本の「韓国併合」をなぜ承認したのだろうか。以下の三カ国それぞれが日本との間でとり交わされた合意文書を生徒に提示して解説し、読みとらせた。

史料六　アメリカ「桂・タフト協定」
史料七　イギリス「第二次日英同盟協約」
史料八　ロシア「日露講和（ポーツマス）条約」

史料六～八を読んだ生徒は、つぎの感想を記した。

「当時は各国がいかに強力な軍事力を持ち、それによる列強間の牽制と植民地の拡大こそが基本とされた世界であって、今日の平和的な外交とは全く異なるものである。プロイセン首相ビスマルクの、国際情勢は弱肉強食の様を呈すという言葉は当にそれを言っている。そのため、当時の列強は日本という黄色人種の台頭を危惧したのであって、朝鮮への憐憫なぞ一ミリも持ち合わせていなかったのである。でなければ、ハーグの万国平和会議に送られた朝鮮密使がなんら成果も上げずに帰ってきたことを説明できまい。当時、現在からしてみれば正しいかも知れない行為の数々は、その時代に即したものでないことは往々にしてあり、これを理解せずに歴史を見るのは真に理解せしめることの邪魔に他ならず（以下略）。」

「欧米の立場について学ぶことが一番重要だと思う。日本や韓国など当事者の立場から考えると、どうしても意見に偏りができまとまりがなくなってしまう。（略）当事者ではない欧米の立場から考えることで、偏りの小さいさまざまな意見を得ることができるのではないか。また、歴史を先頭で動かしてきたのは欧米である。韓国併合によって欧米がどのように動いたのか、それによってなにが起きたのか、そこから推測できることはとても多いだろう。」

当時の国際情勢をふまえた意見や、欧米の立場から考えることで当時の世界がみえてくるのではないかとの意見があった。

また、アメリカ・イギリス・ロシアの三国を一つにまとめず、「私は、客観的に判断するため、日韓の関係にたいして少し距離をおいた立場からみるとよいと考えました。そのうえで、日韓両者が当事者で、アジアの人びとが少し関心が薄いということを考慮すると、日本と戦争をしていて清や韓国の侵略に関心があるロシアが一番ふさわしいのではないかと考えました。」や「イギリスは《ママ》目的はアジアの植民地化だがアジアがロシアだけのものにならないように安全を守るという考え方及立場は良いと思う。」とロシアやイギリスに限定し、それぞれの国の思惑から考える必要を説く生徒もいた。

生徒たちは、アメリカ・イギリス・ロシアそれぞれの韓国に関係する史料を読み解くことで、各国の利害を理解しながらも、日韓関係を複眼的な視点でとらえていた。

日本国民の「韓国併合」にたいする認識

石川啄木の「地図上の朝鮮国にくろぐろと墨をぬりつつ秋風を聴く」は、「韓国併合」を批判的にとらえた短歌で、現在、多くの歴史教科書に掲載されている。しかし、当時の日本国内の一般の人びとも、啄木と同様、「韓国併合」について悲観的な気持ちをもっていたのだろうか。

そのことを知るため、当時の日本国内の新聞二紙を読み解き、日本国内の人びとの「韓国併合」にたいする反応を調べた。

史料九『時事新報』一九一〇年八月二八日付「国民此際の態度」

史料一〇『社会新聞』一九一〇年四月一五日付「日韓併合と我責任」

『時事新報』「国民此際の態度」は、紙面上で「合意」という単語を何度も使用し、韓国に同情をしながらも「合意」のうえの締結であることを強調している。

『社会新聞』「日韓併合と我責任」は、「日韓合併は事実となった。之が可否を云々する時ではない」としたうえで、朝鮮人にぜひ共与えなければならないものがあるとして、それは「日本帝国臣民としての独立心」（傍点筆者）であるとしている。

『社会新聞』は日露戦争について、犠牲になるのは日露両国の民衆であるとの立場から戦争に反対していた社会主義者の片山潜らが発行していた新聞である。日露戦争には反対した日本の社会主義者も「韓国併合」を容認し、「日本帝国臣民」として内包することを主張していたことが読みとれる。朝鮮は古い歴史を有していると認めながらやはり「独立心」が欠けていたからこそ、「支那に服し日本に底頭し露国に親しみ誠に早や生気《いく》地《じ》のない歴史斗《ばか》りである。此れが終に今日の併合となった運命」と指摘し、だからこそ「日本［人］たる者［の使命］は非常なる誠意を以て朝鮮人を養成して立派なる日本帝国の臣民と為す」と朝鮮を見下し、日本が朝鮮を育てる必要性を強調している。

二つの新聞について、生徒からつぎの意見があった。

「現在では他国を侵略することは悪いことだと多くの人が考えていて、韓国併合に関する当時の日本国内の世論は現代人には理解しがたい。例えば、韓国が併合されたのは韓国が自国の発展のための努力を怠ったからだとする時事新報の主張は、私には共感できない。当時の世論に共感する必要は全くないが、共感できないからこそ慎重にしっかり学ぶ必要があると思う。」

一方、「日本の国民としての心掛を学ぶことでより良い手段を考えることができると思った。」や「韓国併合は合意のもとで行われたため、法律上の問題はなく韓国を守ってあげることが日本の宿命のようになっていたから。また、当時は自国だけではやっていけない国に周囲の国が法律に基づいてその国を取り込むことはよくあったことなのでこの韓国併合も例外ではない。」と「韓国併合」を当時の情勢から考え、「日本の宿命」と考える生徒もいた。

支配される側など多面的・多角的にとらえるためには、日本側の資料だけでは十分にとらえられないことから、併合された韓国側の資料からも検討する必要があると感じた。

「史料一〇では、『支那に服し日本に底頭し露国に親しみ誠に生気地のない歴史斗り』などと主観的な韓国への批判が猛烈に書かれているが、この考えはおそらく当時の日本人の韓国への向き合い方に共通していると考えられるため、この考え方を詳しく知ることができれば、韓国併合時の日本人の感覚をより深く学ぶことができると思ったから。」

とコメントがあり、同じような意見として「史料一〇（略）より、朝鮮が支那に服従し、日本やロシアとも親しくしようとするなど独立心を持たず、不安定な状態だったからこそ、日本は韓国併合を行おうとした、としている。これは、日本を主観的にしかみていないように思う」と日本側の立場が強調されているとの指摘もあった。また、「当時の社会主義の韓国併合に対する意見は過激なものが多いが、日本の世論もまた韓国に対して過激だったので、世論に一番近いものだと思う」とのコメントもあった。生徒は、この考えこそが当時の日本の一般の人びとの考えであったことを理解したことがわかる。

安重根の「韓国併合」にたいする認識

日本では、伊藤博文を暗殺した人物としてとり上げられることが多い安重根について、日本と韓国ではとり上げられ方に大きなちがいがある。この人物は「韓国併合」にたいしてどのような認識をもっていたのだろうか。また、この人物の認識をつかんだうえで、安重根や「韓国併合」をとらえなおしてみた。

史料一一　安重根「東洋平和論」一九一〇年

安重根は史料中で、「欧州列邦は道徳心を忘れ、日々武力を事として、競争心ばかりを養って少しも憚るところがない。なかでも最も甚だしいのがロシア」と、ヨーロッパ諸国なかでもロシアに敵愾心をもっていたことがわかる。一方で、日露戦争当初、安重根をはじめとした韓国や清の人びとは、「天皇の宣戦の詔勅に東洋平和維持や大韓独立鞏固」と「日露の開戦が黄色人種の争いとも言いうる（略）同じ人種としての連帯感が形成」の二つの理由から、日本軍を歓迎し、運輸・道案内・偵察などに苦労を忘れて力を注ぎ期待していた。

しかし、日本が「戦勝の凱旋後、最も近く最も親しく、情け深いが力が弱い同種の韓国を圧迫し、条約を結んで満洲長春以南を租借に名を借りて占拠」する行動がロシアよりひどいこと、そして、西洋にたいして「東洋人種が一致団結し、力を尽くして防御するのが第一の上策」なのに、「何故日本はこのような順然の勢を顧みず、同種の隣邦を侵略し、友誼を断ち」行動をするのかを嘆いている。この史料を読んだ生徒からは、

「韓国は、東洋平和論に『日本を排撃しロシアを助けていたのならば、日本は大勝できなかったはずだ』とある。この文から日本が勝てたのは自分たちのおかげだと言う意味と日本を排撃し、ロシアを助けるのではなく、日本に手を貸したということが読みとれる。それは、日本に対して期待をしていた（傍点筆者）からだと考えら

れる。このことは、韓国の立場から考えてもわかることだが、アジア全体も同様に考えていたと考えられる。」

と、安に限らずアジアの人は日本へ「期待」していたが、それが失望に変わったことを生徒は史料から読みとっている。また、別の生徒は、つぎのように記している。

「日本のやり方は好き勝手にやりたい放題で、同じ日本人の私から見ても酷い状況だと思いました。ですが、一番問題だと思ったのはそんな暴走している日本をどの国も止められなかったということだと考えました（傍点筆者）。欧米は、自分たちに関係ない又は損害がないのでとりあえず認める、といった感じであまり干渉しませんでした。アジアの他の国は、いろいろな意見は持っていたけれど、日本が武力で押さえつけたり威圧しているせいで何も変化は生まれませんでした。もっとお互いの国に関心を持っていれば、韓国併合などの帝国主義の暴走は起こらなかったのかなと思いました。」

これらの学習をふまえて、「私は、日本の韓国併合に対する過程について、韓国の視点から学ぶことが一番重要であると考える。韓国は、清、ロシア、日本と、韓国併合の過程にある国全てに干渉された被害者（国）である。そのため、それぞれの国の韓国への接し方、韓国をどうみているのかなどの違いを、一番フェアな視点で見ることができる。」や「私は朝鮮人の立場に立つことが重要だと思う。例えば、史料一〇で朝鮮人を養育することは、日本の使命であり朝鮮人にとってもプラスになると述べられている。しかし、これと全く同じ思想を朝鮮人全員が持っているとは思えない。極端に言うと、彼らの思想を理解しようとせずむしろ抑圧して完全なる上下関係を一方的に築こうとすれば、反乱が起こるのも当たり前だと思った。向こうの文化と思想、情勢を理解し学んだ上で韓国併合を学ぶと、史料によって執筆者の見解が異なるのと同じで、日本側と違った視点から歴史を理解できると思う。」と日本の韓国にたいする無理解に批判のコメントをしている生徒もいた。

史料一一で安の主張を読んだことで、韓国側の考えにも視野を広げることができるようになった生徒もいた。

アジアの「韓国併合」にたいする認識―インド・ネルーの視点から

インドは「韓国併合」にいたる時期、イギリスに支配されていた。後に、インドの首相となるネルーは、植民地として支配される人びとの一人として、「韓国併合」をどのようにとらえていたのだろうか。

ネルーも安重根同様、日本がロシアに勝利した当初は日本に期待をしていたが、結局は「侵略的帝国主義諸国のグループに、もう一国をつけくわえたというにすぎなかった」と期待はずれを嘆いていた。ネルーは、「日本は開国の当初から、自己の勢力範囲として、すでに朝鮮と、満州の一部に目をつけていた」と分析し、「日本はくりかえして中国の領土保全と、朝鮮の独立の尊重を宣言」していたが、これらは「帝国主義国」に共通のやり方であり、「相手の持ちものをはぎとりながら、平気で善意の保証をしたり、人殺しをしながら生命の尊厳を公言したりするやり方の常習者」と帝国主義の方法について鋭い指摘をしている。

生徒からは　つぎのような意見があった。

「帝国主義国というものは、相手の持ちものをはぎとりながら、平気で善意の保証をしたり、人殺しをしながら生命の尊厳を公言したりするやり方の常習者とあるように、帝国主義の定義・批判が書かれており、アジア対欧州という中で、日本が欧州寄りの立場になってしまったことがわかりやすく書かれていた。」

「ネルーは日本の行為に対して凄く不信感を抱いていることがわかる。自分は韓国併合について日本の考えは凄く自分勝手であり、朝鮮が可哀想に感じてしまった。その考えに至る過程がネルーと同じであり、さらに韓国併合の当事者ではない他者からの視点というところから学ぶことが大切だと思うためインドの立場からみることが重要だ。」

ネルーの史料から学ぶべきとの意見では、「史料一二では、ネルー氏は片方の国だけから物事を見ず、しっかり背景を掴もうと当時の日本国家の考えも視野に入れているから。また、各国の尊厳を奪うことと、日本が韓国の併合を正当化することに対して異議を唱えている。」や「史料一二のように、発展途上国から見れば、日本のように立ち上がる希望を抱いていたのに、結局欧米列強の仲間入りをしてしまったことで落胆している。こうした発展途上国などの経済的な弱国の立場の意見を重点的に聞き入れることが、今の世の中の格差を減らす上で大事であると考えた。」と、現代にもつなげながら考えている生徒もいた。また、

「私は第三者の客観的視点から学ぶことが大切だと思った。具体的にはスイスやデ

ンマークなどの帝国主義であり、侵略の恐怖を知っている国。なぜなら、『時事新報』や『社会新聞』などの新聞社からの口調から分かるように、日本は韓国のことを見下していて、日本の利益しか考えておらず、ネルーは当時生き延びていくのに必要だった帝国主義への理解がない。帝国主義の必要性と、侵略される恐怖を理解できる、正当な判断ができる第三者の視点が必要であり、それはヨーロッパの中立国や小国、と称されるスイスやデンマークのような立場が必要。」

との意見もあり、多面的・多角的に授業をおこなう際には、第三国の視点も必要との意見は私自身、考えさせられる指摘であった。

4 ──成果と課題── 多面的・多角的な資料活用と歴史認識

「史料一〇の『社会新聞』の日本人からの考え方では韓国を悪いとしている。それにはかなり納得してしまった。自分が日本人だから自然と日本の味方につきたいと心の奥底では思っているのかもしれないが、中立の立場から考えるべきだと思った。」

この意見はおそらく、生徒の率直な感想であると思う。また、「朝鮮も併合されてしょうがないくらいの明確さが足りない外交だった。(中略)つまり、朝鮮が日本に併合されてしまったというとらえ方もある。」などの意見は、授業後もクラスによるばらつきはあるが一定数存在した。

おそらく、このような考えが日本の「韓国併合」を正当化し、そこから派生してヘイトスピーチなどへつながっていく可能性がある。だからこそ、日本の当時の考えだけでなく、安重根の考えをはじめとした当時の朝鮮の人びとの考えや行動にふれさせることが重要である。

一方で、複数の史料を読み解いたことで「韓国併合という事実があったというのが中学生までに学んだことでした。しかし、複数の資料から、韓国を併合するために日韓の条約などを段階的に締結させるというような、綿密な計画がなされていたことを知り、日本の慎重さがわかりました。また、インドの人から見た韓国併合(史料一二)は、私が授業を受けていて思っていたことが言語化されていて、読んでいてとても興味深かったです。資料を読み込んで知識を吸収していく作業は楽しかった。」や「中学の社会の授業では韓国併合について当時の人の賛成反対の意見はあれど、どちらも日本人の目線であったため今回韓国やインドなど新しい視点を学べたのはよかった。どの国もたんに肯定的・批判的となるのではなく、『東洋の小国が西洋の大国に勝ったのは称賛するが、その後の列強のような行動は容認できない』というように部分的な肯定否定があることがわかり学びが深められたと思う。隣国の韓国と過去にどんなことがあったのか学ぶことは今の関係を考える上でとても大切だと感じ、今回の韓国併合だけでなく太平洋戦争の前後の日韓関係についてもいろいろな視点で学びたいと思った。」と複数の史料を読み解いたことで気づいたことをコメントしている生徒もいた。

また今回の授業について、「実際の史料を根拠に韓国併合についてグループで話し合えて興味深かった。韓国併合というのは戦争ではないので今まであまり注視したことはなかったが、被害国と加害国がいるということを実感して、韓国併合について日本史で学ぶ意味の大きさに気づけた。」との感想があった。先のコメントの生徒の指摘にあるように「今の関係を考える上で」「隣国の韓国と過去にどんなことがあったのか学ぶことは」大切であろう。そのようなコメントが生徒から出てきたことは本授業の一つの成果であると言える。

「日本の韓国併合に対して色々な意見があると思うが、私は韓国併合に対してなぜそこまでやらなくてはいけなかったのかという疑問を抱いた。後に起こった第二次世界大戦は日本が戦争をし始めたこの頃から始まったのではないかと考える。韓国併合だけではないが、こういった小さなことがたくさん起きて大規模な戦争の引き金となったのではないかと感じた。日本が韓国併合をしたのは、欧米列強が東南アジア諸国を次々と植民地化していったことに危機感を感じて、日本は列強に負けないくらいの軍事力、権力がある国だと言うことを伝えるためだったとしても、結果になっていることは現代社会では何一つなく、韓国併合の代償に今の韓国との関係もあると思う。」

「日露戦争で、日本のようなアジアの小国が、ロシアのような大国に勝利した功績は大きかったにも関わらず、韓国併合を行うなど帝国主義国化して行ったことに対するアジアの人々の失望感はとても大きかったと思う。慰安婦問題や徴用工問題など、現在の日韓関係が悪くなった原因である問題の根元は韓国併合だと思うため、背景について学ぶことは大事だと思った。」

この二つは、生徒が今回の授業を受けて日韓関係について書いた感想である。資料を多数使用し、多面的・多角的な視点から考えさせようとしたあまり史料を読み解くことが中心となって、生徒に「韓国併合」と現在のヘイトスピーチに代表される朝鮮半島にルーツをもつ人びとへの批判や反発、あるいは嫌韓的な態度や行動、発言を直接的に意識させることができなかった面があったことは否めない。しかし、授業を受けた生徒のなかから右のような「現在の日韓関係が悪くなった原因である問題の根元は韓国併合だと思うため、背景について学ぶことは大事」との感想が寄せられたように、「今の関係を考える上でとても大切」な一端を担う授業を実践できたのではないだろうか。

世界遺産にみる「排除」と「包摂」

小松伸之

二〇二一年現在、日本では世界遺産が二五件登録されている。世界遺産は複数の構成資産から成り立つことが多く、その構成資産を組み合わせて、世界遺産が求める「顕著な普遍的価値」をいかに満たすか証明することになる。とくに近年は「ストーリー」と呼ばれる流れを明快に示すことが評価につながっている。ここでは、二〇一八年に登録された「長崎と天草地方の潜伏キリシタン関連遺産」に注目し、構成資産からみえる「排除」と「包摂」をみていこう。

この物件は一二の構成資産からなり、全体を四期に分けそれぞれの時期に対応した構成資産を配している。四期とは「(Ⅰ) 宣教師不在とキリシタン「潜伏」のきっかけ」「(Ⅱ) 潜伏キリシタンが信仰を実践するための試み」「(Ⅲ) 潜伏キリシタンが共同体を維持するための試み」「(Ⅳ) 宣教師との接触による転機と「潜伏」の終わり」からなる。

(Ⅰ) には島原・天草一揆でキリシタンが籠城した「原城跡」が当てられ、社会から排除されたキリシタンが潜伏して信仰を続けざるをえなくなるきっかけをあらわしている。(Ⅱ)(Ⅲ) では、一〇の集落や集落跡を通して、キリスト教布教の過程で各地につくられた信者の共同体において、宣教師や司祭が追放された後も信仰を続け、共同体単位で独特な信仰形態を生み出したことを示している。潜伏キリシタンは、外見上は仏教・神道・山岳信仰など伝統的な信仰形態をとったり、アワビの貝殻の模様など身近なものにキリスト教への信仰を重ね合わせたりして、信仰の露見を防いだ。また信仰を守るために離島への移住も進み、農業などに従事して既存の集落と共存関係を構築した。そして（Ⅳ）では、一八六五年、開国後に建設された「大浦天主堂」に宣教師を訪ね、みずからの信仰を告白するにいたった（「信徒発見」）。

授業では、一般的に（Ⅰ）に注目してキリシタンの「排除」をとり上げるが、（Ⅱ）（Ⅲ）により江戸時代を通じて潜伏を可能とした地域共同体における「包摂」にも目を向けることで、江戸時代全体を通じたキリシタンの社会的な位置づけやその変遷を考えさせたい。その際には、潜伏キリシタンが地域共同体における調和を重んじたことや、彼ら／彼女らはキリシタンであると同時に、地域共同体の構成員でもあったことに留意したい。そして、このように構成資産に注目して世界遺産をみつめることで、その「価値」への理解を深めたい。

高校2年

齊藤征俊

ハンセン病問題から近代日本を問い直す

高校生自身の被抑圧状況から読み解く日本史学習

1

―テーマ―

ハンセン病問題から読み解く近代日本社会の抑圧構造

二〇二〇年の年明けごろ、新型コロナウイルス感染症は、生徒にとっても、大人にとっても「得体のしれぬ恐怖」を感じさせるものであった。そのようななか、排外主義的な言説を耳にすることも少なくなかった。そのような世相に影響されてか、授業中に生徒Aが発したつぎの発言——本人にとっては何気ない発言であろうが——が、授業者である私の耳にこびりつくように残った。

「バイト先で外国人が来たら、私後ろに戻って他の人に行かすもん」

学校生活において課題を抱えつつ、夜間は毎日アルバイトをしながら高校に通う生徒から出たこの発言は、たんに「得体のしれぬ恐怖」のみによるものではなく思えた。外国人や異質な他者への恐怖心を人びとが素朴にもち、巷には排外主義的な言説があふれる。この時の世相は、二学期に扱った関東大震災時の朝鮮人虐殺にみられる、近代日本の民衆のもつ暴力性を想起させるものであった。まさに、「抑圧された苦しい現状から一挙に解放されたいという強い願望と、差別する対象を徹底的に排除して痛めつけたいという欲望とが、民衆のなかに矛盾せず同居」(藤野裕子 二〇二〇) している状態であると感じられた。

近代国民国家は、前近代社会にはない「自国民」を「外国人」と異なるものとしてつくり出すことから始まった。そして、あるべき「国民」像をつくり出し、そこに構成員を同化させると同時に、異なるものを排除していった。帝国日本においては、アイヌ、朝鮮人、台湾人、琉球沖縄人、障碍者などが「普通の日本人」と区別され、他方ではこれら少数者が「日本人より日本人らしく」あろうとする姿もみられた。被差別者である少数者は、あるべき「国民」と自分たちは異なるという劣等感を植え付けられ「排除」されると同時に、逆説的に近代国民国家に「包摂」され、序列化されていく。このような、いわば歪んだ形の「包摂」による序列化の構造は、宗主国が被支配者の言語や文化を「劣ったもの」として扱い、また宗主国の「国民」らしくあろうとふるまう植民地エリートを生み出すという意味で、広義の「植民地」構造である。

この「植民地」構造は、一見するとヒトやモノの移動に国境という垣根が低くなったようにみえつつ、同時にナショナリズムが高まり国民国家がますますその存在感を強める状況にある今日の社会——「第二の近代」や「再帰的近代」[*1]と呼ばれる現代——においても温存され、暴力性はハラスメントなどの形で発露することがある。[*2]この生徒の発言も（当人にとっては何気ない発言であろうが）、「勉強ができない」と周囲からみられる劣等感や、長時間働かざるを得ない経済状況で日々を必死に生きるなかから出されたものであるといえよう。

こうした意識をもつ高校生たちに、自分もその渦中に置かれている近代日本社会の構造をとらえさせる教材として、ハンセン病問題および、それに直接的・間接的に関連する現代の諸問題をとり上げた。ハンセン病は前近代では「業病」として長く差別されていた。一八七三年にノルウェーのハンセンが「らい菌」を発見して以降、各国で隔離政策がとられた。

日本においては「らい病」研究の第一人者である光田健輔が渋沢栄一ら政・財界の有力者へ働きかけ、「無らい県運動」が推進され、各地の療養所への強制隔離政策がとられた。戦後、特効薬プロミンの開発によって治る病気となったにもかかわらず、「らい予防法」および「優生保護法」が施行され、廃止されたのは一九九六年であった。近代国民国家の政策と、民衆のもつ「業病」という差別意識が結びつく形で暴力性を発露した例といえるだろう。また、そのような構造のなかで、アジア・太平洋戦争期には、療養に専念すべき患者たちが「お国のため」に、松根油掘りに「協力」する姿もみられた。「排除」しつつ、歪んだ形で「包摂」する近代日本の「植民地」構造を考えさせるうえで、最適な教材であると考えられる。

2 ―単元― 「排除」と「包摂」から考える近現代日本社会

本授業は、高校二年生の日本史A（三単位）のなかで実施した。

一学期には導入として、「法」「権力」「歴史叙述」「時代区分」などをとり扱い、そのうえで近代と前近代社会を比較する形で民衆の「ケガレ」意識や「仁政」イデオロギーなどをテーマとした。

二学期は、日清・日露戦争に従軍する兵士や、東京での「米騒動」に加わった人びと、関東大震災における「朝鮮人虐殺」に加担した人びとなどの記録を用い、民衆意識の変容を読み解いた。また、勤務校の事情として、年間週一時間実施している総合「平和」での学習と関連させつつ、一一月の沖縄修学旅行に合わせて、先に沖縄戦を扱う必要があった。そこで、沖縄戦の実態を示し、「どうして民間人に大量の犠牲者が出たのか」「どうして大量の犠牲者が出るほど、人びとは戦争に協力したのだろうか」という問いを軸に、第二次世界大戦、アジア・太平洋戦争の学習を進める構成とした。

三学期の学習は、これまでの学習をふまえて、少数者・弱者の立場から、国民国家の排除と包摂の問題に迫る近現代史学習とすることを構想した。

単元名は〈「排除」と「包摂」から考える近現代日本社会〉とし、第一次では近代日本史をハンセン病史から問い直す構成とした。家族や地域社会から引き裂かれ、あるいは追いやられ、故郷を喪失するといった「排除」の一方で、療養所は光田健輔ら医療者を頂点とした家父長的な仕組みとなっており、そこでの疑似家族関係に「包摂」されるという植民地的構造をとらえさせることをねらいとした。

第二次では、国民が主権者となったはずの日本国憲法下において「らい予防法」が制定され、人間の最も根源的な権利であるはずの、生命をつぎの世代につなぐ権利を奪われることの意味を考えさせるため、「らい予防法」に先立って一九四八年に制定された「優生保護法」の問題をとり上げた。そして最後に、「優生保護法」が改正された今日の「母体保護法」および生命倫理をめぐる問題を扱うことで、ハンセン病問題における「排除」と「包摂」の構造が、今日の社会にも形を変えて残っていないかを考えさせることをねらいとした。

3 ―授業1― 「ハンセン病史から問い直す近代日本」

「家族にとってのハンセン病」という視点から授業を開始した。[*3] 生徒の多くがとくに着目したのは、「妊娠したら中絶するのが常であった」「脱走しないと産むことができなかった」「自然治癒しているのに療養所に入れられた」「患者の子だからという理由で差別され、療養所内施設で教育を受けざるをえなくなった」といった点であった。

そこで、感染力が弱く、また早期治療によって後遺症なく治る病気であることが記された資料を示し、「二〇一九年五月時点で、全国のハンセン病療養所には一二一五人の方が入所している。どうして治る病気なのに、現在も入所者がいると考えられるか」を問うと、「偏見」を指摘する意見が多くあがった。

第二時には多磨全生園の自治会長を務めた平沢保治氏の帰郷に関しての事例をとり上げ、家族や地域社会がもつ「偏見」について考えさせた。そのうえで「無らい県運動」など近代日本のハンセン病政策を紹介するとともに、隔離政策に影響力をもち、また医師として、ハンセン病療養所の所長として、強制隔離や「断種」手術に携わった光田健輔をとり上げた。

第1次　指導計画表

	○おもな発問および指示・資料提示	○学習活動・生徒の反応および獲得させたい社会認識など
1	○両親が星塚敬愛園の入所者だった宮里良子さん（仮名）についての文章を読み、印象に残ったことや不思議に思ったことを挙げてみよう。 （資料：黒坂愛衣『ハンセン病家族たちの物語』世織書房、二〇一五年より引用） ○ハンセン病（昔の呼び方は、癩病）とは、どんな病気だと思うか。 ○ハンセン病は実際にはどんな病気か確認してみよう。（資料：東京都教育委員会『人権教育プログラム（学校教育編）』） ◎二〇一九年五月時点で、全国のハンセン病療養所には一二一五人の方が入所している。どうして治る病気なのに、現在も入所者がいるのだろうか。	○ハンセン病者の家族に関する研究資料を読み、どんな病気であったのかを読みとる。 ・どうして宮里さんの母親は園を脱走して出産せねばならなかったのか。なぜ幼いころ、母親が強制的に連れ去られたのか。 ・「あんな病気のひとの子と行くのは恥ずかしい」といわれて小学校の入学時期もずらされるくらいだから、人びとから差別された病気だと思う。 ・昔は適切な治療ができず、後遺症が残った人たちが住んでいるのではないか。
2	◎ハンセン病患者だった人びとは、どうして故郷に帰れないのだろうか。 ○どうして元患者の平沢保治さんは、六八年も故郷に帰れなかったのだろうか。（資料：NHKニュース「ハンセン病元患者　六八年ぶりの帰郷」二〇〇八年） ○明治期からのハンセン病対策方針を見てみよう。 ◎どうして当時の日本政府は、ハンセン病患者を隔離しようとしたのだろうか。	○故郷の茨城県古河市に六八年ぶりに帰郷した平沢さんの映像から、ハンセン病問題の「地域社会からの分断」という面を読み解く。 ・家族に迷惑をかけるかもしれないと思っていた。 ○富国強兵政策のなかで「無らい県運動」が起こり、ハンセン病者の摘発・収容数が府県単位で競われた。他方、皇室などの「慈悲」の対象として排除されつつも帝国日本に包摂された。

	○光田健輔の自伝『愛生園日記』を読んで分析しよう。（資料：光田健輔『愛生園日記』毎日新聞社、一九五八年より抜粋） ・光田をどんな人物だと評価するか。 ・光田はどうして「強制隔離」にこだわったのだと思うか。	・誰もが嫌がるハンセン病患者の肉片を研究しようと思ったのはすごい。 ・自分がやったことは正しいと思っており、ハンセン病は怖い病気だと思っている。
3	◎光田健輔をどう評価すべきだろうか。（1） ○光田にたいする(元)患者の評価を見てみよう。（資料：光田に実際あったことのある元患者の証言（『沖縄県ハンセン病証言集　沖縄愛楽園編』沖縄愛楽園自治会発行） ・どうして「感謝」しているのだろうか。 ○「匿名の患者」の語りを見てみよう。（資料：徳永進『隔離―故郷を追われたハンセン病患者たち―』岩波現代文庫、二〇〇一年より引用） ・「寝た子を起こすな」とはどういうことだろうか。 ・どうして強制隔離のせいで「一生を棒にふった」とは思わないのか。	○光田健輔に「感謝」する患者や、「寝た子を起こすな」と述べる患者の語りに触れ、評価を考える。 ・みんなが差別するなか、光田が自分のことを覚えて声をかけてくれたことが、この人にとっては嬉しかった。初めて人間扱いされたと思ったのかもしれない。 ・療養所で他の患者の世話を手伝うなかで、「自分も人の役に立てる。社会のお荷物じゃない」と初めて思えたのかもしれない。 ・ほうっておいてくれたら、そのうち知らない人が増え、この問題は忘れられていくからそれでいいと思う人がいる。
4	◎光田健輔をどう評価すべきだろうか。（2） ○光田がハンセン病療養所で力をもった経緯はどのようなものか。 ○光田の療養所経営方針はどのようなものか。 ・光田の「家族主義」という考え方を、どう考えるか。 ・「家族主義」の問題点は、どこにあるか。	○一八七四年に「東京市養育院」内の「回春病室」医長となって以後、東村山・清瀬に開設された全生病院や、国立療養所長島愛生園開設時には、「善良な」「お手本」となる患者を選び、引き連れていった。 ・「家族」だと言っていて劣悪な状況でも我慢を強

	5
	◎ハンセン病問題の一番の問題点はなんだろうか。 ○現在のハンセン病元患者たちは、光田をどう評価しているのだろうか。 （資料：平沢保治さんの評価（平沢保治『人生に絶望はない』かもがわ出版、一九九七年および二〇一四年に齊藤が実施したインタビュー調査による） ○社会復帰者であり作家・人権教育家の伊波敏男さんは、「時代を区切って、だれが間違っていたのかをやらないとフェアじゃない」と指摘している。この指摘をどう考えるか。 ・伊波さんにとっての「ハンセン病の被害」はどのようなものだったか。（資料：伊波敏男さんの評価、二〇一四年に齊藤が実施したインタビュー調査による） ○あなたは、ハンセン病問題の一番の問題点は、どこにあると考えるか。 ※分断・排除という側面と、皇室による慈善事業や光田の「家族主義」といった疑似家族的要素によって包摂される側面について整理する。
いられる。 ・大日本帝国の天皇—臣民関係と、光田—職員・患者の疑似家族関係は似ている。	○多磨全生園自治会長を勤めた社会運動家の平沢保治氏は、光田が「恫喝的な話し方」で自分たちに接していた権威主義的な点や、一九五一年の国会証言で優生手術や療養所内の刑務所づくりを主張したことなどを指摘し、「決して私はサインはできない一人だ」と述べている。 ○伊波氏は、コミュニティから排除されていたハンセン病者たちに光田が「生きる場」を与えたことをふまえつつ、「時代を区切って」責任を問うべきと指摘している。 ・「家族をどうやって維持するのか社会体験がなかった」ことが自分にとってのハンセン病の被害だと述べている。 ・光田のような学者や専門家が責任を十分に果たさず、差別を助長するようなことをしたことに問題があるのではないか。 ・強制隔離によって、家族や地域社会のなかに分断や対立を生んだことに問題があるのではないか。

光田の『愛生園日記』[*4]には、苦学して医師になった生い立ちや、「ライ」の研究への〝情熱〟が記されている。「私はその死体から股の淋巴腺の一片をもらい受けて、詳細に調べ始めた。子供が好きなものを大事にするように、私はそのライの肉片を一年以上も保存していた」という記述には、「変わっている」「熱心だ」「みんなが怖がるハンセン病患者の死体を研究しようなんてすごい」などの発言が出た。

隔離政策を提言したことについて、「国家として、すべてのライ者を一時に隔離することはできないから、とりあえず都会に密集して菌を伝播する危険が多く、しかも自分で療養することのできない無資力者をさきに収容し、その他の者は自宅で隔離療養させようというのである。わずかながらも、隔離しないよりは隔離するほうがいいにきまっている」と述べている箇所には、「熱心」「上から目線だ」「思い込みが激しい」などの意見が出た。

そこでつぎに、光田に「感謝」している患者の証言や、光田にたいして直接言及はしていないものの、彼が園長を務めた長島愛生園の入所者の「寝た子を起こすな」という声[*5]をとり上げたところ、「収容所の外は誰も助けてくれない世界だったんだ。この人たちにとっては収容所が居場所だったのかもしれない」という意見が出た。

第三時・第四時は、患者の「居場所」としての、疑似家族空間をつくり上げた、光田

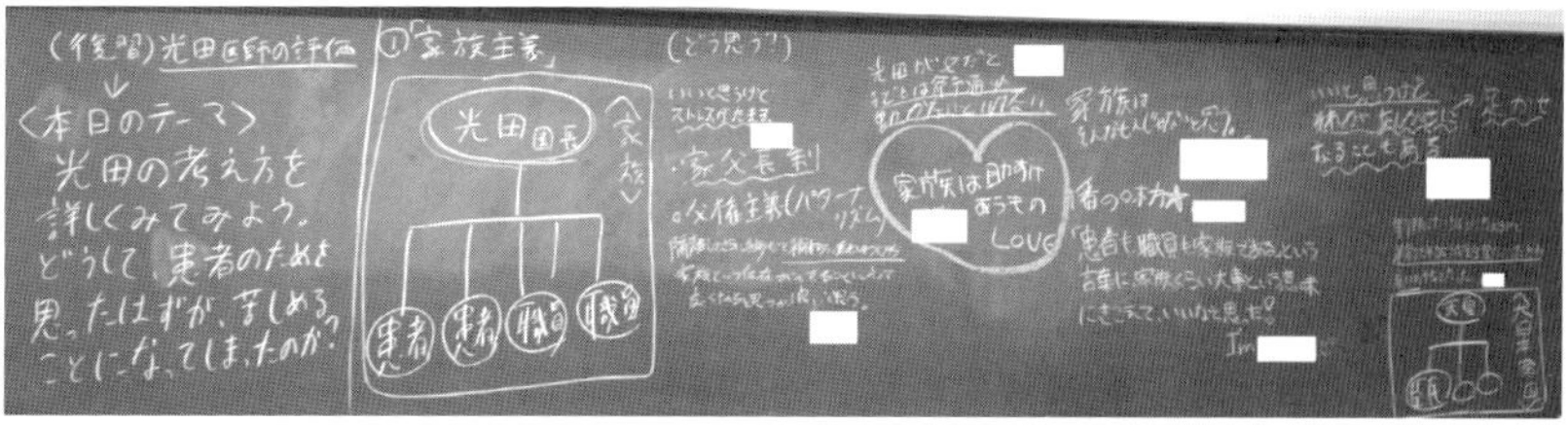

図１　「光田健輔医師の評価」の板書

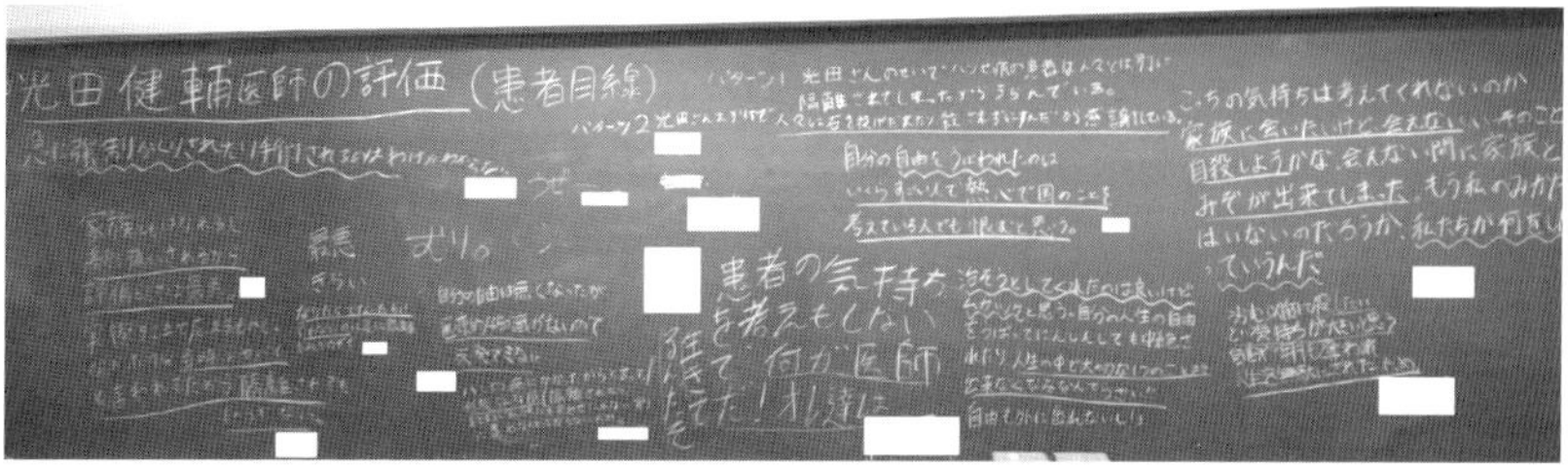

図２　「家族主義について」の板書

の「家族主義」思想をとり上げた。ここでは、生徒の「家族」観を問いつつ授業をおこなった。素朴な家族観にもとづき、「家族は助け合うもの」などの肯定的評価をする生徒がいるなかで、生徒Aの「家族はそんなもんじゃないと思う」との発言をとり上げ、「家族」という言説のもつ抑圧性・暴力性についても考えさせた。

そのうえで第五時には、「家族」との距離感をつかめなかったことが自身にとってのハンセン病問題の被害だと語る伊波敏男氏の話を紹介し、家族や地域社会との分断という側面と、光田による父権主義的な疑似「家族」制としての療養所運営による包摂という側面、「排除しつつ逆説的に包摂する」関係性を扱った。

4 ── 授業2 ── 優生保護法と母体保護法、そして今日の生命倫理

「血液型占い」を信じるかという問いを出したところ、多くの生徒が「信じる」と答えた。「だって、あれ当たってるよ。本当にそうだもん」と述べる生徒たちにたいし、『君は〇〇型だから△△なんだね』とかいわれるうちに、『そうか、私はそういう性格なんだ』と思い込むのじゃない」と問い、先入観や偏見の構築性に目を向けさせた。そのうえで、「優生保護法」の内容を紹介すると、以下のような意見も出た。

「こうした偏見は、利き手でも起こりうるんじゃないかと思った。自分自身小学生の時、特別支援教室に行っていたから、その時の一部の人からの差別を思い出して悲しくなった。紛争や内乱を起こす人たちの気持ちが初めてわかった気がする。」

先に引用した「抑圧された苦しい現状から一挙に解放されたいという強い願望と、差別する対象を徹底的に排除して痛めつけたいという欲望」が同居していた近代日本の民衆の内面を想起させるものであった。

そこで、「優生保護法」下で、手術によって子どもを生み育てる権利を奪われた人の映像をみせた。すると、先に自身の障碍について述べた生徒は、つぎのように述べた。

「強制不妊はその後の人生を狂わせて、女性の夢をうばう最低な行為。知的障がいの方がいっていた「遺伝があるかないかで恋愛出産を止める権利は誰にもない」というのが印象に残った。国のやり方はまちがってる。」

また、別の生徒はつぎのように述べた。

第2次　指導計画表

	○おもな発問および指示・資料提示	○学習活動・生徒の反応および獲得させたい社会認識など
1	◎優生保護法による問題は、どのようなものか。 ○血液型占いは信じるか。 ・多様な人間を四つのタイプに分類することは可能か。それは妥当といえるのか。 ・近年、生物の教科書でも「優生」「劣勢」という言葉を使わなくなってきている。 ・光田健輔は、一九一五年ごろから男性患者への「断種」手術を開始した。以後、法的根拠がないまま、国から黙認される形でハンセン病患者への「断種」手術が広まっていった。これを「合法化」したのが優生保護法（一九四八年成立）である。 ○優生保護法による「優生手術」の対象は、ハンセン病以外にどのようなものがあるか。（映像資料：日本テレビ「NNNドキュメント　優生手術五七年目の告白　強制不妊　生み育てる尊厳奪われ」二〇一八年） ○「優生保護法」と「らい予防法」の共通点は何か。	・信じる／信じない　「だいたい当たっている気がする」「みんなが○○型は△△だ、というから、気づかないうちにそう振る舞ってしまっている」 ・形質などの特徴が、「優劣」で表現されることが差別的印象を与えるからである。 ○優生保護法は戦後、治安の悪化や復員による過剰人口、強姦による望まない妊娠などの問題にともない、戦前からのバースコントロール運動に携わってきた女性運動家らが日本社会党の議員となって提出した。当初は審議未了となったが、のちに日本医師会長になる谷口弥三郎ら超党派議員によって提出され、全会一致で可決された。一九五二年の改正では、「経済的理由」での中絶や、遺伝性以外の精神障碍や知的障碍への優生手術も対象となった。 ・生命をつぎの世代につなぐという人間の根源的な権利を奪うものである。
2	◎憲法で保証されている（はずの）「人権」とは何か。 ○どうして「基本的人権の尊重」が明記されているはずの日本国憲法体制下で、「優生手術」などの人権侵害が起こり得たのか。 ・「憲法」とはそもそもどんな性質のものだったか。	・憲法の人権保障が不十分だったのではないか。 ・国家権力を縛るものである。 ・「人が生まれながらにしてもっている権利」である。 ○量的拡大説では第三世代の人権として「新しい人

○「人権」(human rights) とはそもそも何か。
◎「人権」の捉え方の二つの考え方
　A 量的拡大説＝「権利カタログ」説
　B 質的限定説（とくに「切り札」としての人権論）
○「人権」が制限できることの問題点は何か。
・日本の公立らい療養所に収容されたハンセン病患者は、「人権」が保障されていたと考えられるか。

権」に環境権などを入れる。時代が進むと拡大する「人権」同士の調停装置として「公共の福祉」が位置づく。質的限定説では人権の範囲を最小限度の自然権的なものに狭め、「公共の福祉」によってすら制限できない強固なものとして「人権」を位置づける。
・「公共の福祉」による人権侵害が正当化される危険性がある。
・療養所のなかで生存する権利は認められていたが、それをもって「人権」が保証されていたとはいえないのではないか。

3

◎「優生保護法」（一九四八年）と「らい予防法」（一九五三年）は終わった問題か？
○現在の母体保護法の、人工妊娠中絶に関する規定は、母体および胎児の「人権」を尊重するものとなっているか。
・妊娠一一週六日までの初期妊娠は、掻爬術による。死産届は不要である。
・妊娠一二週から二一週六日の中期妊娠は薬で陣痛を起こし、人工的に流産させる。死産届が必要である。
・妊娠二二週を超えると中絶は認められない。
○女性の身体に関する自己決定権と、胎児の「人権」に関しては、倫理的にも法的にも議論の余地が残る

○一九九六年に優生保護法は「母体保護法」に改正され、らい予防法は廃止となった。薬害エイズ事件で国が責任を認めたのもこの年であり、翌一九九七年には北海道旧土人保護法がアイヌ文化振興法に改正された、転換期である。
・一一週目までに中絶された胎児は、「人」として認められていないということではないか。
・二二週を超えると中絶してはならないのは、女性の身体に関する自己決定権を侵害しているのではないだろうか。
・二二週以前の胎児は生殺与奪権が母体および医師に委ねられており、人権が認められていないといえるのではないか。

問題である。そのようななか、科学技術の「進歩」により、新たな問題が登場してきている。

・新型出生前診断（ＮＩＰＴ）について

〇ＮＩＰＴは感度九九％と精度が高く、また血液のみで検査できるため、従来の羊水検査などと異なり検査にともなう流産・死産リスクがない。妊娠一〇週以降から受けられ、費用は一五～二一万円。あなたやあなたのパートナーが妊娠したら、ＮＩＰＴ検査を受けるか。

・当事者である女性や胎児の立場に立ち、権利を擁護するような法になりきっていないのではないか。その意味では「優生保護法」を引き継いでいる面もあるのではないか。

・受けたい：「障碍を持って生まれてきたらかわいそうだから」「障碍者が生きにくい社会だから」

・受けたくない：「障碍があろうがなかろうが関係ない」「知ることによって、産むかどうかためらってしまうことが怖い」

「障がいがあるというだけで、本人の同意もなしに手術を受けさせられ、こんなにも人生がくるってしまうことにおどろいた。思い込みって怖いと改めて実感した。なぜ、人が傷ついても、それが当たり前で仕方ないというような感じ方をする世の中なんだろうと思った。もっとちがう考え方や、やり方はなかったのか。」

第二時には、人権について、「人権」が時代の「進歩」にともない増えていくとする量的拡大説（とくに、権利カタログ説）および、生存権などの根源的な権利のみを人権と呼び、他の「権利」と区別する質的限定説（とくに、「切り札」としての人権論）を紹介し[*6]、そもそも日本国憲法で保障されているべき／はずの、「人権」について考察した。

また、「義務を果たさずして権利を主張するな」などの、巷での「権利」「義務」言説のもつ抑圧性・暴力性についてもとり上げた。とくに、東アジアでの漢字文化のなかで使われていた「権勢と利益」、いわばPowerの訳とすべき儒教的概念と、明治期に輸入された西洋の人権思想由来の概念（Rights）が同じ「権利」と翻訳され[*7]、混同されていることを紹介したうえで、「権利を義務の対価とすることは、誰（何者）にとって都合がよいか」という問いを出し、権利を対価と考えることは、他者を統治・支配する論理であることに着目させた。

第三時には優生保護法に代わる今日の母体保護法や、新型出生前診断（NIPT）をとり上げ、今日の人権論や生命倫理学が答えを出せていない「女性の自己決定権」と「胎児の人権」にふみ込んだ。この問題の対立の根底に、女性および胎児が「弱者」であり、強者である男性や医師・医療関係者の声が影響力をもつ構造があることに気づいたのか、生徒Aは「なんでつらい思いをして産まない男がルールを決めるんだ！」と憤っていた。他方、「障がい者が生きづらい社会だから、障がいをもって生まれるとわかっていて産むことは私にはつらい」と述べる生徒もいた。

こうした生徒たちの意見をすくい上げつつ議論を整理していくと、ハンセン病問題と同様の家父長制的な抑圧構造が今日にも温存されていることに学習をとおして気づいていった生徒もみられた。「政治家の多くが男性だから男の視点で決まるんだ」と述べた生徒もいた。「普通の日本人」「知識人」「男性」が上に立ち、「女性」「子ども」「外国人」などが序列化される「植民地」構造に生徒たちは少しずつ気づき、学びを深めていった。

5 ハンセン病と「排除」から戦後史をみる ―成果と課題―

ここまでの学習をふまえつつ、「らい予防法」制定後のハンセン病療養所内での生活改善運動や、高度経済成長期等日本の戦後社会における「社会復帰者」の姿などを、日本史教科書上の記述と対比させる形で扱い、戦後史の学習を進め、戦後日本の問題点を考える学習とした。

生徒たちのなかからは、「日本国憲法が施行されてからハンセン病患者への差別が強化されたのは問題だ。」「ベトナム戦争とかに反対していた人たちはたくさんいたのに、どうしてハンセン病の人たちには目を向けなかったのだろう。平和や人権ということを、本当にわかっていたのだろうか。」といった声も出てきた。しかし、コロナ禍で臨時休校となり、こうした生徒たちの気づきを十分にとり上げる形での学習の総括ができなかったことが心残りである。

コロナ禍で「外国人」への恐怖を述べていた生徒Aのみならず、教師も含め、みんなが近代国民国家の枠にとらわれており、誰しもがある面では「抑圧者」となり、またある面では「被抑圧者」となりうる。だが、この構造を認識することによって、「排除」を前提としない、異なる立場の人びとと連帯する形での「包摂」のあり方を考えることも可能となるだろう。生徒Aはハンセン病問題および「優生保護法」の問題に、みずからが置かれた時給労働者という立場や女性、子どもとして＝近代国民国家の植民地構造の中に生きる被抑圧者の目線から、近代日本の構造的問題に迫っていった。こうした力を学力[*8]として位置づけ、これを伸ばしていく歴史教育・社会科教育のあり方を今後も検討していきたい。

＊本実践は、当時勤務していた私立大東学園高等学校でおこなったものである。

注

＊1　W・ベック、A・ギデンズ、S・ラッシュ著（松尾精文ほか訳）『再帰的近代化』而立書房、一九九七年など。

＊2 安富歩、本條晴一郎『ハラスメントは連鎖する―「しつけ」「教育」という呪縛―』光文社新書、二〇〇七年。

＊3 扱ったのは、黒坂愛衣『ハンセン病家族たちの物語』世織書房、二〇一五年。

＊4 光田健輔『愛生園日記―ライとたたかった六十年の記録―』毎日新聞社、一九五八年。

＊5 沖縄県ハンセン病証言集総務局編『沖縄県ハンセン病証言集 沖縄愛楽園編』沖縄愛楽園自治会、二〇〇七年、徳永進『隔離―故郷を追われたハンセン病患者たち―』岩波書店、二〇〇一年より抜粋。

＊6 樋口陽一『憲法』第三版、創文社、二〇〇七年、長谷部恭男『憲法』第七版、新世社、二〇一八年など。

＊7 柳父章『翻訳語成立事情』岩波新書、一九八二年など。

＊8 これはもちろん、新学習指導要領の「学びに向かう力、人間性等」とも重なる。だが、こうした資質・能力は、労働者や女性、子どもといった立場だから必要なのではなく、あくまで全人格的な成長のために必要であることに留意せねばならない（齊藤征俊「新しい学力観と『教育実践の挑戦』から学ぶ視点」坂井俊樹編『社会の危機から地域再生へ―アクティブ・ラーニングを深める社会科教育―』東京学芸大学出版会、二〇一六年参照）。

参考文献

伊波敏男『ハンセン病を生きて―君たちに伝えたいこと―』岩波ジュニア新書、二〇〇七年
伊波敏男『改訂新版　花に逢はん』人文書館、二〇〇七年
小松裕『「いのち」と帝国日本』全集日本の歴史一四、小学館、二〇〇九年
齊藤征俊「自己責任論を乗り越え社会へと目を向ける視点獲得のための歴史教育―「弱い個人」に着目したハンセン病問題の歴史授業開発を通して―」『学藝社会』第三一号、二〇一五年
西川長夫『増補版　国民国家論の射程―あるいは〝国民〟という怪物について―』柏書房、二〇一二年
平沢保治『人生に絶望はない―ハンセン病一〇〇年のたたかい―』かもがわ出版、一九九七年
深尾葉子『魂の脱植民地化とは何か』青灯社、二〇一二年
深谷克己『仁政イデオロギー』塙書房、一九九三年
藤野裕子『都市と暴動の民衆史―東京・一九〇五―一九二三年―』有志舍、二〇一五年
藤野裕子『民衆暴力―一揆・暴動・虐殺の日本近代―』中公新書、二〇二〇年

第2部

考察編

教育改革の流れと「私たちの位置」

坂井俊樹

1　Society5.0への私たちの対応

Society5.0と新しい教育改革の性格

Society5.0とそれに対応した教育の議論が活発である。Society5.0とは、内閣府のHPでは以下のように説明されている。人類の歴史は、Society1.0の狩猟・採集生活からはじまり、Society2.0の農業革命（農業・牧畜の開始）をへて、一八・一九世紀の産業革命によりSociety3.0の工業化社会の段階に突入し、著しい科学技術の発展と生産性の拡大、人口増加など、現代に連なる社会が出現する。そして高度な情報通信技術によるSociety4.0、さらにこれからはSociety5.0の社会となるという。

文部科学省でも、Society5.0に対応した生活様式としての「ニュー・ノーマル」（New Normal：新常態）と関連させた教育改革を実行しつつある。文部科学大臣の諮問にたいして中央教育審議会は、「令和の日本型学校教育」（二〇二一年一月二六日）を答申したが、そこには子どもたちの「個別最適な学び」と「協働的な学び」という項目が盛り込まれた。この「協働的な学び」の意味は、つぎのように説明されている。

「『協働的な学び』においては、集団の中で個が埋没してしまうことがないよう、『主体的・対話的で深い学び』の実現に向けた授業改善につなげ、子供一人一人のよい点や可能性を生かすことで、異なる考え方が組み合わさり、よりよい学びを生み出していくようにすることが大切である。（中略）知・徳・体を一体的に育むためには、教師と子供の関わり合いや子供同士の関わり合い、自分の感覚や行為を通して理解する実習・実験、地域社会での体験活動、専門家との交流など、様々な場面でリアルな体験を通じて学ぶことの重要性が、ＡＩ技術が高度に発達するSociety5.0時代にこそ一層高まるものであ

る。[*1]」（傍点：筆者）

近い未来社会は、今日のＩＣＴの普及によるSociety4.0の情報化社会をへて、Society5.0という新たな段階に入ると位置づけている。それは人間のもつ固有の能力や高度なスキルを代替する機能をもったＡＩが活用される社会で、サイバー空間（仮想空間）とフィジカル空間（現実空間）を高度に融合させたシステムにより実現される豊かな社会と説明される。

そうした社会において、ＡＩに人間社会が呑み込まれるのではなく、制御しながら人間社会を豊かにするために、私たちにはどのような資質・能力が求められるのか、またそれを深める方策を議論しようというものである。

しかし、よくよく考えるとここには逆転の論理がみられる。人間社会のためにＡＩ技術が適応・進化していくというのではなく、ＡＩ技術が進化するから、人間自体の資質能力が変更されなければならないという流れである。ＡＩ技術を運用するスキルを高めようというのならば理解可能だが、全人的視点で私たちの能力全体が新しい方向に転換していくべきという論だったら、そこに違和感と危険性を感じるのは私だけだろうか。

そして中教審答申は、「個別最適な学び」と「協働的な学び」が重要という視点を打ち出した。その基盤に私たちの今までの教育理論を超える新しい能力概念がつぎつぎに主張され、子どもたちの感情や意思、また価値をともなう判断能力、つまり人間性にかかわる領域までふみ込んだ「学力」論が議論されつつある。

そうした「学力」（コンピテンシー：社会〔生涯にわたって〕に通用する能力）は、たんに評価可能な従来型の学力論とは異なり、「学びに向かう力・人間性」といった価値観や感性、コミュニケーション能力などの全人的な学力を求める構造となっている。また、きわめて抽象度が高く、探究のなかで育成される性格である。ある面では高度な「言語活動」など、今まで以上の教育要求を子どもたちや教師に求めているといえる。

確かにそれに対応でき深めていく子どもたちも少なくないと思われるが、他方で全員に一定の学力を保障するという公教育の観点からは、課題が少なくない。*2

働くことの変化と期待される教育論

そもそも私たちの社会の近代化は、科学技術を基盤とした第一次産業や第二次産業を中心にしたもので、いわばルーティン化された仕事内容をこなすことが求められてきた。その段階では、職場やコミュニティー自体が、私たち個々の人生において重要な自己実現の場でもあった。

しかし、こうした生産活動を主軸とした社会から変化が進み、職場、労働組合、地域社会などの多様な社会集団に私たちが身をおくことから、よい意味でも、悪い意味でも一人ひとりの個人が社会現実にさらけ出される、いわゆる「個人化」社会に突入したと言われている。

「個人化」は、グローバリズムと新自由主義経済の新しい社会段階に対応した変化と考えられ、新しい社会段階は多様性と競争の激化を特徴とした。多分野の職種でイノベーションを必要とし、さらにICTの活用やAIロボットや労働の集約化など労働環境を著しく変化させることが考えられる。何よりも増して産業界から求められるのは、集団のなかの一人ではなく、変化に対応する個々の創造性や発信力といわれている。[*3]

以上のように考えると、「二一世紀型教育」「次世代型の教育」などの「新しい教育論」は個人の自己実現と産業界からの要請とが合致するところに生み出されてきたと考えられる。そこで以下、「新しい教育論」について検討していこう。

2　次世代のための教育論

「新しい教育」言説

二〇〇〇年に第一回のＯＥＣＤ（経済開発協力機構）のPisa国際学力調査が開始され、以来、日本もこの調査に参加してきた。「数学的リテラシー」「科学的リテラシー」、そして「読解力」が調査され、日本の高校一年生の学力問題が議論される契機となった。以後三年おきの調査の結果に、一喜一憂することもあった。二〇〇三年に起きた「ピサ・ショック」も、「読解力」が参加国中第八位という成績であったためである。

Pisaの理論的根拠を担ったのがDeSeCo（Definition and Selection of Competencies）プロジェクトで、国際的な共通学力とは何かを探究してきたといえる。いまこれらの成果を総括して、私たちは「ＯＥＣＤ・Education 2030」の渦中にあり、日本の進行中の学習指導要領も、さきの中央教育審議会の答申も、その影響を強く受けさまざまな提言として示されることになった。それらの議論も、Pisa型学力論を発展させて進められている。

そこで「ＯＥＣＤ・Education 2030」に示される内容を少しみてみよう。

今までの「学力」では、これからのＶＵＣＡ（Volatility, Uncertainty, Complexity, and Ambiguity）な時代（予測困難で不確実、複雑で曖昧な時代）に対応できず、新時代の社会（Society5.0）で求められる「新しい教育」、つまり子どもたちがみずから「学ぶ意味」を感得しながら、主体的に学習し修得していく、そうした教育が小・中・高・大学まで一貫して求められている。

もともとの議論の開始が、学校で学んだ教育成果が実際に社会に出たときにあまり役立っていないという声、経済界からは企業の戦力となるような教育を求める声が大きくなったという背景があげられる。ただそこには、単純に社会や企業で役立つという有用性という視点だけではなく、子どもたち自身が達成感をもち自己実現していくことも基盤にしている、つまり両者の合致した教育成果を期待している。そうでないと個々の子どもたちのなかに創造性というクリエイティブな資質が育たないからでもある。

また自己実現していくためには、「メタ認知」という、自分自身の認知を相対化するような内省的思考が重視されている。[*4] それはもう一人の自分が自分自身を、いわば外側から「認知していること」をみつめ問いかけるような往還的な思考といえる。その意味では、人格形成や主体性まで含めた全人教育をめざす方向性でもある（とくに社会科の場合、もう一人の自分という場合、規範、信条や宗教的倫理観なども含む）。

もう少し内容を検討してみよう。

学問体系（教科の体系）から与えられる知識観やスキル、能力観とは異なり、これからの社会が必要とする知識観やスキル、能力を、子どもたち自身の主体的な学び（探究）を通じて獲得していく教育が求められているわけだが、それはコンピテンシーを重視することである。

コンピテンシーは多様に存在し、いわば多様なコンピテンシーから、活用する場面においていくつか選択されるものとみなす。たとえば、複数からなる「薬材用引き出し」から必要に応じて薬材がとり出され組み合わされるように、問題対応や解決の場面によって調合され発揮される力のような見方である。またコンピテンシーは、文化的脈略やおかれた子どもたちの環境、経験によっても、必要なコンピテンシーと不要なコンピテンシーがあるという。[*5]

とくに公教育としてとり上げるのは、多くの人びとに共通する汎用性あるコンピテンシーであり、これを「キー・コンピテンシー」と呼んでいる。その中心には「創造的思考力」や「批判的思考力」などが位置づけられるが、これらの「キー・コンピテンシー」を学習の中心に据えていこうとする考えである。

キー・コンピテンシーは、三つのカテゴリーから成り立っている。

①「異質な人びとから構成される集団で相互にかかわり合う力」
②「道具を相互作用的に用いる力」
③「自律的に行動する力」

①は、他者とかかわり合う力、協力する力、対立を処理して解決する力とされる。②は、言語やシンボル、テキスト、知識や情報、技術のそれぞれ相互的に用いる力とされ、③は、大局的な視点にもとづき行動する力、人生設計や個人的な計画をつくり実行する力、みずからの権利や利益、限界や必要性を主張する力が位置づけられる。

そして上記の①〜③の中心に「省察とふり返り」が位置づけられ、メタ認知的な技能、批判的なスタンス、創造的な能力の活用が位置づけられる。

また、新しい概念として「エージェンシー」（Agency）が提唱されている。エージェンシーとは、コンピテンシーによって学習者自身が主体的に未来を描き出す力のことで、いわば「あるべき未来」像を考え、目標として設定し、課題を抽出し、いくつかのコンピテンシーを総合化していく、そうした力が求められる。この「あるべき未来像」という目標からいわばコンピテンシーを統合する力がエージェンシーとして説明されるのである。

コンピテンシーとエージェンシーとのつながりは、「Education 2030プロジェクト」では以上のように示されている。学習指導要領の改訂がおこなわれて新しい教育課程が進められつつあるが、中央教育審議会は、このエージェンシーもとり入れて、さらに今後の教育のあるべき姿を提言しているのである。

トップダウン方式の教育改革

確かにいままでの教育実践は、知識中心の学習傾向が強かったことは否定できない。ときには事項や用語、年代の暗記を強いる教育、高校・大学の入試に追従した教育実践が問題視されていた。こうした授業は、是正されるべき対象であり、思考力や判断力、表現力などを生かす授業改革が求められるのは当然である。その点で、「新しい教育」の提言は、従来の教師からの伝達型の授業に対する改革を担っている。

しかし、一方で伝統的な知識中心（注入）の実践とは異質な、子どもたちの生活課題に切り結んだ社会認識の育成をはかる実践が、今までも心ある教師たちによって進められてきた。そうした実践の積み上げは歴史的にも相当な質と量にのぼり、私たちはもっと直視する必要があると思う。

日本の教育現場における授業研究（レッスンスタディ）は一つの文化と呼べるもので、教師と研究者が協働で教科の授業を中心に、子どもたちからの発信、教師の指導の手立て、あるいは教材の有効性など具体的な実践記録をもとに研究的に深め、つねに「子どもたちを生かす」を目標としてきた。こうした授業研究から生み出される教師たちの資質こそもっと直視すべきだと思う。

「新しい教育」論は、こうした伝統にはふれず、一挙に「新しい教育」としてトップダウン方式で、「これぞ新しい教育」として私たちに下降させてくるように感じる。トップダウンの発想の背景には、「予測不可能な社会」の到来と「国際標準の教育を」という二つのスローガンが不動のものとして掲げられ、教育現場を「急げ、急げ」の意識に追い込んでいる。教師たちは「乗り遅れる」という圧力の状況にあるのではないであろうか。

現在、社会科をはじめ教育内容も、キー・コンピテンシーの育成に寄与する形で方向づけられる傾向が指摘できる。[*6] 教育内容を重視する考え方は、「教え込み教育」「詰め込み教育」との批判に安易に結びつけられるが、その際に危惧されるのは教科の知識体系（知的探究）がもつ深い意味さえ軽視されるのではないかという点である。

確かに「Education 2030プロジェクト」では、コンテンツとしての学習内容とキー・コンピテンシー育成の教育とは不可分であるとの理解から、教科学習軽視の見方を乗り越えようとしているが、いくらコンテンツの重要性を指摘しながらも、実践的に具体的な教材をとおした、つまりコンテンツをとおしたうえでコンピテンシーの説明が具体的になされなければ、やはり軽視と受け止めざるをえない。このような学習の内容にかかわる「新しい教育」論のもつ内在的な問題性を筆者は感じている。[*7]

3 いま私たちが考えるべきこと

ここでは私たちが「新しい教育」を考える視点として、以下の三点をあげ、少しくわしく述べていきたい。

①VUCA＝「予測不能な出来事が生起する時代」到来言説への懐疑
②後退させられる「事実」を認識、復権すること
③①と②の統合としての「人新世」の時代という認識（地球環境問題）の必要性

①VUCA＝「予測不能な出来事が生起する時代」到来言説への懐疑

学習指導要領でも「これからは変化の激しい予測不能な時代」を強調し、「絶対的認識」が成立しない状況と見なしている。OECDや改革関連公文書は、共通にVUCAの時代を強調し、そこへの向き合い方を教育に求めている。それは裏を返せば、今までの時代は「予測可能な時代」であったという認識に立つことになる。本当に、今までの私たちの生きてきた時代、今の現代社会は、「予測可能な時代」といえるのであろうか。

この言説に私たちは懐疑的にならざるをえない。というのは、じつは今までも「予測不可能な時代」ではなかったかという思いと懐疑である。

その理由は、一つには、数多くの戦争の勃発や人災に起因する自然災害の多発、原子力発電所の事故、水俣病などの公害事件、そして鳥インフルエンザやCOVID-19などの感染症、ウイルスや多剤耐性菌の拡大など、今までもじつにさまざまな予測不能な出来事が発生してきたからである。こうした「予想外」（あるいはそう思わされてきた）の問題を、あらためて反省的に直視する私たちの姿勢が今まさに問われているように思われる。

二つには、科学技術の進化を信奉する意識があった。私たちは事故や偶発的出来事にたいする防御や未然予防の科学技術ではなく、進歩・発展、物質的生産、大量消費文化などに寄与する形での科学技術に偏向（中心におかれる）してきたのではないかという点である。そして経済競争や多くの人びとの生活の向上という射程に合った科学技術研究・その成果の普及だけに注目する傾向があり、基礎科学的な発想や経験的発想を相対化する視野が軽視されたり、あるいは無関心であったりしてきたのではないか。[*8]

そのような流れのなかで、いわば「予測可能な時代」を強要されていたのではないかと思う。

今日の教育改革の論理は、意図的に「これからは予測不可能な時代」という前提に立たなければ、トップダウンの演繹的方略も成立しないのではないかと疑わざるをえない。

②後退させられる「事実」を認識、復権すること

先ほどふれた教科学習におけるコンテンツ軽視の傾向にたいして、私たちはより科学的な「事実」の教育を考えるべきだと思う。「事実」といっても、私たちの既存の見方やときには経験を相対化するような、そうした「事実」の認識である。

このように考えると、既存の検定教科書の内容のような「事実」の傾向ではなく、それを相対化する場面も必要であり、換言すれば新しい認識枠組みを提供する「事実」も必要ということである。たとえば、歴史教育の内容は、当然だが人間の歴史を中心に描き出し、とりわけ人権の獲得や生産の向上や産業発展、国家としての成り立ち、戦争、さらには世界の一体化などが盛り込まれている。それは「豊かな人間中心」の歴史であるが、極論すれば「豊かな人間だけ」の歴史認識の傾向が強かったともいえないか、という点である。自然環境との往還、生態系の問題、そして生物種の一つであるホモ・サピエンスの自己認識が乏しかったのではないか、という思いである。

このように考えると、歴史教育といえども、地球物理学や宇宙の歴史[*9]、遺伝子学や生物学、気候学、植物学の知見、地質学や考古学など複合的な領域として構成されていく

必要があろう。今そうした私たちの既存の見方や考え方を問い直すような教育研究が、はじまろうとしているのではないか。このためにはあらためて教育実践としても、私たちの発想を問い直すための新たな「事実」理解への挑戦が必要と考えられる。[*10]

教育実践で考えた場合、この「事実」を子どもたちの探究の過程に合致させながら、時には視点の転換を促すような流れで提起されることが考えられる。[*11] ここでは一つの例を紹介してみよう。

新潟の中学校教師小林朗は、「原始人日記を書こう」「江戸時代の農民日記」「文明開化日記」などの「歴史日記」という自分の言葉で表現する歴史認識の方法を展開している。生徒たちが個々にその時代に身をおいて、「歴史日記」を書き、それを発表し合い、評価し、議論するのである。そのなかから、さらなる課題の抽出も促されていく。教科書の範囲を越えないアクティブ・ラーニング、インターネット時代の生徒たちの「追究」の限界、それらを教師として乗り越えようとした実践である。[*12]

直接に小林実践を教室で参観して分析した中妻雅彦は、「筆者（中妻のこと―坂井）は、社会科授業に必要なことを、①教師と子ども、子ども同士の対等で、共同的な学習集団を形成し、集団的な学びを実現すること　②子どもたちを高い学びに導く学習課題、学習方法の設定と考えているが、小林の歴史日記の授業実践は生徒の現実に根ざした教師と子ども、子ども同士の対等で、共同的な学習集団による学びを形成している。」と評価をしているが、それを可能にしたのは、小林の徹底した教材研究の深さがあったからとしている。[*13]

よい授業づくりのために徹底して教材を掘り下げるという教科教育の醍醐味を指摘しているのである。ただ、ここでいう教材研究は、歴史研究だけではなく、生徒たちの生活現実、および求められる社会の課題などから迫るための「教材」の観点である。いまこうした小林実践にみられる生徒みずからの生活信条をふまえ、「教科書」を乗り越えていくような深さが求められているのではなかろうか。そしてそこにはあらためて教師の教材研究が重要ということが理解できる。

③「人新世」の時代という認識（地球環境問題）の必要性

これからの私たちの社会のありようを語る言葉として、さきの「Society5.0」と対照的に「人新世」（ひとしんせい・じんしんせい）という地質年代表記が主張されている。[*14]人間によって生み出された地球温暖化とその影響やCO_2排出によるオゾン層破壊、生物多様性の危機など、私たちの生存環境の維持が困難になる事態が想定されている。プラネタリー・バウンダリー（地球の限界）が迫り、それへの対策が急ぎ求められている。当面は、地球の平均気温を抑えるためにCO_2削減（二〇五〇年までにカーボン・ニュートラルをめざす）など国際公約としても必至とされる。

　このままでは近い将来、私たちは「灼熱地獄」の地球を目のあたりにするということであり、こうした見方にたいして、「誇張」だとして反論する研究者の意見も少なくない。[*15] また危機認識を、容易に実感として受け止められない私たちの現実生活があり、部分的には配慮しながらも、大量消費生活と経済成長の神話を脱却できないでいる。近年の環境学を中心とした研究や最近の自然災害、気温上昇と海水面の上昇などが確認されても大きく危機認識は変化しないでいる。

　以上の危機認識は、「新しい教育」のなかで十分に語られていないのではないか。「Education 2030 プロジェクト」でも、格差や貧困の問題、ＳＤＧｓの課題にもとり組みつつあるが、さきに指摘したとおり、そこでの中心概念が「エージェンシー」という概念である。私たちはこの「エージェンシー」の対極にある「事実」というものの重要さを指摘したのである。共有する「事実」の認識は、自己の生活の営み・見方や経験を揺るがし、捉え直す契機となるからである。少なくともそうした「知識観」が学習には不可欠ではないであろうか。

　ここで示したことが私の確信となったのは、じつはCOVID-19パンデミックの体験で、私たちの「事実」の認識がいかに十分でなかったか、また既存の主流的な科学研究の枠組みで応答できない、逸脱した事態であったことが指摘できるからである。[*16]

なお私たちの考え方を支えるようなUNESCOレポート「REIMAGINING OUR FUTURES TOGETHER - A new social contract for education」（二〇二一年一一月）が発表された。原子栄一郎（環境教育）によれば、ユネスコの一九七二年の「フォール・レポート」、一九九六年の「ドロール・レポート」の延長に位置づくもので、今日の地球環境の危機的状況にたいして、あらためて教育の重要性を訴えるとともに、そこにはヒューマニスティック（人間中心主義）な伝統が継承された内容となっていると評価している。[*17]人間主義からの発信で、ＯＥＣＤとは異なる教育の方向を示したものと筆者は受け止めている。

注

＊1　中央教育審議会「『令和の日本型学校教育』の構築を目指して～全ての子供たちの可能性を引き出す、個別最適な学びと、協働的な学びの実現～（答申）」（二〇二一年一月二六日、一八―一九頁）

＊2　この点に関しては、松下良平「『主体的・対話的で深い学び』の計り知れない困難」グループ・ディダクティカ編『深い学びを紡ぎだす―教科と子どもの視点から―』勁草書房、二〇一九年）が参考になる。

＊3　内閣府の「総合科学技術・イノベーション会議」の「教育・人材育成ワーキング・グループ」が二〇二一年八月から議論を進めている。

＊4　メタ認知は、研究上に共通の概念が示されているわけではない。社会科学や人文科学の場合、自己内の対話力といっても、自己を相対化する社会文化的状況とかかわる傾向にあろう。とくに自己と社会にかかわる認知にたいしては、一定の外部参照基準的な視点から迫る場合もあろう。たとえば、ホロコーストの見方やいじめの見方など、一定の規範や国際的な評価などを無視するのではなく、そこを基準として内省することも重要であろう。

＊5　白井俊『Education 2030 プロジェクトが描く教育の未来』ミネルヴァ書房、二〇二〇年、一〇頁

＊6　ところで、神代健彦によればキー・コンピテンシーは、「『これからの社会をよりよく生き得る個人』であり、かつ、『これからの社会がよりよく機能するために必要な人材』でもあるような人間を、能力という観点から定義するというものである。」と説明する（神代健彦『「生存競争」教育への反抗』集英社新書、二〇二一年、九四頁）。個の学びの成就感と社会の求める学び（求める能力）の合致したところに成立しているという。日本の学習指導要領は、各教科の教育内容（contents）との整合性をはかりながら、このキー・コンピテンシーの能力概念をとり入れていった。だから社会科の伝統的な目標である「公民的資質」の育成も、さきに指摘したようにキー・コン

ピテンシーと結び付けて新たに規定されることになった。

＊7　教育内容は、たんに対象となる教材が、客観的な社会事象や社会システムにかかわるものだけではなく、学習に登場する人物の「当事者性」を考えるという、いわば自己研究（相対化）を通じて、見方・考え方を問い直すことも含まれると私は考える。そのことを抜きにした「深い学び」論には疑問をもっている。なお本書所収の金子真理子論文「コロナ禍の教育実践―社会のさまざまな人びとに考えがおよぶような教育へ―」を参照。

＊8　たとえば、G・J・J・ピースタ（上野正道監訳）『教えることの再発見』東京大学出版会、二〇一八年参照。また筆者の参加する研究会（科研・学びの目的研究会）で小林晋平（宇宙物理学）は、相対性理論の観点から、私たちのもっている当たり前の感覚や理解の問題性が多いことを指摘する。たとえば、時間そのものが基準にならないことなど、科学の立場から私たちの「当たり前」感覚に疑問を提起している。これは科学研究から導き出される「事実」と私たちの経験則（身体感覚）とのズレといえる。また反対に、原子栄一郎（環境教育）は、社会的事件にかかわる個人の生き方のなかに、誠実な人間的思考や感性を徹底してさぐり、それを問題解決の基盤にしたいとの思いを語る。他者の内的な葛藤の共有に意味を見る（東京学芸大学教員養成カリキュラム開発研究センター『第一八回シンポジウム記録集―学びの原点に立ち返る―「理科」と「社会科」の間―』二〇一八年三月）。

＊9　デヴィット・クリスチャン他（長沼毅監修）『ビッグヒストリー：われわれはどこから来て、どこへ行くのか―宇宙開闢から一三八億年の「人間」史―』明石書店、二〇一六年、ユヴァル・ノ

ア・ハラリ著（柴田裕之訳）『サピエンス全史』上・下、河出書房新社、二〇一六年、ジャレド・ダイヤモンド（倉骨彰訳）『銃・病原菌・鉄』上・下、草思社文庫、二〇一二年、同『昨日までの世界』上・下、日本経済新聞社、二〇一三年、ジェームズ・C・スコット（立木勝訳）『反穀物の人類史―国家誕生のディープヒストリー―』みすず書房、二〇一九年など。

*10 「事実」の認識に関連し、私たちは価値相対主義や社会構築主義的なアプローチも再考してみることが重要であろう。社会的に対立する問題をとり上げる論争的な学習も、そのなかに共有する「事実」が存在しなければ、深いところから問題解決の思考には至らないのではと考えられる。マルクス・ガブリエルと斎藤幸平の対談「相対主義が民主主義の危機をつくり出す」斎藤幸平編『未来への大分岐―資本主義の終わりか、人間の終焉か―』集英社新書、二〇一九年など参照。

*11 授業で考えた場合、子どもたちの積極的な学習テーマへのアプローチとともに、子どもたちの調べたことを話し合いながら議論の結果を練り上げていくが、その際に今までの発想では解決がむずかしく、切実感をもった「抵抗的教材」の提示や教師の「問いかけ」が必要であろう。新たに子どもたちの探究が開始される。そうした問題解決思考が基盤におかれる必要があると感じる。

*12 「第1節　ネット社会のなかで孤立する中学生に歴史の楽しさを実感させる授業を―実践『原始人日記を書こう』―」日本社会科教育学会編『社会科教育の今を問い、未来を拓く―社会科（地理歴史科、公民科）授業はいかにしてつくられるか―』東洋館出版、二〇一六年、「新田開発は武士と農民にとってどちらに有利か？―中学生が越後の新田開発を考える―」日本社会科教育学会第六七回全国研究大会（千葉大学、二〇一七年九月）発表資料、「実践記録／中学歴史　奈良

時代の人々の日記を書こう―中学生が良民と奴婢となって綴る―」歴史教育者協議会編『歴史地理教育』二〇二〇年四月号）など。

＊13 中妻雅彦「生徒の現実に応える中学校歴史学習の可能性―小林朗の『歴史日記』実践を通して―」（『弘前大学大学院教育学研究科教職実践専攻（教職大学院）年報・創刊号』三一頁）

＊14 「人新世」（Anthropocene）は、ノーベル化学賞のパウル・ヨーゼフ・クルッツェンらが提唱した地質年代表記。人が地球環境に大きな影響をあたえつづける時代をさす。地球環境の破壊から人類の生存の危機が深刻化するという警鐘でもある。人新世の時期や地質年代として正式に認められているわけではないが、近年その主張が説得力をもって語られている。

＊15 ナオミ・クライン『これがすべてを変える―資本主義 vs. 気候変動―』上・下、岩波書店、二〇一七年

＊16 私たちは、すでに科学的知見にもとづいて「鳥インフルエンザ・ウイルス」の危険性について理解してきた。たとえば、マイク・デイヴィス『感染爆発―鳥インフルエンザの脅威―』紀伊国屋書店、二〇〇六年、などがある。「事実」認識の軽視と言わざるを得ない状況―経済優先、大量消費生活の継続など―、そのことが COVID-19 につながった面があるのではなかろうか。

＊17 科研・研究会（代表・金子真理子）「学びの目的―理科と社会の間をつなぐ」二〇二一年一二月一四日開催における同氏の発表から。

「排除」に抗する社会科の構築にむけて
「生存保障」と「排除の抑制」の視座から

小瑶史朗

1　福祉と社会科の接点をさぐる

近年、「人生前半期」に焦点をあてた社会保障論が注目を集めている。その提唱者である広井良典は、若年層の失業率の高まりなどを例示しながら、生活上のリスクが高齢期のみならず人生前半から中盤にもおよぶようになったことを指摘し、従前の高齢者を対象に組み立てられてきた社会保障論を組みかえる必要性を唱えている[*1]。

その際、適切な教育を受けていることが、その後の人生において最大の「社会保障」として機能するとし、教育を「社会保障の問題」としてとらえなおすよう提起した。このような問題関心のもと、これまで別個に考えられてきた教育と福祉を一体的に把握する試みが活発化しており、学校教育においてもセーフティネットを強化するとり組みや、学力格差の縮小をめざす試みなどが推進されている。

それでは、これら教育と福祉の結びつきを強める潮流に連なろうとするとき、社会科はいかなる教科としてみずからの存在理由を示すことができ、どのような役割を担うことができるのだろうか。本章では教育福祉をめぐって展開されている諸議論に学びながら、社会的排除に対抗する社会科のあり方について考えてみたい。その際、困難を抱える子どもたちの生活・生存保障という観点と、子どもたちを排除する側にむかわせない「排除の抑制」という二つの観点から社会科の役割をさぐっていく。

はじめに「公民的資質の育成」という社会科の教科目標を批判的に検討することから開始したい。民主主義社会の担い手を育成することは、成立から今日に至るまで社会科の一貫した目標に位置づいてきたが、しだいに個の尊厳に立脚して子どもたちの生活背景を受けとめる視点が忘れ去られ、社会の側の要請ばかりが強く押し出されているように思われる。このことの危うさに目をむけつつ、あらためて子どもの生活背景を受けとめることの今日的意義を確認し、そこから生活・生存保障に寄与する社会科のあり方を展望する。その後、論点を「排除の抑制」に移し、社会的排除をめぐる現局面と子どもたちに共有されている社会意識や思考習慣をふまえながら、求められる実践設計の視点を導いてみたい。

2 社会科の原点から考える

周知のとおり、敗戦後の日本社会に社会科が導入されたのは一九四七年のことであった。軍国主義教育から民主主義教育への転換がはかられるなか、社会科はその中心的な役割を担うことが期待され、学習指導要領には「民主主義社会の建設にふさわしい社会人」を育成することが掲げられた。そして、この教科目標を実現するための手立てとして、子どもたちが日常生活で直面する諸問題を、子ども自身の主体的かつ活動的な学びによって探究する問題解決学習が奨励されていく。このような指針のもとで、無着成恭の『やまびこ学校』に代表されるように、子どもたちの厳しい生活現実にむき合う教育実践が各地で展開されていた。

その後、民主主義社会の構成員を育もうとする社会科の理念は、時々の政局や社会情勢にゆさぶられながらも形式的には現在まで継承され、直近の学習指導要領にも「平和で民主的な国家・社会の形成者」の育成が掲げられている。とりわけ二〇〇〇年代以降には若年世代の政治離れや移民問題への対応のなかから、欧米諸国で推進されるようになったシティズンシップ教育を導入する動きが活発化してきた。そこでは「アクティブ・シティズンシップ（能動的・活動的・行動的な市民）の育成」という理念を掲げながら社会参加・政治参加を促す教育のあり方が模索されている。この動きと並行して、一方向的な講義形式授業を問題視し学習者主体の能動的な学びを奨励する「アクティブ・ラーニング」の導入が政府主導で強力に推進されてきた。

このような情勢を眺めると、教育を通じて民主主義の活性化をはかろうとする点、そして子ども中心の主体的な学びを充実させる点において、近年の社会科をとり巻く状況は戦後初期と類似しているようにもみうけられる。しかし、つぎのようなちがいをみおとすべきではない。ここでは、二点を指摘しておく。

一つは、今日の「主体的な学び」は必ずしも民主主義を活性化する関心のもとで推進されているわけではなく、グローバルな経済競争を牽引する人材養成の論理に沿って展開されている点である。多くの先進諸国では耐久消費財等の大量・画一生産を中心とした生産モデルが立ちゆかなくなり、知識やテクノロジーを駆使して高付加価値の新規的な商品を生み出すことや、グローバルに広がる消費者の多様なニーズに即応することなどが重要な課題に位置づくようになっている。佐貫浩は、こうした産業構造の転換にともなうグローバル資本の人材戦略と、アクティブ・ラーニングを基軸に据えて汎用的能力の育成を求める一連の教育改革が軌を一にして展開されてきたことを説得的かつ批判的に論じている。*2

確かに、アクティブ・ラーニングの流行を契機にして「暗記科目」と揶揄されることの多かった社会科の授業改革が進展している面もある。だが、社会科が担うのはグローバルな経済競争を牽引する「高度人材の養成」ではなく、民主主義社会を担う「主権者の育成」であることに留意すべきであろう。産業界の要請から相対的に自立し、主権者としての権利意識を拠点にした「主体的学び」が追究される必要があり、子どもたち一人ひとりの「生」を豊かにしていくための学びが構想されなければならない。

そのためには、たんに現代社会に順応するだけではなく、それを批判的にとらえながら生活上のリスクに対処していくことや、他者の権利にたいする敏感さを身につけることなども重要な要素となるだろう。そして、「アクティブ」であることの意味を挙手・発言やグループ学習などの行為的側面だけでとらえるのではなく、権利意識が芽生えることや社会問題と自己のつながりに気づくといった認知的側面からもとらえていくことが肝要となる。

もう一つ指摘すべき相違点は、子どもたちの生活背景を受け止める姿勢である。アクティブ・ラーニングにしてもシティズンシップ教育にしても、あらかじめ理念的な人間像を設定し、そこから育成すべき資質・能力を定め、それを育むための学習活動を構想する「逆向き」の実践づくりが浸透している。そこには「知識基盤社会」や「参加型民主主義社会」といった社会の側のニーズが色濃く投影され、それを満たす「人材」を育成しようとする空気が充満している。

これにたいして戦後初期の社会科では、まず子どもの生活世界に光をあて、そこでの日常的な生活実践に即しながら民主主義にかかわる知識や技能、態度などを体得することが企図されていた。当時の実践記録を読むと、生活に根ざした言葉や思考を大切にし、子どもの生活に寄り添おうとした教師たちの姿を随所に確認することができる。

では、そうした子どもたちの「生」を受けとめる姿勢に、どのような今日的意義をみいだすことができるだろうか。それを欠いたままアクティブ・ラーニングやシティズンシップ教育が進められた場合、いかなる帰結を招くのだろうか。こうした問いを考えるうえで示唆に富むのが、仁平典弘によるシティズンシップ教育批判である。[*3]

仁平はシティズンシップ教育が掲げる「アクティブ・シティズンシップ」という理想

的な人間像が、福祉に依存しない「強い個人」を要求する新自由主義と親和性をもつことに注意を払い、「アクティブ」であることを市民の要件として規範化することによって、社会的・経済的に余裕がない人びとが周辺化されてしまうことを懸念する。さらに、そうしたアクティブさを備えた市民たちの社会参加が促進されたとしても、革新的な社会変革が達成される保証はなく、かえって保守化を招く事態も起こりうると述べている。

3　子どもたちの「生」に向き合う

こうした問題提起から考えるとき、学校におけるシティズンシップ教育やアクティブ・ラーニングのとり組みも、不利を背負った子どもたちに配慮して設計し、そうした子どもたちの主体形成に貢献していくことが重要な課題の一つに位置づいてくる。この点への配慮を欠いたとき、恵まれた階層の子どもたちの主体形成や社会参加だけが促進され、結果的に排除型社会に加担することに陥りかねない。そうした事態を回避するためにも、成立期の社会科が重視した「生」を受けとめる姿勢を再生させ、一人ひとりの子どもたちが生きる文脈にそくして学びの意義・意味をさぐることが求められよう。

とはいえ、今日の教師たちが子どもの学校内外の生活をトータルに支援することはきわめてむずかしい課題となっていることにも目を向けなければならない。
敗戦直後の長期欠席・不就学問題を分析した倉石一郎は、高知県に配置された福祉教員の活動に着目し、これら教師たちが学校に籍をおきながらも、家庭訪問や地域の関係諸機関との折衝、地域行事への参加などコミュニティに深く根をおろした広範な活動を担っていたことを明らかにしている。だが、学校をとり巻く環境の変化によってコミュニティとの接点が希薄化して教師たちの関心も低下していったと述べ、そうした「学校の生活離れ」によって子どもたちの生活・生存保障に関与する基盤が崩壊しつつあるとの現状認識を示している。[*4]
たしかに学校と「生活」との接点は着実に狭小化しており、今日の教師たちに家庭生活にまでふみ込んで子どもの支援を求めるのは「過大な期待」と受けとめられてしまう現実がある。しかし、希望がないわけではない。二〇〇八年度から進められてきたスクールソーシャルワーカーの配置は、一部に子どもたちの生活支援を「丸投げ」し、それを教員の業務外とするような事例も報告されてはいるが、ケースワークなどの適切な協働作業をへる過程で、教師たちが子どもの生活背景を把握することの重要さに気づく契機を与えている。また、昨今の働き方改革がもたらすであろう「子どもと向き合う時間」を、たんなる「教科指導」として矮小化して理解するのではなく、子どもの生活世界を理解する方向に広げることができれば、学校と「生活」の接点を多少なりとも広げることができるはずである。

さらに、生活・生存保障に寄与する学校の可能性をさぐるとり組みとして「効果のある学校」に関する研究も進められている。[*5] 学力格差の縮小に成功している公立学校に注目し、その要因を地域特性や教育行政による支援、学校内部の組織体制やカリキュラム・教育実践などの諸側面から解明する試みである。

このように学校を拠点にした生活・生存保障の試みがゆるやかに進展しつつあるが、社会科においてもそれに連なる教育実践のとり組みが散発的に報告されている。三つの事例を紹介しておこう。

前田恒久は貧困や虐待などの壮絶な現実を生きる高校生の心的外傷に着目し、それとかかわりをもつような教材を意識的に配置するとともに、学習のまとめとしてみずからの経験や生い立ちを「自己形成史」として綴らせたとり組みを報告している。[*6] 自己形成と社会認識の形成を意識的に連動させ、それを通じて権利意識や自尊感情を回復させようとした試みである。

他方、井沼淳一郎は高校生たちにアルバイト先から雇用契約書をもらうよう促し、それをもとにして労働法と労働実態にたいする認識を深め、労使関係の改善を促したとり組みを報告している。高校生の日常に寄り添いながら実践的なスキルを育む試みと位置づけることができよう。

また、浅尾弘子は担当する高校生の多くが卒業してすぐに就職することをふまえ、映画「あゝ野麦峠」「蟹工船」を用いながら労働者の視点で近代期の資本主義社会を批判的にみつめさせた歴史学習のとり組みを報告している。*8

育成しようとする力やアプローチ方法にちがいがあるものの、子どもの生活現実に寄り添うところから出発し、彼らが直面している生活課題や将来のリスクを受けとめ、それを切り開くために必要な知識やスキル、態度などを育もうとしている点では共通している。そこでは憲法や社会保障、近代史などがたんなる記号や情報としてではなく、自身の生活と生き方を切り拓く知として学ばれている。

こうした教科指導のとり組みが先述した「効果のある学校」のような学校改革とどのような関係をもちうるのか。また、いずれも「困難校」と呼ばれる高等学校でのとり組みであるが、その裾野を「進学校」や中学校などに広げるためには、どのような理論的な支えや実践的手立てが必要になるのか。こうした点を解明していくために、今後いっそうの研究と実践の蓄積が待たれる。

4 「排除する側」に向かわせないために

ここまでは生存保障への貢献という観点から議論を展開してきたが、他方で「排除の抑制」という点に社会科が担いうるもう一つの役割をみいだすことができる。

近年、若者の「右傾化」や「保守化」が注目を集め、その実相に迫る研究がさまざまに展開され、高学歴男性層の排外主義的意識が強まっている実態なども提示されている。[*9]また、本田由紀は東京都内の公立中学校生一八〇〇名を対象に実施した調査において、「校内成績」や「クラス内影響力」が高い生徒ほど「ルール遵守意識」が強いことを明らかにし、この意識が逸脱者の排除に向かいかねないとの懸念を示している。[*10]こうした社会意識をふまえるとき、階層的に恵まれた子どもたちを「排除する側」に向かわせないための方策を考えていくことも社会科がとり組むべき重要な課題に位置づいてくる。

自己責任論が跋扈《ばっこ》し、生活保護を受けるけることが「恥」であるような雰囲気が蔓延するなか、社会科はそれをくつがえすための学習機会を豊富に提供することができる。たとえば、憲法上の諸権利や社会保障制度などが学習内容として設定されているほか、歴史学習や地理学習でも人類が経験してきた種々の権利侵害の事例や相互扶助のとり組みなどを学ぶことができる。しかし、その学びが子どもたちのなかに意味を残すことができなければ、かえって排除意識や傍観者的な態度を助長させてしまうだろう。そうした事態に陥らないために、ここでは「排除／包摂」をめぐる現局面に照らして、とくに意識的な取り組みが必要だと思われる留意点を、二点提示しておきたい。

一点目は、排除をより身近にとらえさせるとともに、自己の特権性や排除意識にも関心を向けさせることである。社会学の立場から差別問題への発言を続けてきた好井裕明は、「差別をしてはいけません」「他人事ではなく自分のこととして考えよう」といったわかりきったメッセージをくり返す人権啓発のとり組みが、人びとをうんざりさせるのみならず、差別が日常生活のなかに立ちあらわれる現象であることへの認識を閉ざし、自分も差別する可能性を秘めた存在であることへの内省を促しにくくしてきたと指摘している。[*11] 社会科における反差別のとり組みもスローガン主義に陥ることなく、当事者意識を喚起する手立てを考案しなければならない。

いくつかのアプローチが考えられるが、まずは本書に収録されているいくつかの実践が試みている地域社会を足場に「排除／包摂」にかかわる学びを展開することの意義に目を向けておきたい。その利点は、日々の具体的な生活場面にそくして「排除／包摂」をとらえることができる点にある。たとえば、「買い物難民」や「無医村」、災害時の避難に支障をきたす人びとの存在など、子どもたちが「当たり前」だと考えている営みのなかにも排除の契機が潜んでいることを示すことができる。加えて、そうした人びとを支援する制度やその運用に尽力する人びとの存在に光をあてながら、自分が暮らす地域への認識を変えることも期待できよう。*12

他方、これまでの社会科では差別・排除の被害者の痛みに目を向けさせ、それを生み出す社会構造や制度の不備を検討する実践が数多く蓄積されてきた。しかし、それだけでは自己に内在する排除意識や自身の特権的立場を掘り下げるのは難しく、排除や差別行為が「自分とは異なる普通ではない人びとの行動」として対象化されかねない。そこで、自己のな内面に潜む排除意識や特権性への気づきを促すとり組みが求められてくるが、その手がかりとして坪田益美が紹介する「特権ウォーク」(privilege walk)を参照しておきたい。*13

参加者を横一列に整列させ、「両親から大学進学を奨励された人、一歩前へ」「人種、社会階層、民族性、ジェンダー、あるいは性的志向のために、警察官に止められたり質問されたりしたことがある人、一歩下がる」といった質問を五〇項目程度投げかけ、マジョリティとマイノリティの格差を視覚的にとらえさせるアクティビティである。坪田も指摘するとおり、日本ではロールプレイ形式で実践するなど教室の実態に応じた慎重なとり扱いが必要であろうが、マイノリティが日常生活で経験している細やかでみえにくい格差を可視化し、マジョリティが無自覚・無意識のうちに特権的な立場に位置づいていることへの気づきを促すことができよう。

そして、このような「みえにくさ」をふまえながら、ある社会変動や政策転換のネガティブな影響が弱い立場におかれた人びとに集中的におよびがちであることにも目を向けさせたい。たとえば、コロナウィルス感染拡大にともなう臨時休校措置は、排除の意図を備えていたわけではないが、ひとり親家庭にひときわ大きな困難をもたらすこととなった。ふだんから弱い立場にある人びとの立場にたって社会事象をとらえる訓練や、少数者に配慮した合意形成のとり組みなどを重ねることで「みえにくい排除」への敏感さが育まれるのではないだろうか。

一方、ヘイト・スピーチのような直接的で露骨な排除・差別を「自分事」としてとらえさせるには、どのような手立てが考えられるだろうか。一つのアイデアとして、排除・差別に加担している一般市民に焦点をあてることを提案しておきたい。市井の庶民たちが暴力的言動に駆り立てられていく過程を国家権力や社会システムと関連づけながら分析し、暴力を正当化する論理がいかに形づけられているかを客観的にみさだめながら、自己の内面にも類似した心性が宿っていないかを冷静に問いなおすような学びである。

以上、排除の契機が身近な日常生活のなかに潜み、自分自身もそれに加担する可能性を秘めていることに気づかせるための学習視点を示してきたが、こうした手立てを意識的に講じていかなければ、差別や排除はいつまでも「対岸の火事」であり続け、子どもたちは容易に「排除する側」へ流れてしまうように思われる。

つぎに第二の留意点として提起しておきたいのは、排除と包摂を二項対立的にとらえるのではなく、両者の相互補完的な関係に目を向けることである。

桜井啓太は、異なる他者からなる社会形成の原理として、①排除（Exclusion）、②分離（Segregation）、③統合（Integration）、④包摂（Inclusion）を示したうえで、近年、「包摂」を掲げて推進されている社会政策のなかには、たんなる「分離」や「統合」にすぎないと取り組みが数多くみられることに注意を促している。[*14] 他方、倉石一郎も教育分野における「排除／包摂」を検討するなかで、既存の排除／包摂論には「包摂＝善、排除＝悪」という価値序列と二項対立が措定されていると指摘し、その枠組みを解体して両者の共犯的関係を読み解く必要性を提起している。ここで焦点化されているのは「包摂のなかの排除」あるいは「排除を織り込んだ包摂」といった排除と包摂が折り重なって形づけられている抑圧構造であり、この点に今日的かつ本質的な課題が潜伏しているという見方が示されている。

社会的弱者やマイノリティと呼ばれる人びとにたいし、支配集団・主流社会の価値規範への統合を進める一方、差別的な社会構造を温存させたまま「二級市民」として組み込んで固定化していく。そして、その抑圧構造を体裁のいい言葉でおおい隠したり、みずから主体的にそこへ向かうようにしむけていく。こうした巧妙な統治手法は近代期の国民国家形成過程や帝国主義の膨張過程に多くの事例をみいだすことができる。だがその営為は歴史的に克服されてきたわけではなく、現代社会でも繰り返し再生産されている。たとえば、近年の奨学金事業では「GPA（Grade Ponit Average：成績評価値）」などによる厳格な管理が進んでいる。失業者や障碍者の就労支援事業などでも「自立支援」や「自己決定」が強調され、弱者を「強者化」する発想が強まっているという。

ここには主流社会の価値秩序に適応することを強要し、それを満たさない者は支援しないという姿勢が如実にあらわれている。あるいは、近年では経済界やスポーツ界でも多文化主義が称揚されるようになったが、「多様性」や「差異」が承認されるのは「国益」や支配集団の利益にかなう場合に限定されているケースが少なくない。

みあやまってはならないのは、「包摂」とは強者から弱者への恩恵などではなく、支配集団・主流社会の痛みをともなう変容がなければ抑圧構造を変えていくことはできないという点である。そして、「包摂」として示される施策のなかに、弱い立場にある人びとを社会の低位に縛りつける巧妙な罠が仕組まれることがある。このような点に注意を払い、安直な「包摂」に鋭い視線を向けて「真の包摂」を探究する学びが展開されていくことを期待したい。

以上、本章では生活・生存保障と排除の抑制という二つの側面から、社会的排除に抗する社会科のあり方を探ってきた。学校に設置された一教科にすぎない社会科だけで排除型社会を変えていくことはむずかしい。しかし、社会科は学習内容・学習方法の両面において社会的排除と深いかかわりをもつ教科であり、他の教科以上に貢献できることも多い。ただし、そこには、排除型社会を下支えしてしまう危うさがつきまとっていることを忘れてはならない。その可能性と危険性の両面に目配りしながら、今後、社会的排除に抗する力の内実がどのような構成要素から成り立っているのかを解明し、それを育むための教科内容や学習活動を体系的かつ構造的に整備することが求められている。

注

＊1　広井良典『持続可能な福祉社会――「もうひとつの日本」の構想――』ちくま新書、二〇〇六年

＊2　佐貫浩『「知識基盤社会」論批判――学力・教育の未来像――』花伝社、二〇二〇年

＊3　仁平典宏「〈シティズンシップ教育／教育〉の欲望を組みかえる――拡散する〈教育〉と空洞化する社会権――」広田照幸編『自由への問い5　教育――せめぎあう「教える」「学ぶ」「育てる」――』岩波書店、二〇〇九年

＊4　倉石一郎『増補新版　包摂と排除の教育学――マイノリティ研究から教育福祉社会史へ――』生活書院、二〇一八年

＊5　「効果のある学校」研究は数量的に測定可能な学力格差の縮小に成果を挙げている学校に焦点をあて、それを可能にしている諸要因の検討を進めてきた。志水宏吉は新たに自尊感情や社会的スキルなどの非認知的能力のエンパワーメントにも目を向け、その育成もめざす学校を「力のある学校」と呼んでいる（志水『公立小学校の挑戦――「力のある学校」とはなにか――』岩波ブックレット、二〇〇九年）。

＊6　前田恒久「生きづらさを社会問題として綴る授業――自己肯定を取り戻し、権利の主体をめざす高校生――」歴史教育者協議会編『歴史地理教育』八〇四号、二〇一三年

＊7　井沼淳一郎「授業：アルバイトの契約書をもらってみる」教育科学研究会編『教育』七九四号、二〇一二年

＊8　浅尾弘子「映画『あゝ野麦峠』『蟹工船』で生徒は何を考えたか」歴史教育者協議会編『歴史地理教育』七七一号、二〇一一年

＊9　松谷満「世論は『右傾化』したのか」小熊英二・樋口直人『日本は「右傾化」したのか』慶応大学出版会、二〇二〇年

＊10　本田由紀『教育は何を評価してきたのか』岩波新書、二〇二〇年

＊11　好井裕明『差別言論―〈わたし〉のなかの権力とつきあう―』平凡社新書、二〇〇七年

＊12　たとえば、柏木智子は学区域の日雇労働者の生活や仕事の様子、その支援にあたる福祉職員をとり上げて地域学習を展開した大阪府・桜小学校のとり組みを紹介し、自分の暮らす地域への誇りや愛情が芽生え自尊感情へと昇華する可能性を示唆している（柏木『子どもの貧困と「ケアする学校」づくり―カリキュラム・学習環境・地域との連携から考える―』明石書店、二〇二〇年）。

＊13　坪田益美「多文化共生・ダイバーシティ社会に向けた見方・考え方の育成―『見えないマイノリティ』の人々に焦点をあてて―」江口勇治監修『二一世紀の教育に求められる「社会的な見方・考え方」』帝国書院、二〇一八年

＊14　桜井啓太「社会保障・社会福祉を支える理念・思想」丹波史紀・石田賀奈子・黒田学・長谷川千春編著『たのしく学ぶ社会福祉―誰もが人間らしく生きる社会をつくる―』ミネルヴァ書房、二〇二〇年

ダイバーシティを尊重する社会科授業

「多数決」から「少数（意見）の尊重」「個の尊重」へ

荒井正剛

1 社会科で「排除と包摂」をとり上げる必要性

本書第1部の「アイヌを知り、出会う授業」で飯塚真吾は、「勤務校には少なからず外国籍の生徒がいる」と述べている。それはこの学校にかぎったことではない。数の多少は別として、多くの教室に、多様な出自の子どもたちがいる。日本語の学習が必要な児童生徒だけでも五万人を超え、増加傾向にあるという。[*1]

飯塚は続けて、「『日本人』が多数である教室では、無意識に『日本人であること』が前提とされ、悪気なく異文化を忌避したり、排除したりすることを是とする発言を耳にする」（傍点筆者）と懸念を示している。「日本人」が「フッウ」の社会では、「日本人」がマイノリティの立場に思いを馳せることはめったになく、外国籍の子どもたちの多くは日本社会になかなかうまく溶け込めないでいる。外国籍だけではない。飯塚に「アイヌの血を引いている」と「打ち明け」た生徒が複数いた。この生徒たちは自分の出自を公言できないのである。公言したとたんに「フッウ」からマイノリティに「脱落」し、不利をこうむるからだ。

差別はいけないということは、道徳で指導すればよいという声が聞こえそうである。問題は差別が正当化され、飯塚が言う「無意識の差別的なまなざし」をもってしまうことにある。歴史を紐解けば、そうした例はあまたあり、今日でも残存する例がある。えた・ひにんはわかりやすい例で、社会や権力者が差別を正当化すると、差別は助長され、容易には消えない。差別の社会的背景を考察する必要がある。

本書第1部の「『韓国併合』を多面的・多角的な視点からみる」で加藤将は、韓国併合を機に、日本人が朝鮮半島の人びとに対して蔑視や優越感をもつようになったことをとらえさせた。日本は「遅れた」アジアをヨーロッパから「守り」、「啓蒙」していかなければならないと国民に呼びかけて、アジアを侵略した。加藤が指摘しているように、それは過去の話ではなく、今日もヘイトスピーチなどにあらわれる。

注意すべきは、それを扇動した「在日特権を許さない市民の会」（在特会）に加わっている人びとの多くが「フツウ」の人であるという点である。自分は何かを奪われていると感じていて、そのぶん得している者がいる、それは「在日」だ、とするネット情報に突き動かされる。[*2] マジョリティを不安にさせることがつぎつぎに起きると、その不安をマイノリティにぶつけ、憂さ晴らしをしたいという集団心理を利用し、煽ろうとする勢力が出やすい。

アメリカ合衆国では「白人」警察官が丸腰の「黒人」を殺してしまう事件がたびたび起きた。「黒人」といった「人種」という概念は、ヨーロッパ諸国が植民地支配を正当化するために創り出されたものである。[*3] すなわち、「白人」が未開な「黒人」を「啓蒙」することは「正しい」という考えである。南アフリカ共和国ではアパルトヘイトという、マイノリティの「白人」がマジョリティの「黒人」を支配しやすくするための政策が採られていた。

「民族」も政治的によく利用される。冷戦後、各地で起きている地域紛争は「民族紛争」とよく呼ばれるが、その原因は政治勢力が自らの正当性を誇示するために民族感情を煽ったケースがほとんどである。たとえばルワンダ内戦はフツ族とツチ族の対立と言われるが、両民族間の結婚も少なくなかった。しかし、ある政治集団がラジオを使って巧みに民族感情を煽った結果、「民族紛争」に陥ったのである。「われわれ」意識を前面に出し、「彼ら」を排除するのは、自分たちが有している利益などが失われる恐れがあるときによくみられる。しかし、それが「彼ら」を傷つけてよいはずはない。

本書第1部で、飯塚や加藤は、差別が歴史的に生み出され、国家・社会が排除を正当化し、劣位な立場に追い込んできたことをとらえ、その仕組みを理解する必要性を指摘している。それは社会科だからできる教育であるし、社会科がやらなければいけないことである。

その一方、アメリカ合衆国でＢＬＭ（ブラック・ライヴズ・マター）運動が広がった。国際的な共感を得、二〇二〇東京オリンピックでも少なくない選手が抗議の意思を表現した。また、大坂なおみ選手のように、外国にもルーツがある「日本人」選手が多く出て、活躍している。それは特殊なことではなくなった。パラリンピックでは「多様性」がテーマにとり上げられた。「ちがい」を包摂しようとする社会的な動きがみられる。

そうした動きを広げるためにも、一人ひとりの人間がかけがえのない個人として尊重されなければならないという意識を高めることが必要である。日本国憲法は、基本的人権を「侵すことのできない永久の権利」として、それを第一一条と第九七条の二つの条文でくり返し、それが「人類の多年にわたる自由獲得の努力の成果であって、」「国民の不断の努力によって、これを保持しなければならない」とくぎを刺している。「不断の努力」の必要性を子どもたちに意識させたい。

社会科は、戦後、民主主義の意義を理解し、民主的な社会を築くために設けられた。以来一貫して、公民的資質の育成を目標に掲げてきた。しかし、学校においてもまだ「民主主義＝多数決」といった風潮が見られるなど、民主主義がまだ十分に浸透しているとはいえない。民主主義本来の姿である「少数意見の尊重」「個の尊重」を話し合いの場で実践し、「ちがい」をどう受け止めるのか、「あってよいちがい」と「あってはいけないちがい」について考える力を育てる必要がある。

2 ムスリムにたいするステレオタイプからの脱却をめざした授業実践

「排除」する側には、その対象者へのステレオタイプが潜んでいることが多い。異文化のなかでも、ムスリム（イスラームを信仰する人びと）にたいするステレオタイプは顕著であろう。以下、筆者が関わった東京学芸大学の研究プロジェクト「イスラーム／ムスリムをどう教えるか」の授業実践をもとに論じていこう。[*4]

高校生に三大宗教についてのイメージを尋ねた（二〇一六年）。そのなかで「攻撃的で怖い」「得体が知れない」といったイメージについて、それがキリスト教や仏教にあてはまると答えた生徒はどちらも一割に達しないのにたいして、イスラームについては約半数がそう思うと答えた。イスラームにたいするイメージは非常に否定的である。

一方、ムスリムがもっとも多い地域を選ぶ問題では、「難関校」といわれる学校の生徒ですら、九割以上が「西アジア・中央アジアと北アフリカ」と答え、「西アジア・中央アジアを除くアジア」という正答（数の上では南アジアや東南アジアのほうがはるかに多い）を選んだ生徒はわずか六・三パーセントしかいなかった。「ムスリム＝中東」というステレオタイプに陥っていることがわかる。

このように彼らの知識は短絡的・表面的であることがうかがえる。中学生に対して実施した調査からも、イスラームに対するイメージが否定的な生徒は、知識をある程度得ている生徒により多くみられた。問われるべきは「知っているつもり」になっていることであり、知識の質である。

教科書を見ると、ムスリムの生活について、一日五回の礼拝や断食の義務、飲食や女性の服装についての禁忌事項が書かれている。これを読んだ生徒が、ムスリムの生活は

「クルアーン（コーラン）」に縛られ、イスラームは窮屈な宗教、理解しがたい宗教というイメージをもっても不思議ではない。ともするとムスリムにたいするステレオタイプを助長しかねない。

そこで、研究プロジェクトでは、イスラームの理解というよりも、「イスラーム特殊論」を打破することが必要と考え、中学校社会科地理・歴史・公民の全分野、高校の地理、世界史、現代社会、倫理で、それをめざした授業を実践した。複数の授業で、留学生のムスリムを教室に招いた。生徒からは一日五回の礼拝や断食はたいへんではないか、豚肉を食べてみたいと思わないか、といった素朴な質問がつぎつぎに出た。

その返答から、生徒たちは、これらは習慣や文化となっていること、そしてそれぞれ意味があることをとらえたほか、さまざまな例外規定があることに関心を示した。敬虔なムスリムもいれば、そうでもないムスリムもいる。これは飯塚が紹介している「マイノリティを『ひとまとまり』としてとらえているような言い方は、マイノリティが、一人ひとり別の人間で別の考えをもっているという、ごく当たり前のことを無視している」というコメントに通じる。このほか、過激派について、彼らはムスリムではないなどと強く否定した回答は生徒にかなり印象的であった。

ところで、日本国内には一〇万人を優に超すムスリムが生活し、日本で社会的経済的基盤を固めている人も少なくない。ムスリムへの理解を促すためには、ほかの世界のこととしてではなく、日本で生活している「となりのムスリム」をとり上げると、当事者意識を高め、多文化共生につなげやすいはずである。既述の実践でも、留学生は年齢的に近く、共感をえやすかったようで、ムスリムからの質問も興味深かったようである。なお、ムスリムに直接会わなくても、ムスリムの語りをテレビ番組や書籍から提示した実践でも、ムスリムにたいする生徒の反応は、肯定的なものに転じた。

日本イスラーム文化センターの事務局長を招いた講演では、東日本大震災の際、震災直後から被災地へ出向き、物資の輸送や炊き出しなどをおこなったり、ホームレスの人びとに炊き出しをしたりしていることに生徒たちは共感していた。

イスラームは、平和や寛容、助け合いなど人がおこなうべき規範を示している。それは日本で、いや世界各地で大切にされてきた規範に通じる。「ちがい」や異質性ばかりを強調するのではなく、宗教の共通性、人間としての共通性に気づかせることが肝要である。

3　多文化共生を促す授業をめざすヒント

ヨーロッパにおけるムスリムによるテロ事件の社会的背景から学ぶ

「9・11」以後、マドリード、ロンドン、パリなどで同時多発テロなどが起き、その犯人がヨーロッパ生まれの移民第二世代のムスリムであったことはヨーロッパ社会に大きな衝撃を与えた。そして、イスラームは民主主義や人権といったヨーロッパの基本的価値を有しないとして、ますます排除しようとする動きが高まった。

しかし、なぜ移民第二世代はムスリム過激派に加わったのであろうか。彼らは社会の底辺におかれ、社会の不公正さに疑問を感じるとともに、アイデンティティが揺さぶられた。彼らは、親世代が信仰する、喜捨を五行（守るべき五つの信仰行為）の一つにするなど社会的公正を重んじるイスラームの教えにひかれた。問題の根幹は、彼らをホスト社会が平等に処遇してこなかったため、彼らの不信感や不満を助長させたことにある。

欧米の大都市では、民族ごとに集住する地区がよくみられる。彼らが集住する、たとえばパリ郊外などは、マジョリティから忌避され、両者の交流は乏しい。多文化化は進んでいるが、多文化が併存しているにすぎず、共生しているわけではない。人びとの交流がなければ、「われわれ」ではない人びとにたいする視線が一面的になる。そして大きな事件が起きると、その視線は冷たいものにいとも簡単に変わってしまう。「排除」に陥らないためには、社会的背景をとらえようとする態度を育てていくことが重要であり、それは社会科が果たすべき役割である。

イギリスの教師たちの奮闘――シティズンシップ教育から

イギリスでは、社会系教科としては地理と歴史が必修教科として位置づけられ、公民的な内容は地理や歴史のなかでとり上げられたり選択教科として設定されたりする扱いであった。それが一九九八年、教育改革を唱えたブレア労働党政権が、民族的・宗教的・文化的に異なるアイデンティティの間に共有の基盤をつくりだすことなどを目指して、「シティズンシップ」を導入すると発表し、二〇〇二年から中等教育で必修になった。日本の公民教育では政治や経済の仕組みを学習することが中心だが、イギリスのシティズンシップ教育では、市民社会に参加するためのスキル、考え方、コミュニケーションなどについて学習する。

ところが、保守党が政権を奪還すると、「責任ある市民」や「ナショナル・アイデンティティ」が強調された。それに対して、イギリスの教師たちは、異なる文化や価値観をもつ人びとが共有可能な価値として人権を位置づけて、共同体内部におけるアイデンティティの多様性を認めると同時に、共通する人間性や他者との連帯感を認識させようとしている。学校を自由に選択できるイギリスでは、一つの学校に特定の社会層の子どもが集まる傾向が強い。教師たちは、社会の連帯や公正の姿勢を育成するために、たとえばクリスマスやムスリムの断食明けのイード（祝日）といった宗教的行事を合同で開催するなど、学校間の交流活動を進めている。[*5]

ちなみに地理のテキストブックでは、イギリスについて、「二万年前は誰も住んでいなかった」「私たちはみな、移民の系統をひく」「みな、過去の移民の遺伝子を有する」といった記述がみられる。[*6] また、歴史では奴隷貿易などの負の歴史も取り上げ、現代の課題に目を向けさせている。[*7]

外国人労働者についての日本人の受け止め

厚生労働省「外国人雇用状況」によると、二〇一九年一〇月末現在、国内の外国人労働者は約一六六万人で、四年前より五〇パーセント近く増えている。日本政府は移民政策はとっていないという姿勢を固守し、外国人労働者にたいして、一定期間後は帰国させる政策を続けている。こうした姿勢にたいして、国連の自由権規約委員会などの人権機関から、二〇〇八年以降、ほぼ毎年、勧告や批判が出されている。[*8]

社会学者の永吉希久子の調査によると、移民の増加による影響について、六割以上が治安悪化への心配を、また、五割弱が社会保障負担の増加をあげている。しかし、国内外の調査結果から、実際には治安悪化の傾向はみられないと指摘し、移民の増加が経済に好影響を与えた事例も紹介している。[*9]

外国人労働者の就労先での働きぶりについての評判は一般的によく、ずっと残ってほしいという声がよく聞かれる。彼らは家族に送金するため、帰国後の生活のため、必死になって働いている。また、コロナ禍で来日予定の外国人労働者が入国できず、少なくない産業が、とくに地方で成り立たないという実態も明らかになってきている。日本人が外国人労働者にもっているステレオタイプを打破する必要がある。

こうした外国人労働者の生活を教材化するとよい。とくに高校では、年齢的に近い留学生がひたむきに頑張って暮らしているようすは、生徒の心に響くはずである。多くの高校生は、コンビニなどで、自分たちと年齢的に近い外国人が働いていることを目の当たりにしている。一緒にアルバイトをしている高校生もいるかもしれない。そうした「となりの外国人」を、できれば教室に招いたり聞き取りをしたりして、あるいはルポルタージュやTV番組を通して、その痛みや同じ人間としての共通性に気づかせたい。

そうして、マジョリティである「日本人」が「社会的な特権」をもっていることを認識し、マイノリティの立場を理解することが大切である。

また、日本がかつては移民送り出し国で、日本人移民が必死になって働き、現地の発展に貢献してきたことを取り上げると、国内の移民に対する目が変わるであろう。

4 ダイバーシティを活かす

「日本人」についても、「日本人は~である」というのは、あくまでも傾向を示すにすぎない。「日本人」でも、そのマジョリティ像にしたがわなければならないとしたら、たいへんな苦痛を引き起こすことになるだろう。問題は「フツウ」でないことを理由に差別や排除がなされることである。

日本社会科教育学会の会員にたいして、ダイバーシティ（ジェンダー、セクシャル・オリエンテーション、障がい、エスニシティ、宗教的オリエンテーションなどの多様性）に関する授業実践のとり組みについて調査をしたところ、社会科教育への意識が高いと思われるこの学会の会員でさえ、「とり上げる時間がない」「よくわかっていない」「寝た子を起こすことになる」などとして、実践をためらう傾向がみられた。その一方、「生徒はそうした問題を取り上げてくれてよかったという反応が多い」という回答は注目される。[*10] ダイバーシティについて、それを支える重要な理念である社会正義や公正という観点を重視する必要がある。

イギリスのシティズンシップ教育では、民主主義を価値づけし、民主的過程に参加する素地を育成すべく努めている。そうした過程から排除されやすい社会的立場の弱い子どもたちが多い小学校で、児童を学校の意思決定に参加させるなどして、子どもたちに成就感を得させている。[*11]

教室はさまざまな生い立ちの子どもたちが集まる、小さな社会といえる。そこには多様な文化や「ちがい」が「併存」している。それを「共生」に高める必要がある。民主主義の場でもある学校では「ちがい」を理解することはもちろん、それぞれの「ちがい」を活かす学習活動や「協働的な学び」が求められる。「ちがい」があるからこそ、「対話的な学び」をとおして、「多面的・多角的な考察」が成立し、「深い学び」となるのである。話し合いでは、自分と異なる立場の意見を受容し、また同じ立場の意見についてもその根拠の「ちがい」に着目して、自分の考えを見つめ直すことがよりよい考えや「合意」につながることを実感させたい。そうして批判的思考力（critical thinking）を高めていきたい。それはステレオタイプからも脱却させるであろう。

社会科は社会認識の育成に努力してきた。しかし、事実認識に傾斜して、価値認識についてはおろそかになりがちであった。知識を身につけることにとどめず、確かな知識を活用して「正答のない問題」についても考える力が求められている。豊かな価値認識を育成するためには、多様性が社会を豊かにすることに気づかせ、尊重すること、つまり普遍的な人権尊重の精神と民主的な態度の育成こそ重要である。そして、それは社会科が一貫して求めてきたことであることをあらためて銘記すべきである。

注

＊1　毛受敏浩『移民が導く日本の未来―ポストコロナと人口激減時代の処方箋―』明石書店、二〇二〇年

＊2　安田浩一『学校では教えてくれない差別と排除の話』皓星社、二〇一七年

＊3　中山京子・東優也・太田満・森茂岳雄編『「人種」「民族」をどう教えるか―創られた概念の解体をめざして―』明石書店、二〇二〇年

＊4　その成果を、荒井正剛・小林春夫編『イスラーム／ムスリムをどう教えるか―ステレオタイプからの脱却を目指す異文化理解―』明石書店、二〇二〇年にまとめた。

＊5　北山夕華『英国のシティズンシップ教育—社会的包摂の試み—』早稲田大学出版部、二〇一四年

＊6　R. Gallagher, R. Parish, J. Williamson geog.1 5th edition, Oxford University Press, 2019.

＊7　たとえばミカエル・ライリー、ジェイミー・バイロン、クリストファー・カルビン、前川一郎訳『イギリスの歴史　帝国の衝撃』（世界の教科書シリーズ三四）明石書店、二〇一二年

＊8　鳥井一平『国家と移民—外国人労働者と日本の未来—』集英社、二〇二〇年

＊9　永吉希久子『移民と日本社会—データで読み解く実態と将来像—』中央公論新社、二〇二〇年

＊10　日本社会科教育学会二〇一八～二〇一九年度ダイバーシティ委員会「社会科におけるダイバーシティに関する授業実践等についての意識調査報告—学会員に対するアンケート調査を通して—」『社会科教育研究』一四〇、七九—九三頁、二〇二〇年

＊11　注5に同じ。

コロナ禍の教育実践

社会のさまざまな人びとに考えがおよぶような教育へ

金子真理子

1　問題設定

コロナ禍

世界で新型コロナウイルスに感染した人は約二億四〇〇〇万人、犠牲者は約四九〇万人にのぼった。いずれも一番多いのは、米国で感染者数四五〇〇万人、死亡者数七三万人を超えている。日本もたびたび感染拡大の波におそわれ、これまでに感染した人は約一七〇万人、死者は一万八〇〇〇人を超えた（二〇二一年一〇月二六日現在）。

筆者がこの原稿を書いている今の日本の状況は、多くの犠牲者を生んだ「第五波」がようやくすぎたところである。今夏は全国的に医療が逼迫し、二一都道府県で緊急事態宣言が出されたほか、多くの地域にまん延防止等重点措置が適用された。医療従事者に負担がかかるなか、感染が拡大している地域では、不要不急の外出自粛が求められた。飲食店などの事業者には時短や休業が要請されたほか、イベントなども制限された。休職や失業を余儀なくされた人たちもおり、とりわけ非正規で働く人たちには大きなしわ寄せがきている。

新型コロナウイルス感染症は世界中に広がったが、各国の対応にはちがいがある。もちろん感染症対策には、人びとの習慣や生活スタイル、人口動態など、さまざまな要因が関係していることはいうまでもない。そのなかで政策的に操作可能な変数としては、基礎的・基本的な保健医療体制に加えて、新型コロナウイルスに対する機動的対応、たとえば空港などでの検疫強化、無症状者を含めた検査・隔離体制、ワクチンの普及、ロックダウンなどの人流抑制策など、予防や治療にかかわるいくつかの政策変数があげられる。そして各国がどのような対策を組み合わせ、実際にどこまで実行できるかによって、感染者数や犠牲者数の結果に差が生じたと推測される。そこには、たとえば感染症対策と経済対策のどちらに重点をおくかといった国家の政治的判断と意志が介在するだけでなく、貧しい国では打てる方法が社会経済的に限られざるを得ない現状がある。

社会のさまざまな人びとに考えがおよぶような教育

それでは、新型コロナウイルス感染症は、子どもの世界にはどのような影響をおよぼしたのだろうか。日本では二〇二〇年三月、後述のように全国一斉休校が行われた。休校中は、家での自粛生活に息を詰まらせたり、世界中に広がる感染症のニュースに不安を募らせたりした子どももいたはずである。親が休職や失業の憂き目にあっていたり、逆に共働きで忙しかったり、そうでなくても家庭環境が厳しい子どもの場合は、とりわけ窮地に追いやられたことだろう。

コロナ禍のように、多くの人びとが多かれ少なかれダメージを受けているようなときには、身近な生活でも世界規模でも、社会的な弱者に救済の手が行き届きにくくなりがちである。もっとも困難な状況におかれた者の声も、さまざまな声に容易にかき消されてしまうからだ。ここにおいて、自分もダメージを受けながらも、そうした社会のさまざまな人びとに考えがおよぶような教育というのは、どのようにつくることができるのであろうか。

本章が迫ろうとするこのテーマは、子どもにはハードルが高くみえるかもしれない。大人が必ずしも実現できていないことを、教育がどう扱えるというのだろうか。しかし、子どもが私たちの社会に潜む格差や矛盾をすでに肌で感じているとしたらどうだろう。それなのに疑問を受け止めてくれる大人が周囲におらず、学校では規定の教育内容を粛々と教えられるだけだったとしたら、子どもの抱える疑問は晴れるどころか、これをもつことさえはばかれるような日常へと回帰させられやしないだろうか。そのような教育において潜在的に排除されているのは、社会的弱者だけでなく、社会に対する疑問や戸惑いを抱えた人びとである。「社会のさまざまな人びとに考えがおよぶような教育」への糸口は、こうした子どもの疑問や戸惑いを受け止めることによって、見えてくるのではないだろうか。

二つの「包摂」

そのような実践を考えるうえで参考になるのは、倉石一郎が示した、教育における二つの「包摂」という枠組みである。第一の意味での「包摂」とは、「既存の公教育システムが画一的で硬直したサービスしか提供できないがゆえに対応困難な多様なニーズがあるという現状認識のもと、それら一つ一つにできるだけ丁寧に応えようとする実践の総体」をさし、たとえば特別支援教育の現在の潮流などがこれにあたる。第二の意味での「包摂」とは、「個々の生の改善や向上よりも社会的連帯や公共性に重きを置き、教育の直接的利害の当事者を超えた外部（超越的なもの）に価値判断の審級をおくもの」である（倉石 二〇一八、二四〇―二四一頁）。前者のアプローチでは、個々の「生命の維持・再生産を目的とした福祉的措置」が志向されているのにたいし、後者は、「生活の必要から万人を解放するという公共性」に立脚し、人びとを公的領域の活動に向かわせるものである（二四五頁）。

コロナ禍における教育実践のなかで、「包摂」の契機はどのようにあらわれるだろうか。次節では、二〇二〇年三月にはじまり長期にわたった全国一斉休校と、休校明けの学校がおかれた厳しい環境について概観する。そのとき、子どもはどう思っていたのか。事例として3節では、当時小学校六年生の担任だった大江未知による、「ぼくがここに」（まど・みちお作）を読み合う授業をとり上げる（大江 二〇二〇）。そこに、「自分もダメージを受けながらも、社会のさまざまな人びとに考えがおよぶような教育」が生まれるプロセスを、二つの「包摂」を手がかりにして読みとっていく。

2 休校明けの学校

突然の休校

二〇二〇年二月二七日（木曜日）一八時すぎ、安倍首相（当時）は会見で、新型コロナウイルスの感染拡大を防ぐため、全国の小中高校と特別支援学校を、三月二日（月曜日）以降、臨時休校にするよう要請した。これにより、九九パーセントの公立学校が三月一六日までに臨時休業を実施した。[*1] 当初は春休みまでとされていた休校だったが、同年四月に出された一回目の緊急事態宣言[*2]にともない、全国の公立学校における臨時休業は八割以上の学校で五月上旬まで続いた。[*3] 都市部などでは休校が五月末まで、三カ月におよんだ学校もある。

全国一斉休校というこの異例の出来事を、教師は子どもにどのように伝えたのだろうか。二月二七日の休校要請は突然のことで、夕方のニュースで知ったという教職員も多かった。二月二八日（金曜日）の朝刊は、各地の学校関係者や保護者らの「混乱」を報じた。[*4]

急遽決まった休校を目前にして、教師が子どもにできたことは限られていただろう。

やり残したテストを慌ててやった、とにかく子どもに荷物を持ち帰らせた、という話は見聞きした。一方で、教師が新型コロナウイルス感染症と休校について子どもに説明したり、これからの生活について子どもと話しあったりしたクラスはどれだけあったのだろうか。無論、そもそも新型コロナウイルスが未知のウイルスであった以上、一斉休校という出来事が、子どもに十分な説明もなく、慌ただしく始まったのは、無理からぬ面もあった。

子どもはどう思っていたのだろう。休校を悲しんだ子どもも、逆に喜んだ子どももいたかもしれない。だが、さまざまな反応をみせた子どもたちも、休校が長引くにつれて、いつもと違う生活のなかで疑問や不安など、複雑な思いが入り交じったのではないだろうか。しかし、それに応えられる家庭ばかりではなかっただろうし、この間にオンライン教育を受けられた子どもも限られていた。内閣府が二〇二〇年六月初めに実施した「新型コロナウイルス感染症の影響下における生活意識・行動の変化に関する調査」の公開された個票データを分析した多喜・松岡によれば、上述の休校期間中に、学校の先生から「オンライン授業」を受けたのは、小学生八・一パーセント、中学生一五・八パーセント、高校生三一・一パーセントであった。しかも、オンライン授業だけでなく、オンラインでの学習指導やオンライン教材の提供を含めた「オンライン教育」の受講は、学校によるオンライン教育と、塾など学校外のオンライン教育のどちらについても、地域間格差とともに、子どもの家庭の世帯収入や親学歴による格差が存在していた（多喜・松岡 二〇二〇）。

「学習の遅れを取り戻す」ベクトル

突然訪れた休校に際して周囲の大人からの説明やガイドが欠けていたとすれば、この状況を意味づけ、納得してすごせた子どもは限られていたと推測される。しかも、オンライン教育などの学習支援体制にも、地域や家庭による格差があった。だからこそ本章は、休校明けに学校が再開されたときに目を向ける。子どもたちが学校に戻ってきた日、教師はどんな思いで子どもたちを迎え、何を伝えることができたのだろう。そして、どんなふうに子どもの疑問に応え、子どもの生活全般における経験の差を埋めることができるのだろうか。

しかし、こうした視点が、当時の学校に制度的・組織的に広がっていたとはいいがたい。休校明けの学校が行政的にまず求められたのは、感染拡大防止に加えて、教育課程の実施と授業時数確保などの形式面での回復であったといえよう。

文部科学省は二〇二〇年六月五日の通知[*5]で、「新型コロナウイルス感染症対策と学びの保障の両立」を掲げた。それは、教育委員会や学校関係者にたいし、「感染防止に配慮しつつ、時間割編成の工夫、長期休業期間の見直し、土曜日の活用、学校行事の重点化などのあらゆる手段を用いて、協働的な学び合いを実現しつつ学習の遅れを取り戻す」よう求めた。そこでは、「夏季・冬季・春季休業の短縮、土曜午前授業の実施、一コマの追加的な補充授業・補習、学校行事の重点化など」により三五日程度分の授業日数の補充が可能というシミュレーションも示された。

実際、この年の夏休みは短かった。文部科学省が公立学校の学校設置者にたいしておこなった調査によると、コロナ禍で臨時休業を実施したと回答した自治体のうち九割以上が小中学校の夏休みを短縮した。このうち夏休みの日数としてもっとも多かったのが一六日で、一五日以下の自治体と合わせると全体の五割にのぼった。[*6] 当時の学校には、感染予防対策という新たな業務に加え、コロナ以前の日常をとり戻そうとするベクトルが強力に働いていた。こうした環境下で、どれだけの教師が子どもの思いや疑問を聴きとり、これに応えることができたのだろうか。

また、この時期の学校には、行政からの通知も多かったようだ。たとえば中村清二は、休校明けの学校について、「久しぶりに登校してくる子どもたちとどんな時間を過ごすか、できないことが多い中で精一杯の工夫を、担任として、学年団として考えてきた中で、突如、教育委員会から、練ったプランが立ちゆかなくなる通知が下されてくる。ひどいときには、自治体首長のTwitter投稿で立ちいかなくなる。夏休みや九月からの学校計画も、職場で精一杯知恵を出し合ってかんがえてきたことが、振り出しに戻ってしまう。こんなことが何度も繰り返されています。」と述べている（中村二〇二〇）。

子どもたちができることって何だろう？

さいたま市では、休校明けの分散登校が通常登校に切り替わった六月一五日、すべての市立学校（一六八校）の一〇万人の子どもたちがいっせいに、医療従事者の方々に感謝の拍手をする催しが行われた。[*7] 教育長が六月一日に発案し、市教育委員会内部で協議して、一〇日に市内の全市立学校長に通知されたという。[*8]

しかし、教育委員会の主導で子どもを参加させる方法については、「『感謝の気持ち』は指示されて生まれるものなのか」（四〇代教師）などと現場では疑問の声も出ていたという。[*9] さらに、市民からも「強制ではないか」という指摘や問い合わせが複数あり、教育長は六月一七日、報道陣の取材にたいし、「強制の意図は全くなかった。批判を受けて、もっと説明が必要で準備不足だったと反省している」と述べつつ、約三カ月の休校を終えて、「つらい時間を過ごしてきた子どもたちと先生が一緒に考える取り組みをしたかった」と意図を説明したという。[*10]

筆者はのちに、同市の小学校教師へのインタビューで、この催しについて尋ねた。その教師が勤務していた学校では、職員集会で管理職から「これやります」と日時や方法が示されたという。どう受け止めたのか聞くと、「学校を再開して休みだった分も取り戻さなきゃいけなくて、授業をどう巻くかとか、学年でけっこうバタバタいろいろ考えて対策をしていたところにそういう話が急に来たので、第一印象は「はあ、そうですか」というのが正直なところ」だったという。[*11] だが、学年主任の先生が「拍手を送るだけがやらなきゃいけないことじゃなくないか。もっと伝えなきゃいけないことが他にもあるんじゃないの。」とつぶやいたことにはっとして、子どもたちができることって何だろう、拍手もいいけど、これ以上感染を広げないように行動することなんじゃないか、と考えたという。

そして自分なりに子どもたちに説明し、その日を迎えた。午前一〇時、授業中に校内放送が流れると、子どもたちは素直に立って拍手を送り、終わったら何事もなかったように戻っていたそうだ。筆者がその意義について尋ねると、「感謝の気持ちが高まったというよりは、そういうことに想いを馳せる、（時間を――筆者）持てたというぐらいなんじゃないかなと思いますね。だからその後ちゃんと手を洗おうとかなったかというと、そういうわけでもないですし。それをやったからどう変わった、という印象は正直ないです」と答えてくれた。

教育長も、「つらい時間を過ごしてきた子どもたちと先生が一緒に考える取り組みをしたかった」とすれば、少なくとも子どもと教師がともに考える必要性については共有されていたといえる。おそらく問題は、考える中身とともに方法である。学年主任がつぶやいた他にもやるべきこととは、子どもたちがいっせいに拍手をする方法とは異なる行為／実践を意味していると示唆される。

3 「ぼくが　ここに」を読み合う授業
あの子はどうしているのか？―第一の意味での「包摂」的アプローチ

休校明けの学校でもっとも重要だが、みすごされがちだったことは、子どもが新型コロナウイルス感染症と全国一斉休校の経験をどんな風に受け止め、何を考えているのか、という子どもの認識であろう。大江未知の実践記録は、つぎの言葉から始まっている。「学校から子どもがいなくなった3ヶ月。あの子は、どうしているのか？　元気でいるのかと気が気ではなかった。学校に来た子どもを見て『昨日、何かあった？』

『なんだかうれしそうだね』と声をかけることから始めるのが、私の仕事だ。」（大江二〇二〇、一一三頁）

ここから、大江はかねてから、元気のない子どもやとり残されている子どもはいないか気にかけ、一人ひとりの「生命の維持・再生産を目的とした福祉的措置」（倉石二〇一八、二四五頁）を日常的に行っていることがわかる。これは、第一の意味での「包摂」的アプローチといえるだろう。

さて、二〇二〇年六月一日に分散登校が始まり、当時六年生を担任していた大江はどんな授業から始めようかと迷ったが、まど・みちおの詩「ぼくが　ここに」を読み合うことにしたという。一九九三年刊行の詩集の表題作で、中学校一年生の国語教科書（光村図書）にも載るつぎの詩である。

ぼくが　ここに　　　　まど・みちお

ぼくが　ここに　いるとき
ほかの　どんなものも
ぼくに　かさなって

ここに　いることは　できない

もしも　ゾウが　ここに　いるならば
そのゾウだけ
マメが　いるならば
その一つぶの　マメだけ
しか　ここに　いることは　できない

ああ　このちきゅうの　うえでは
こんなに　だいじに
まもられているのだ
どんなものが　どんなところに
いるときにも

その「いること」こそが
なににも　まして

すばらしいこと　として

子どもたちは大江とゆっくり音読してから、三連の「こんなに　だいじに」「どんなものが　どんなところに」を自分の言葉に置き換えていく。「一つ一つが　全部同じ重さで　守られているのだ　コロナウイルスで　家にいる時にも」「壊してはいけないと注意深く　守られているのだ　寝付けなくて　YouTubeを聞いている時にも」などが出された。

それから子どもたちは感想を書いた。大江（二〇二〇）からその一つを引用したい。それは、休校期間中の四月に、「気が狂いそうです。毎日風呂の中で暴れています。こんな世の中なのに、塾だけは、粛々とオンライン授業やってます。人が死んでるのに、私の受験だけは、確実にやってくる現実っておかしくないですか？」と大江にメールしてきた子どものものだ。

自分は、コロナで頑張れなくて、しんどくなるばかりで、勉強も手につかなかったから、消えたいなって思うことがあった。最後の3行でこの詩は生きることの素晴らしさを教えてくれる詩だと思いました。あんまりきれいごとは言いたくないけど、そういう詩なんだと思いました。

Aさんが、みんなで自粛して命を守ったことがすごいと思えるような詩だって言ってたけど、そうかもしれないとも思いました。

最近は、本当にみんな平等なんだろうかと思うようになりました。黒人差別やコロナのアジア人差別や殺人など、人間は守られているんだろうかと思います。人権尊重をうたっている詩にも見えました。侵すことのできない永久の権利である人権を、守るためには、考えなくてはならないことがたくさんあります。貧しさが命を奪うなんてだめだと思いました。

教室で全員の感想を読み合って交流したところ、以上の感想にたいし、別の児童が、「守られているんだろうかって部分、僕もそう思った。感染者が何人、死んだ人が何人って発表されて、感染した人や死んだ人が少ないと、よかったですねって、酷くない？」と発言した。その後子どもたちは、「人が数字にされてて、しかも、病気にかかって苦しんでいるのに、責められてて、戦いに負けた人みたいに馬鹿にされてる」「ニュースで貧しい国の人が感染したら、ウイルスが変異して、もう一度日本にも来るかもって言ってた。それって、貧しい国の人を救うべきだって感じじゃなくて、日本人がうつったら、どうすんねんって感じで、自分勝手みたいに思った」などの意見が続いた（大江 二〇二〇）。

社会への疑問――第二の意味での「包摂」の契機

子どもたちの目は、休校期間中からじつは社会に向けられていて、胸にはふつふつと疑問が湧いていたに違いない。しかし、これを言葉にして誰かと共有したり、考えを深めていったりする手立てが限られていた可能性がある。そんな子どもたちが、大江の授業によって、そのような機会を得られたのはどうしてだろうか。

まず、「ぼくが　ここに」という詩が、子どもの生活に寄り添うものであった。しかも、一部の子どもだけでなく、す、べ、て、の子ども、す、べ、て、の経験、す、べ、て、の空白を包み込むような詩であった。だから子どもたちは、休校期間中の自分の生活と関連づけた。そして、「家にいる」ときでも、「寝付けなくて　YouTubeを聞いている」ときでも、「コロナで頑張れなくて、しんどくなるばかりで、勉強も手につかなかった」ときでも、それがたとえどんなに不毛にみえる時間であっても、「いること」こそがすばらしいと肯定することを学んでいる。さらに、Aさんの「みんなで自粛して命を守ったことがすごいと思えるような詩だ」という発言は、自他のかけがえのない命を守るものとして、休校の社会的意味を捉え直したものだといえる。

それだけにとどまらない。すべての存在を肯定するこの詩を読んだ子どもたちは、新型コロナウイルス感染症に対応／混乱する私たちの社会にたいする疑問や違和感を口にしていく。すでに四月の時点で「こんな世の中なのに、塾だけは、粛々とオンライン授業やってます。人が死んでるのに、私の受験だけは、確実にやってくる現実っておかしくないですか？」と大江に訴えていた子どもが、「ぼくが　ここに」の意味をかみしめながら、「本当にみんな平等なんだろうか」「人間は守られているんだろうか」と投げかける。すると、呼応するかのように、人の死が数字でしか語られなくなっている現状や、貧しい国の人を顧みず自国優先主義に陥っている現状など、いまの社会への疑問や違和感が、子どもたちの口をついて溢れ出たのである。

ここには期せずして、第二の意味での「包摂」の契機——子どもを公的領域の活動へと向かわせるような——が宿っているようにみえる。

4 結論

置き去りにされた子どもの疑問と思い

新型コロナウイルス感染症対策に追われた休校明けの学校で、「学習の遅れを取り戻す」というベクトルが働いたことが、学校の過密なスケジュールを助長したと推測される。休校期間中、子どもたちの学習には地域や家庭による格差が大きかったため、現場の教師たちも、その「遅れ」や「格差」を、それ以上放置できなかったのも確かだろう。

しかし、子どもが遅れていたのは、学習量だけではない。突然訪れた長い休校に際し、周囲の大人からの十分な説明やガイドが欠けていたことにより、状況を意味づけ、納得して過ごせた子どもは限られていたに違いない。このことが、休校期間中の子どもの学習や生活に少なからぬ影響を与えたと思われる。すなわち、休校のスタート地点から、子どもは置き去りにされていた。にもかかわらず、この問題は休校明けにも共有されないまま、「学習の遅れを取り戻す」施策からもとりこぼされて、なおざりにされてきたのである。

休校明けに必要だったのは、長い休校期間中に芽生えたであろう子どもの疑問や思いをすくいとってこれに応え、新型コロナウイルス感染症と一斉休校がもたらした子どもの経験の「空白」や「差」を埋めるような実践の構築だった。「ぼくが　ここに」を題材に選んだ大江の授業はそのような実践事例として注目される。

大切なことは、たとえ子どもが新型コロナウイルスの拡大とそれにともなう休校といった大きな社会的制約に直面した時でも、ただ我慢を強いられたり、感謝したりするだけの受け身の立ち位置から脱却し、自分をとり巻く社会へ目を向けられるようにすることだ。社会にたいするこのような構えをもつことが、子どもが「市民としての主体」へと育つ一歩である。

自分（たち）自身の相対化

ここで留意すべきは、社会への批判的まなざしが、たんなる他者批判に終わらず、自分（たち）にも向けられるかどうかである。苅谷剛彦は、「いかにして、自分（たち）自身を相対化するか」ということを、批判的な思考力の言い換えに用いている。[*12]この点は、日本の学校において必ずしも十分に意識されてこなかったと思われる。

しかし、たとえば大江の実践を見ると、「自分はコロナで頑張れなくて、しんどくなるばかりで、勉強も手につかなかったから、消えたいなって思うことがあった」子どもが、授業を通して、「Aさんが、みんなで自粛して命を守ったことがすごいと思えるような詩だって言ってたけど、そうかもしれないとも思いました。」と書いた意味は大きい。この子どもは、休校の意味を、「自分はコロナで頑張れなくて」という半径〇メートルの範囲でとらえていたところから、「みんなで自粛して命を守った」というように、自他を含む社会へと視野を広げてみる視点を得た。そこには、自分を社会の成員として捉え直す営みが含まれている。*13

「包摂」する主体へ

大江の授業から浮かび上がってきたのは、子どもたちもコロナ禍で大きなダメージを受けており、さまざまな疑問や葛藤がその胸に渦巻いていることだ。にもかかわらず、子どもには叫ぶ回路や方法が少なかったため、このことはあまり知られてこなかったのではないかと思われる。そんな子どもたちが授業を通して、コロナ禍の不安と社会への疑問を吐露しながら、みずからが経験した休校の意味をとらえ直す瞬間がつくりだされていった。

大江の実践には、第一の意味での「包摂」から、第二の意味での「包摂」へとつながる契機が内包されていた。一つ目の「包摂」とは、教師のあの子へのまなざしであり、

「生命の維持・再生産を目的とした福祉的措置」（倉石 二〇一八、二四五頁）を志向した「包摂」的アプローチのことである。ただし、コロナ禍においては、どの子どもも多かれ少なかれダメージを受けている可能性が察知されていただろう。だから大江は、学校が再開された最初の授業で、すべての子ども、すべての経験、すべての空白を包み込むような「ぼくが　ここに」という詩を読み合うことを選んだのではないかと思われる。

この選択が、個々の生の改善や向上といったレベルでの問題の個人化や囲い込みを避け、「社会的連帯や公共性に重きを置き、教育の直接的利害の当事者を超えた外部（超越的なもの）に価値判断の審級を置く」（倉石 二〇一八、二四〇―二四一頁）という第二の意味での「包摂」へと、子どもの視点を移す契機となった。「ぼくが　ここに」という詩が準拠し、子どもたちが共鳴した価値とは、すべてのヒト・モノの侵すことのできない普遍的で平等な存在価値であろう。

この視点に立って現在の社会を見渡すと、「人間は守られているんだろうか」「本当にみんな平等なんだろうか」と問い直したくなるのもわかる。こうして子どもたちは、休校中から感じていた社会への疑問を口に出し、意見を共有し、交流していった。そしてそのプロセスのなかには、子どもたちが自らのダメージを語りながら、それを相対化する契機までもが含まれていた。ここに、「自分もダメージを受けながらも、社会のさまざまな人びとに考えがおよぶような教育」が成立している。

このような子どもたち自身の活動が、「個々の生の改善や向上」から、「社会的連帯や公共性」へとみずからの視野を広げる実践であった。同時に子どもたちは、第一の意味で「包摂」される客体から、第二の意味で「包摂」する主体へと、その立ち位置を変えたのである。

＊本研究は、ＪＳＰＳ科研費（18K02411）の助成を受けたものである。

注

＊1　二〇二〇年三月一六日時点までに臨時休業を実施した学校の割合については、文部科学省「学校の臨時休業の実施状況、取組事例について（令和二年三月一九日時点）」（https://www.mext.go.jp/content/20200319-mxt_kouhou02-000004520_1.pdf〔二〇二一年四月一八日閲覧〕）

＊2　新型コロナウイルス感染症による一回目の緊急事態宣言は、二〇二〇年四月七日に発出され、緊急事態措置を実施すべき区域として、当初は七都府県（埼玉県、千葉県、東京都、神奈川県、大阪府、兵庫県および福岡県）が指定されたが、四月一六日には全都道府県に拡大された。緊急事態宣言の解除は、五月一四日に北海道・東京・埼玉・千葉・神奈川・大阪・京都・兵庫の八つの

都道府県を除く三九県で、五月二一日に大阪・京都・兵庫の三府県で、それぞれ解除することが決まった。その後、五月二五日には、首都圏一都三県と北海道で解除された（内閣官房「新型コロナウイルス感染症緊急事態宣言の概要」https://corona.go.jp/news/news_20200421_70.html〔二〇二一年四月一八日閲覧〕）。

＊3　二〇二〇年四月六日〜五月一一日の間に臨時休業を実施した学校の割合については、文部科学省「新型コロナウイルス感染症対策のための学校における臨時休業の実施状況について」（二〇二〇年四月二二日時点 https://www.mext.go.jp/content/20200424-mxt_kouhou01-000006590_1.pdf　二〇二〇年五月一一日時点 https://www.mext.go.jp/content/20200513-mxt_kouhou02-000006590_2.pdf〔以上、二〇二一年四月一八日閲覧〕）

＊4　たとえば、「突然の『休校』混乱　試験は　入試は　卒業式は」『朝日新聞』二〇二〇年二月二八日朝刊

＊5　文部科学省「新型コロナウイルス感染症対策に伴う児童生徒の「学びの保障」総合対策パッケージ」（二〇二〇年六月五日発表）（https://www.mext.go.jp/content/20200605-mxt_syoto01-000007688_1.pdf〔二〇二一年四月二一日閲覧〕）

＊6　文部科学省「新型コロナウイルス感染症の影響を踏まえた公立学校における学習指導等に関する状況について」（https://www.mext.go.jp/content/20200717-mxt_kouhou01-000004520_1.pdf〔二〇二一年九月二四日閲覧〕）

＊7　さいたま市記者発表資料（令和二年六月一一日）「さいたま市から医療従事者に対する謝意の表

明 Clap for Carers ～一〇万人の子どもたちから「ありがとう」の拍手を届けます～」(https://www.city.saitama.jp/006/014/008/003/009/003/p073573_d/fil/jyuumanninnoarigatou.pdf〔二〇二一年四月三〇日閲覧〕)

＊8 「さいたま市の生徒一〇万人、医療従事者に感謝の拍手　議員ら批判…強制ではないか　発案した教育長の意図は」『埼玉新聞』二〇二〇年六月一八日

＊9 「児童生徒ら、医療者に拍手」『朝日新聞』二〇二〇年六月一六日朝刊

＊10 注8に同じ。

＊11 文部科学省が注5の通知を出した直後のことなので、この状況は容易に想像できる。

＊12 苅谷剛彦「教育改革にひそむ『主体性』『平等主義』という名の落とし穴」『The Asahi Shimbun Globe+』二〇二〇年二月二九日 (https://globe.asahi.com/article/13166629〔二〇二一年四月三〇日閲覧〕)

＊13 たとえば、医療従事者に感謝を伝える催しも、批判的な思考力を育てる契機として活用することができるかもしれない。医療従事者に過度な負担がかかることになった原因や背景を多角的に知り、自分たちの社会をとらえ直すことで、いま・ここの自分が、社会の成員としてどう判断し行動すべきか考える機会にするのである。

参考文献

倉石一郎『増補新版　包摂と排除の教育学―マイノリティ研究から教育福祉社会史へ―』生活書院、二〇一八年

まど・みちお『ぼくが　ここに』童話社、一九九三年

中村（新井）清二「コロナの時代でも子どもの理解からはじまる教師のしごと」教育科学研究会「教室と授業を語る」分科会・中村（新井）清二・石垣雅也編著『コロナ時代の教師のしごと―これからの授業と教育課程づくりのヒント―』旬報社、二〇二〇年、二―五頁

大江未知「子どもを寿《ことほ》ぐ学校を」教育科学研究会「教室と授業を語る」分科会・中村（新井）清二・石垣雅也編著『コロナ時代の教師のしごと―これからの授業と教育課程づくりのヒント―』旬報社、二〇二〇年、一三―二一頁

多喜弘文・松岡亮二「新型コロナ禍におけるオンライン教育と機会の不平等―内閣府調査の個票データを用いた分析から―」二〇二〇年（https://researchmap.jp/read0153386/published_works〔二〇二一年四月一八日閲覧〕）

夜間定時制高等学校からみる社会科教育の使命

大木匡尚

1 リアルな夜間定時制高校の生徒像とは?

読者は、定時制高校を舞台にした映画「見上げてごらん夜の星を」(番匠義彰監督、坂本九主演、松竹製作)を観たことがあるだろうか。この映画が製作・封切られたのは、一九六三年一一月である。同作は、当時の高度成長期の世相を反映して、集団就職で都会に出てきた若い「勤労生徒」たちの学びの姿を描いている。「金の卵」として中学校卒業後就職のため都会に出てきた若者が、昼間の厳しい労働の後、コンプレックスと向学心から定時制高校で学ぶ姿は、六〇年後の今なお清々しく感動的である。

それから三〇年後の一九九三年一一月、夜間中学校を舞台にした映画「学校」（山田洋次監督、西田敏行主演、松竹製作）が製作・封切られた。[*1] この映画で描かれた夜間中学生の姿は、さまざまな理由で義務教育から「排除」されていたさまざまな世代の人びとが学びを回復していく姿であった。文字の読めない日雇い労働者、中学校時代に不登校になった若者、在日コリアンや心身にハンディキャップをもつ者、そして当時社会問題となっていたいわゆる「不良」の生徒……。さまざまな理由でそれまで学校に通えなかった彼ら／彼女らが、「せめて文字を読めるようになりたい、書けるようになりたい」という切実な思いから夜間中学校で学ぶ姿がそこにはあった。私は当時教師を目指す大学生であったが、この映画を封切り直後に映画館で観て、教職への思いを強くした印象深い映画のひとつである。

そしてその二〇年後、公立高等学校の教師になっていた私は、二〇一二年四月の定期異動で夜間定時制に勤務することになった。ただ、そこで目の当たりにした光景は、前者のように「勤労生徒」を中心とする溌溂《はつらつ》とした若者の集団でもなければ、後者のように積極的に「学びを回復」しようとする人びとの集団でもなく、彼ら／彼女らにとっての

「いま」だけの世界であった。

私は、以後二〇一九年三月まで七年間にわたり夜間定時制に勤務して多くの生徒と接した。そこで体験した個々の事例や具体的な取り組みについては別稿に譲る。[*2] 本章では、私が体験したリアルな定時制高校生の姿が、冒頭で紹介した映画のようなステレオ・タイプの夜学の生徒像となぜ異なるのか検討したうえで、学校や社会から「排除」された生徒たちを教科教育がいかにして社会に「包摂」していくか、社会科教育の立場から展望していきたい。

2 「多様」な定時制高校生の「均質性」

私が接した現在の定時制に在籍する彼ら／彼女らと、読者が一般的に想起する夜学の生徒像とでは、何が異なるのであろうか。もちろん、映画のような高度経済成長期真っただ中の一九六〇年代初頭や、バブル末期の一九九〇年代初頭の世相と、私が定時制に在任した二〇一〇年代の世相とでは、社会構造もまったく違うので、定時制高校をはじめとした夜間学校のはたすべき社会的役割も異なる。[*3] また、定時制の高等学校と夜間中学校とでもその役割は異なるので、一概に同じ地平で語ることはできまい。映画のなかの生徒たちは、みずからをとり巻くさまざまな困難に立ちむかおうとするゆえ、観客は感動を覚えるのであろうが、それはあくまでもファンタジーの世界であるともいえる。私が寄り添ったリアルな定時制高校の生徒たちは、みずからの有するさまざまな課題に、みずから立ちむかえる環境にはない生徒たちであった。生徒の有する課題は後述のとおりさまざまであるが、ただ結果的にその困難によって社会から「排除」され、さまざまな原因で社会的なセーフティ・ネットからもれ、社会とつながる術《すべ》をみいだせずにいる人びとであった。

定時制の高校生というと、読者は「多様性」というキーワードを想起されるかもしれない。映画「学校」で山田洋次監督が描いたように、十代後半から高齢者まで、それこそ普通の高校時代に学べなかった人びとが集う場が一般的なイメージであろう。しかし、私が定時制に在任した二〇一〇年代の東京近郊の定時制の場合、七年間の在任期間におよそ五〇〇人の生徒にかかわったが、そのうち二〇代以上の「成人生徒」[*4]は一〇人程度であった。大半は、中学校卒業とほぼ同時に入学してくるか、さもなくば全日制高校に進学したものの何らかの理由で退学または転学して定時制に入学した十代後半の生徒たちであった。年齢層でいえば、彼ら／彼女らは「均質的」であった。

また、彼ら／彼女らは、小・中学校時代に何らかの「不登校」[*5]を経験していたり、通級[6]など普通級とは異なった学びの経験をもっていたりするなど、通常の「学び」と異なる学習履歴をもつという「均質性」もあった。

こうした教育の格差という問題は、しばしば教育社会学でとり上げられる領域である。たとえば、松岡亮二は、義務教育の終わりで「生まれ」による格差があるので、入学者選抜（入学試験）という「能力」選抜の結果、高等学校では似た「生まれ」が集められるという、高校教師にとっては経験的に当たり前のことをことさらに述べている。[7]定時制にも高等学校である以上、入学者選抜がある。私もよく、定時制のことを知らない人びとから「入試があるなんて言っても、名前を書けば受かるんだろう」などと揶揄する声を聴くときがある。たしかに、各都道府県では「修学計画」なるものを作成しているので、定時制を含む通学制の高等学校のどこかには中学校の卒業者が進学できるように制度設計している。[8]しかし、ここで考えねばならないことは、そのような単純なことではなく、入学者選抜「制度」のことである。定時制を含むすべての高等学校には、制度的に入学者選抜制度によって固定化した序列が厳然と存在しているということである。読者も、「あの高校は偏差値○○だ」と、意識的にせよ無意識にせよラベリングしているであろう。この暗黙の序列を念頭において、入学者選抜制度が設計されている。

東京都の場合、毎年一月下旬に全日制の「推薦による選抜」、二月下旬に全日制・定時制の「一次学力検査による選抜」がおこなわれる。そこで定員割れの学校については、三月中旬に全日制のみ「二次学力検査による選抜」をおこない、それでも定員割れの全日制については三月下旬に「三次学力検査による選抜」がおこなわれる。そして、ほとんどおこなわれない全日制三次選抜の時期と並行して、三月下旬に定時制の「二次学力検査による選抜」、四月に入って定時制の「三次学力検査・四次学力検査による選抜」が順次おこなわれていく。つまり、全日制に進学することができなかった生徒たちを「制度的」に受け入れる高等学校、それが夜間定時制の実態なのである。したがって、内申点が芳しくない不登校経験者や、そもそも内申点が存在しない普通級以外の出身者については、各高校で基準にしたがって換算内申点を与えるものの、どうしても定時制に集まりやすい構造をもっているのである。

では、不登校や通常の学習履歴と異なる生徒たちの「背景」には、どのようなものがあるのであろうか。それは、大きく分けて「貧困」、「発達の課題（発達障害）」、そして近年増えつつある「外国籍」といった生活上の困難さを有することである。加えて、多くの家庭が「片親家庭」であるという共通性もあった。多くの生徒の場合、こうした生活上の課題がひとつのみならず重層的にのしかかっていることが多い。こうしたさまざまな社会的な課題をもつゆえに、生徒たちは社会や学校制度から「排除」され、逆に定時制で「均質的」なコミュニティを形成するのである。

3　社会や学校制度からの「排除」の要因

こうした社会的な「排除」の要因をとり除くことはできないのであろうか。そもそも、生徒には生徒の生まれ落ちた環境と、一五年以上の積み上げがあるのだから、学校だけでそれをとり除こうとするのはおこがましいかぎりである。しかし、生徒のさまざまな困り感があることを認識するだけであれば、それは教育社会学者か評論家である。私を含め学校の教師は、たとえ「蟷螂《とうろう》の斧」であることがわかっていても、「排除」されがちな生徒たちを、社会や学校に何とかして「包摂」しようと努めている。

たとえば「貧困」についてである。読者のなかには、「金がなければアルバイトをすればよいではないか」と思われる方もいるかもしれない。しかし、定時制に在籍する生徒の大半は、満一五歳で入学してくる生徒たちなのである。法的には就労可能であるとはいえ、多くの雇用主は満一六歳以上の者を対象とする。つまり、生徒たちは、働きたくとも働けないという社会の実態があるのだ。また、保護者も生活の困難さから就労への意欲を喪失してしまっている場合も多い。

「働く大人」のロール・モデルをみいだせなければ、就労に結びつけることもむずかしい。定時制には、ハローワークのジョブサポーターと連携した「就労指導」をおこなう教師もいる。生徒たちの主なアルバイト先は、コンビニエンスストアやファミリーレストランなどの接客業である。また、満一六歳を迎えるころになると、少数の「やんちゃ」な生徒たちを中心に、建設業のアルバイトにありつく生徒も出てくる。しかし、これはハローワークの斡旋や求人広告からの応募ではなく、いわゆる「地元の先輩」なる人びとからの紹介であることが多い。

　ようやく就労に結びついた生徒たちだが、今度は仕事がうまくいかないという悩みを抱えることになる。もともと不器用な定時制の生徒たちである。せっかく就労しても、短期間で離職してしまう生徒が大半であった。伝手《つて》を頼って、ようやく果樹農家に就労したある生徒の場合、オーナーの指示がよくわからなかったようで、枝の枯葉をとり除く作業を指示されて果物そのものをすべて切り落としてしまい、一回で解雇された例もあった。果樹農家さんのお怒りはごもっともであるが、生徒もまた落胆していた。アルバイトなどの就労も、定時制の生徒たちにとってはハードルが高いのである。

　また、こうした社会生活上の適用力の弱さは、多くの場合、「発達の課題（発達障害）」が要因である場合が多かった。二〇一二年の文部科学省の調査によれば、公立の小・中学校の通常級に在籍する児童・生徒のうち、発達障害を有する可能性は六・五パーセントだという。[*9] しかし、高等学校の場合、前述のとおり、入学者選抜制度によっていわば輪切りにされているゆえ、こうした生徒だけが在籍する学校が出現する。私は、こうした高等学校を「教育課題校[*10]」と呼ぶ。定時制の生徒で発達障害の診断を受けている生徒は少数であるが、スクールカウンセラーの見立てによれば、大半の生徒が、程度の差こそあれ発達に何らかの課題を有するであろう、ということであった。

診断を受けていない、ということは、公的なセーフティ・ネットからこぼれ落ちることを意味する。私が定時制に在任した七年間でも、「診断さえ受けていれば……」、という事例は多々あった。ただ、診断を受けるには、保護者と生徒本人が障害を受容せねばならない、という壁があった。大半は、「困り感」が当たり前になっているゆえ、なにもなさないまま高校生になってしまっているのである。これは、重度の障害をもっている、またはもっていると「思われる」生徒とその保護者にもあてはまる。障害受容のない、または障害受容そのものを拒否する生徒や保護者も一定数存在する。私は、保護者にていねいに生徒の「困り感」を説明し、学校で障害をもつ生徒が求めることができる「合理的配慮」や公的な支援の網にとり込んでいこうと努めていたが、手帳取得までたどり着いた事例はごく少数であった。

そもそも、最近では文部科学省を筆頭に、障害のある者とない者が共に学ぶことをとおして共生社会の実現に貢献しようという「インクルーシブ教育」[*11]の充実が叫ばれている。ただ、さまざまな心身障害、精神疾患、発達障害などを有する生徒たちが、その診断の有無すらわからず混在する夜間定時制の高等学校の場合、すでに「インクルーシブ」な環境である。また、そもそも夜間定時制は人的・物的資源の乏しい場でもある。特別支援教育に必要な施設や設備もなければ、専門の教師も在任しない。支援への「まなざし」すら有しない教師すらいるのである。

しかし、間違ってはならないこと、それは夜間定時制であっても高等学校である、ということである。高等学校は、教科教育の「履修・修得」を七四単位分実施することで成り立つ学校である。支援への理解がないからといって、批判も否定もできないのである。私は、「インクルーシブ教育」、とくに「合理的な配慮」という考え方は、使い方を誤ると、高等学校教育の根幹である「履修・修得」の枠組みを破壊することにもなりかねないと危惧している。私は、夜間定時制に在任した七年間、一貫して特別支援教育コーディネーターを充てられていたが、つねに「教科教育の論理」と「特別支援教育の論理」の間《はざま》で苦悩してきた。しかし、全日制の学校に異動した今、あらためてふり返ると、あらゆる意味で社会や学校から「排除」され、生きる力すらみいだすことが困難な生徒たちを、どうにかして高等学校の学びに「包摂」しようと、同僚たちと文字どおりのマン・パワーであがいてきた軌跡でもあった。

加えて、近年、外国籍のニューカマーや外国にルーツをもつ生徒たちが急増するようになった。大都市圏ではもう当たり前であるが、東京郊外でも、ここ数年でこの波が急速におよぶようになった。私の定時制勤務最後の年となった二〇一八年度は、外国籍生徒の就労指導のためハローワークへの引率、市の日本語学級との連携、そして大学の日本語教育専攻への支援依頼など、ニューカマーの生徒へのとり組みに追われた。今後こうした生徒をいかに日本の学校に「包摂」していくかが課題になっていくのであろう。

4 夜間定時制高等学校から見る社会科教育の使命とは?

以上、夜間定時制の高校生たちが、社会や学校から「排除」される要因について、私の経験の範囲で整理した。そして、喧伝される「インクルーシブ教育」のなかで、みずからが専門とする「教科教育の論理」との間で、目の前の生徒にとって必要であると考えられる「特別支援教育の論理」との間で揺れ動きながら生徒に寄り添ってきたことを論じた。

では、こうしたさまざまな困難を抱える夜間定時制の生徒たちにたいして、私を含む社会科教育を専門とする教師たちは何ができるのであろうか。

私は、彼ら／彼女らに「人間形成的なレリバンス（学習者が学習内容に意味をみいだすこと）を深める営み」として、社会科（地理歴史科・公民科）を指導してきた。私の専門は世界史であるが、教員定数の少ない定時制高校では、日本史はもちろん、地理や現代社会も教えることになる。広く社会科全般を指導するなかで、教師は、「何のために社会科を教えているのか」、そして生徒たちは「何のために学んでいるのか」ということをつねに考えてきた。そしてそれは「高校卒業のために必要な必履修科目」だから教えている、学んでいるということに尽きるのである。間違ってはならないこと、それは定時制の生徒たちは大学進学をめざして勉強しているわけではないのである。ましてや、史学科に行きたいから、地理学科に行きたいから勉強しているわけでもない。世界史なり、日本史なり、地理なりを、必履修科目だから勉強しているだけなのである。

しかし、これは消極的な意味ではない。生徒たちがなぜ定時制に集まるのかといったら、それは「せめて高卒資格は得たい」ためなのである。多面的な困難を有する彼ら／彼女らには、冒頭で紹介した映画の登場人物のような積極性はない。しかし、さまざまな「困り感」を抱えながらも生徒が定時制に来る理由はそこにある。昼間就労している生徒も、就労できない生徒も、コンプレックスと「困り感」を抱えながら全日制が一日使った教室に一七時以降集まる。私は、世界史など教えながら、教科の内容以上に、まっとうな「市民」意識の涵養《かんよう》を目的に授業をおこなってきた。大切なことは、「公民」の育成ではなく、「市民」の育成なのである。生徒たちが少しずつ「今どうしてこんな社会なんだろうか?」「今どうして俺は苦しい思いをしているんだろうか?」とか、と異議申し立てができるような「市民」意識を涵養していくことで、自らの手で「困り感」を少しずつとり除いてもらいたい、こうした思いで社会系科目を教えてきたのである。

社会や学校制度から「排除」されがちな夜間定時制であるが、その存在そのものが生徒を社会や学校制度に「包摂」していく営みである。そして、夜間定時制では、社会科にかぎらず当該科目を「なぜ教えるのか」「なぜ教わらなければならないのか」、こうした本質的な問いを生徒たちから暗につねに突きつけられているため、社会科の場合であれば、かえって「市民」性育成という教科教育の本質的な使命を垣間見ることができるのである。

注

＊1　映画「学校」は、長く夜間中学校に勤務した松崎運之助（一九八五）をモデルに制作されている。個人的な話でいえば、私は、この映画を観る直前に、教職課程の課題として同書を読んでレポートを書いたこともあり、思い入れはより強まったことを昨日のことのように覚えている。

＊2　夜間定時制の高校で私が体験した個々の事例や具体的な取り組みについては、二〇一九年一二月八日に東京学芸大学附属竹早中学校においておこわれた、科学研究費補助金基盤研究C『包摂と排除』の社会意識と社会科カリキュラムの改善に関する研究」（研究代表　坂井俊樹）にかかわる研究会で講演し、その記録は、大木匡尚（二〇二〇）に整理した。

＊3　文部科学省『学校基本調査』によれば、一九六〇年代初頭は、男女とも高校進学率が急上昇した時代である。一九六〇年度には五七・七パーセントであった中学校卒業者の高校進学率は、六一年度六二・三パーセント、六二年度六四・〇パーセント、六三年度六六・八パーセント、六四年度六九・三パーセント、六五年度七〇・七パーセントと、わずか五年間で一二パーセント上昇した。

＊4　わずかに在籍した「成人生徒」は、二〇歳代から八〇歳代まで年齢幅はあった。しかし、その大半は、初めて高等学校で学ぶわけではなく、途中まで高校に在学したがゆえあって退学し、再入学した生徒たちであった。それゆえ「成人生徒」の卒業率は低いことは、定時制の教師にとっては当たり前の事実であった。なかには、普通科から商業科、工業科、農業科と学科を変えて渡り歩く「プロ高校生」のような生徒もいた。カルチャーセンターのように定時制の高等学校を渡り

歩く生徒にとって、教師の「せめて高卒資格を」という思いは通用せず、ほかの生徒に与える影響も大きかったので、指導がむずかしかったことを記憶している。

＊5　文部科学省「児童生徒の問題行動等生徒指導上の諸問題に関する調査」における不登校の定義とは「何らかの心理的、情緒的、身体的、あるいは社会的要因・背景により、登校しないあるいはしたくともできない状況にあるために年間三〇日以上欠席したもののうち、病気や経済的な理由による者を除いたもの」のことをいうという。

＊6　「通級」とは、軽い障害をもつ小・中学校の児童・生徒が、通常のクラスに在籍しながら、補充的に特別な指導を受ける学習形態をさす。高校でも、東京都では二〇二一年度から通級指導が導入された。

＊7　社会階層の固定化と階級化については、松岡亮二（二〇一九）参照。

＊8　それでも、東京都の多摩地域で中学校卒業者数が激増した二〇一〇年代はじめには、定時制でもすべての生徒を受け入れることができず、競争倍率が出た年があった。

＊9　文部科学省初等中等教育局特別支援教育課「通常の学級に在籍する発達障害の可能性のある特別な教育的支援を必要とする児童生徒に関する調査結果について」（二〇一二年一二月五日付、https://www.mext.go.jp/a_menu/shotou/tokubetu/material/_icsFiles/afieldfile/2012/12/10/1328729_01.pdf、二〇二二年二月二〇日最終閲覧）参照。

＊10　社会科の教育実践をふまえた「教育課題校」の定義については、大木匡尚（二〇一四）参照。

＊11　インクルーシブ教育については、中央教育審議会初等中等教育分科会特別支援教育の在り方に関

する特別委員会報告「共生社会の形成に向けたインクルーシブ教育システム構築のための特別支援教育の推進」（二〇一二年七月二三日付け、二〇二一年二月二〇日最終閲覧）参照。

参考文献

大木匡尚「横浜開港後の『浜街道』から俯瞰する十九世紀後半の『世界』の叙述—教育課題校における地理歴史統合的授業の実践例—」中等社会科教育学会『中等社会科教育研究』第三二号、二〇一四年、一〇一〜一一三頁
大木匡尚「夜間定時制課程専門学科の文脈において社会科教育はいかにしてそのレリバンスを深めうるか？」社会科教育課程研究会『実践社会科教育課程研究』第五号、二〇二〇年、六三〜八四頁
松岡亮二『教育格差—階層・地域・学歴—』ちくま新書、二〇一九年
松崎運之助『青春—夜間中学界隈—』教育史料出版会、一九八五年

学校統廃合を体験する子どもたちが学ぶべきことは何か

「包摂」の視点から「排除」を克服する

竹内裕一

1 「選択と集中」による排除の論理を乗り越える

農村地域における人口減少問題の解決策

二〇一四年、日本創成会議・人口減少問題検討分科会が公表した「消滅する市町村523―壊死する地方都市―」は各方面に大きな衝撃を与えた。[*1] そこでは、全国市区町村別の将来推計人口をもとにしながら、若年女性人口の減少率が五割を超える（推計）

八九六自治体が「消滅可能性都市」にあたり、さらに二〇四〇年に人口一万人未満（推計）の五二三自治体については「消滅可能性が高い」自治体としてリストアップされた。

同報告の主眼は、日本社会が直面する人口減少問題の克服にむけた処方箋を描くことにある。日本の人口減少は人口の社会移動によって引き起こされているという認識にたち、これを克服するには地方から大都市へ流出する「人の流れ」を変えることが必要であり、地方において人口流出を食い止めるための「ダム機能」を構築する必要性を説く。「ダム機能」の中核を担っているのが広域ブロックレベルの地方中核都市である。地方中核都市に若者に魅力的な雇用機会と都市機能を備えた「新たな集積構造」を創出し、さらにその下位に位置する県庁所在地・市中心部・町村中心部・集落が有機的に結びつき、互いに支え合う地域構造（機能分担と連携）を構築することにより、広域ブロックごとに人口の減少を食い止めるという構想である（図1）。

この構想の基本になる考え方は、「選択と集中」である。同報告では、人口減少という厳しい現実にそくして、もっとも有効な対象（地方中核都市）に投資と施策を集中させるべきであるとする。つまり、少子高齢化が進む過疎地域である「山間居住地」（図1参照）などのように、投資効率が低い地域はその対象から除外されるのである。*2

同報告では、これまでも人口減少を食い止めるための努力はおこなわれてきたが、そ

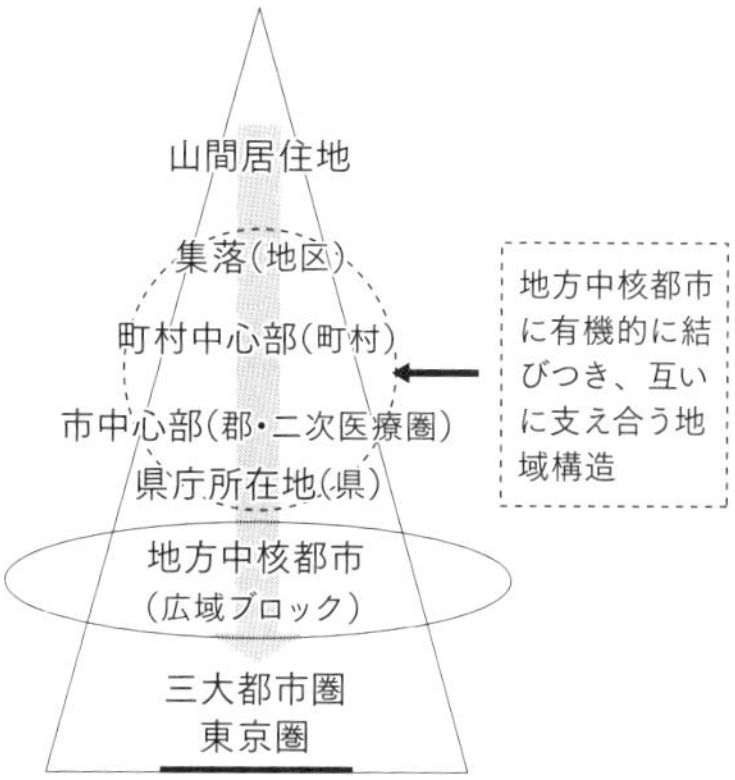

図１　地方中核都市を軸とした新たな集積構造
出典：増田寛也編著『地方消滅－東京一極集中が招く人口急減－』中公新書、2014年

の多くは中途半端で生産性が低いものであった。「このままでは集落がなくなるからといって、各集落のインフラを充実させて人口減少を押しとどめようとしてきた。しかし、すべての集落に十分なだけの対策を行う財政的余裕はない」（四九頁）とし、山間居住地を選別し、切り捨てるというのである。

同報告の主張する「選択と集中」による人口減少問題解決の危うさを指摘した山下祐介は、山間居住地の選別、切り捨てという施策を「少数派の排除としての行政サービス外し」と呼んだ。[*3] インフラ整備などの行政サービスは本来的に自治体が担うものであり、「そもそもそれは採算性を追求して行ってきたものでもなく、あくまで生活基盤として、このくらいは日本国内どこでも同じ水準で維持しましょうということで進めてきた」（九三頁）ものであり、憲法で保障されている生存権にかかわる重要な問題であることを指摘した。

山間居住地におけるインフラ整備の問題が、いつしか効率性や採算性といった経済的な指標でのみ語られるようになり、少数派である山間居住地の住民をより投資効率のよい市町村の中心部や都市への移住を誘導するという「排除の論理」は、この間推進されてきた新自由主義的な諸政策と軌を一にしている。農村地域の縁辺部に位置する山間居住地では、そうした施策の影響をまともに受け、人口減少、少子高齢化、地域産業の衰退、公共交通体系の崩壊と、地域住民が日常生活を維持していくことが困難な状況に追い込まれているのである。

「包摂」の視点による「排除」の克服

山下（二〇一四）は、「選択と集中」による人口減少問題克服にむけた施策に抗するために、「多様性の共生」という対抗理念を提起する。[*4]「多様性の共生」とは、「選択と集中」という画一的な選別を脱して、地域の「自立」と「支え合い（相互依存）」を基調とした、多様なものの「包摂」をめざすことであるとしている。人口減少問題にたいする解決策は一つではない。問題解決にむけては、多様なとり組みがあり、多様な道筋がある。山下が主張する「多様性の共生」とは、地域を構成する（あるいは地域に関係する）自律した人びとが、多様性を認め合い、みずから参加し、共同（協働）する姿である。

この山下の視点は、本書がめざす「社会的排除」（排除）と「社会的包摂」（包摂）の視点から社会科カリキュラムを創造するという研究テーマとオーバーラップする部分が多い。共通するのは、「包摂」の視点から「排除」をどのように克服していくのかという点である。「排除」とは経済的社会的な人と人との否定的な関係性を示す概念であり、マジョリティとマイノリティといった差別的関係性を示す状況であると定義し、「包摂」を、ある目標や問題解決にむけて立場の異なる人びとが共通目標を設定し、「協働」して実現するプロセスであると定義づけるならば、多様な視点からの「包摂」を実現していくための社会科カリキュラムを構想すること、それが本書のテーマなのである。

本章では、本書のねらいに迫るために、学校統廃合問題を取り上げ、「包摂」の視点から「排除」をどのように克服していくのかを考察する。その際、分析の対象とするのは、学校統廃合を体験する（あるいは体験した）子どもたちが、みずからが体験する学校統廃合という社会事象を社会科授業でどのように学ぶべきなのかという点である。

ところで、このような研究目的を設定した場合、いくつかの前提を設けなければならない。その一つは、農村地域の学校統廃合を対象とするという点である。学校統廃合という社会事象は、何も農村地域だけにかぎった現象ではない。しかし、本章では上記のような農村地域の「社会的排除」の実態をふまえた社会科授業づくりの視点を考察することをめざしているため、学校統廃合にかかわる分析を農村地域に限定する。

二つ目は、農村地域を担う人材育成を視野に入れるという点である。農村地域の人口減少問題を解決するには、究極的には地域を担う有為な人材をいかに育成するかにかかっている。それでは、農村地域を担う有為な人材とは誰か。その対象となるのは、一つは地元で生まれ育った人、ほかの一つは地域外からの移住者や関係人口としての都市住民が考えられる。

本書が対象としているフィールドは、学校教育のなかの社会科という限定された場である。農村地域における有為な人材をどのように育んでいくのかというテーマを掲げるならば、その対象は前者、すなわち「農村地域で生まれ育つ子どもたち」に限定して考察することになる。

三つ目は、考察の対象を主に小学校に限定する点である。上記二点をふまえるならば、地域社会とのつながりが強い小学校をとり上げることは妥当であろう。

2　学校統廃合をめぐる動き

学校統廃合の歴史的展開

学校統廃合は、児童・生徒の減少により小規模化した学校が抱える諸問題を解決するために実施される教育行政施策のひとつである。おもに小規模校の集団での学び合いや多様な他者とのふれあいの欠如、運動会や部活動など集団教育活動の不成立といった教育的デメリットを克服するという教育的な見地と、施設設備の維持管理や教職員の人員配置などの経済効率性の見地から論じられてきた。[*5] そして、第二次世界大戦後の学校統廃合には、三つのピークがあったとされている。[*6]

第一のピークは、一九五〇年代の「昭和の大合併」期である。戦後の行政改革の一環として実施された「昭和の大合併」は、「町村合併促進法」（一九五三年）、「新市町村建設促進法」（一九五五年）により町村合併が推進され、それまで約一万あった市町村は約三〇〇〇にまで減少した。その際、文部省は「公立小・中学校の統合方策について」（一九五六年）という通達を出し、統廃合を具体化するための「学校統合実施の手引」（一九五七年）を作成した。そこでは、地域の実情に応じた学校規模の適正化をめざすという目的のもと、校舎建築における国庫補助割合の引き上げなどの財政誘導をおこなうことにより、学校統廃合を積極的に推し進めた。他方、学校統廃合は、市町村合併により成立した新市町村の一体性確保のためのシンボル的な役割も担っていた。

この時期に特筆すべきは、学校教育法施行規則（一九五八年）により学校規模（学級数）の標準を明示したことである。具体的には、小・中学校ともに「一二学級以上一八学級以下」を標準規模と規定し、以後の学校統廃合案件において「学校の適正規模」を議論する際の基準となっていくことになる。

第二のピークは一九七〇年代である。この時期は、日本の高度経済成長期にあたり、過疎・過密や公害など経済成長のひずみが各地で噴出していた。人口減少により過疎地域となった農村地域には、「過疎地域対策緊急措置法」（一九七〇年）が発動され、指定自治体にたいする補助・助成がおこなわれた。その助成のひとつに、学校統廃合の際の国庫補助の引き上げがあった。この再びの財政誘導による学校統廃合は、住民の意思や子どもの生活実態・教育環境を無視したものも少なくなかった。そこで文部省は、「公立小・中学校の統合について」（一九七三年）という通達を出し、補助率の見直しと児童・生徒や住民への配慮を求め、性急な学校統廃合にブレーキをかけた。

第三のピークは、二〇〇〇年代の「平成の大合併」以降である。「合併特例法」

（一九九九年）改正と「新合併特例法」（二〇〇五年）施行によって推進された「平成の大合併」により、一九九九年に三二三二あった市町村が、二〇〇六年には一八二一にまで減少した。「平成の大合併」では、自治体運営の効率化がめざされ、合併を契機として学校統廃合を進める自治体が少なくなかった。図2をみると、市町村合併がピークを迎える二〇〇四〜二〇〇五年以降、全国で学校統廃合が促進されたことがわかる。学校統廃合は、「昭和の大合併」期同様に、新市町村の一体性確保のためのシンボル的な役割を担っていたと同時に、校舎建築費などの国庫補助を受けられるという財政誘導も大きな誘因の一つとなっていた。[*7]

こうした学校統廃合をめぐる新たな展開のなかで、文科省は「公立小学校・中学校の適正規模・適正配置等に関する手引―少子化に対応した活力ある学校づくりに向けて―」（二〇一五年、以下「新手引」）[*8]を出した。「新手引」の特徴は、従来の学校統廃合における基準を見直したことにある。その変更点は、第一に統廃合の対象となる学校規模の見直しである。上記のように、従来から学校の適正規模は「一二学級以上一八学級以下」を標準としていたが、小学校は複式学級を回避するために六学級以上、中学校はクラス替えが可能な六学級（二学級×三学年）以上が望ましい（それを下回ると統廃合の対象となる）とした。第二は、通学距離の見直しである。従来、通学距離は小学校四km、中学校六kmで

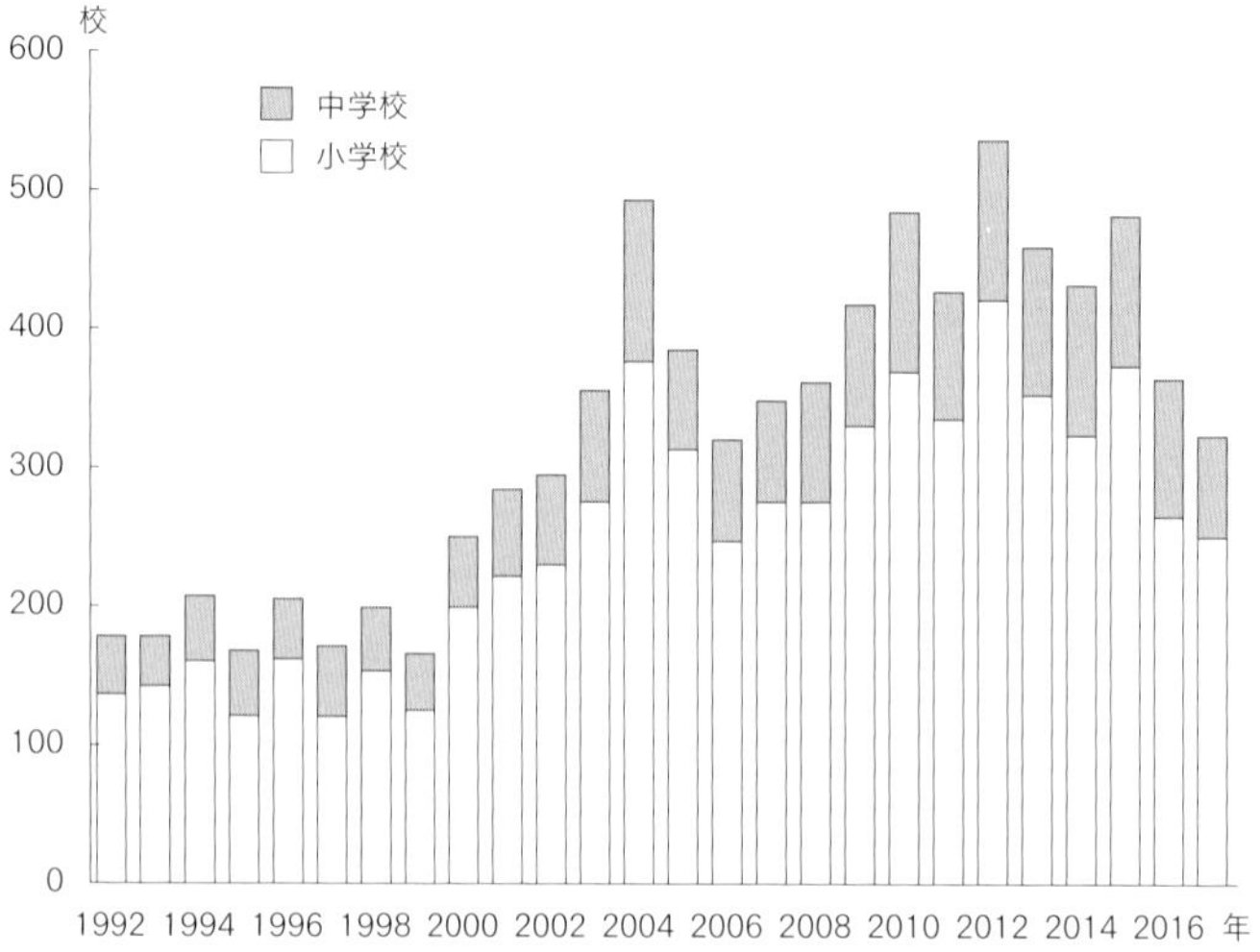

図2　公立小中学校の年度別廃校数の推移（1992-2017年）
注：休校は含まない。
資料：文部科学省「廃校施設等活用状況実態調査」2012年及び2019年より作成

あったが、スクールバスなどを利用しておおむね一時間以内の通学時間ならばよしとし、実質的な通学範囲の拡大を可能とした。その結果、学校統廃合のハードルは以前にも増して低くなった。

千葉県の農村地域における学校統廃合の動向

「新手引」では、学校統廃合（学校規模適正化）の基本的な考えとして、①児童・生徒の教育条件をよりよくする目的でおこなう、②学校統廃合をおこなうか否かは、地域の実情に応じたきめ細かな分析にもとづき各設置者の主体的判断による、③コミュニティの核としての学校の性格や地理的要因・地域事情などに配慮するという三点を確認している。文科省の姿勢としては、強引な学校統廃合を誘導するのではなく、地域の実情に応じて学校設置者（市町村）の主体的判断に委ねるというのである。しかし、実際には先の図2にみられるように、学校統廃合は急速な勢いで進んでいる。

とりわけ、二〇〇〇年以降の農村地域における学校統廃合は、「平成の大合併」と人口減少が引き金となり顕著な展開をみせている。たとえば、千葉県の小学校の場合、二〇〇一年度に八六九校だったものが、二〇二一年度には七六四校に減少している。これを農村地域（北総・東上総・南房総教育事務所管内）[*9]の公立小学校に限定してみてみると、「平成の大合併」以前の二〇〇一年度に四六四校であったものが、二〇二一年度には三六二校に減少している（図3・表1）。学校統廃合は農村地域だけでなく都市地域

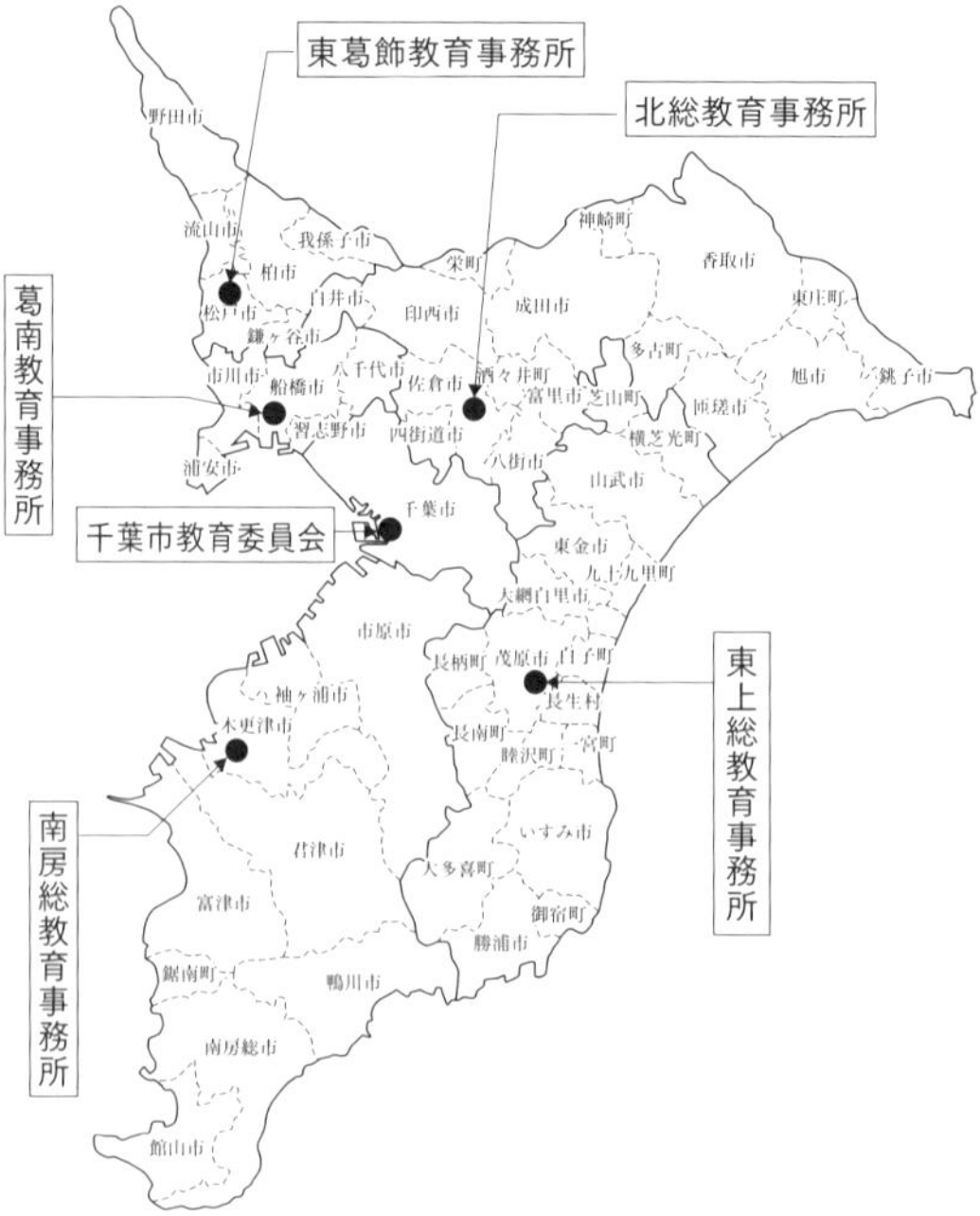

図3　千葉県教育委員会教育事務所及び千葉市教育委員会管轄区域
資料：千葉県教育委員会資料より引用

でもみられる現象であるが、単純に学校総数の数値を比較してみるだけでも、二〇〇一～二〇二一年の間に千葉県全体で廃校になった小学校（一〇五校）のほとんどが農村地域（一〇二校）であったことがわかる。

ただし、「新手引」が指示しているように、学校統廃合は学校と地域の実情をふまえて、設置主体が主体的に判断することを原則としているため、地域的にはかなりのばらつきがある。北総地区の場合は、東京に近接し千葉ニュータウンや成田空港を擁しているため、西部の白井市や印西市、四街道市、富里市などではほとんど統廃合は実施されていないが、成田市以東の地域では人口減少が著しく統廃合が積極的に展開された。

東上総地区も人口減少に悩む地域であるが、統廃合は人口減少が著しい勝浦市を除いて、二〇一〇年代後半以降にようやく動き出しはじめた状況である。これは、東上総地区が他地域にくらべて「平成の大合併」があまり進まなかったため、各自治体が既存の教育環境を維持していくことを優先して判断したためであると考えられる。[*10]

一方、南房総地区の場合は、北総地区同様、千葉市に隣接する市原市や東京湾アクアラインが開通して人口増加が著しい木更津市と房総半島南端の館山市、南房総市、鴨川市など人口減少が続く市町村では、統廃合の進展具合がかなり異なる。ただし、市原市や君津市のように房総半島の中央部まで奥深く市域が広がる自治体では、市町村合併に

表1　千葉県農村地域における小学校数の変化（2001・2021年）

	2001年度	2021年度
千葉県	869	764
うち農村地域		
銚子市	15	11
館山市	11	10
木更津市	19	19
茂原市	14	13
成田市	30	20
佐倉市	22	23
東金市	9	8
旭市	15	15
勝浦市	11	5
市原市	47	41
鴨川市	12	7
鎌ヶ谷市	9	9
君津市	19	13
富津市	13	8
四街道市	12	12
袖ヶ浦市	8	8
八街市	9	9
印西市	21	18
白井市	10	9
富里市	8	7
南房総市	16	6
匝瑳市	13	10
香取市	28	16
山武市	13	11
いすみ市	11	9
大網白里市	7	7
酒々井町	2	2
栄町	6	4
神崎町	2	2
多古町	6	3
東庄町	5	1
九十九里町	3	3
芝山町	3	1
横芝光町	7	5
一宮町	2	2
睦沢町	2	1
長生村	3	3
白子町	3	3
長柄町	3	2
長南町	4	1
大多喜町	5	2
御宿町	3	2
鋸南町	3	1
小計	464	362

注：数値には国立・私立・小学校も含まれる。
　　義務教育学校は除外している。

出典：千葉県教育委員会『学校基本調査』各年度版より作成

関係なく、山間部を中心に積極的に統廃合をおこなってきた。

つぎに、千葉県における公立小学校の学校統廃合がどのように推進されたのかを、学校数の減少で上位に位置する香取市（二八校→一六校）、成田市（三〇校→二二校）[*11]、南房総市（一六校→六校）を事例に考察してみよう。

香取市は、二〇〇六年に佐原市、小見川町、山田町、栗源町が合併してできた。香取市の学校統廃合の特徴は、旧佐原市内と旧小見川町の学校については、分校を統合したり、二校を一校に統合する小規模なものであったが、旧栗源町・旧山田町については、旧町域の学校を一校に集約する統廃合が実施された。とくに、二〇一九年に開校した山田小学校は、町内にあった五つの小学校を一挙に統合して新設された（図４）。

一方、成田市は、香取市同様に二〇〇六年、成田市が下総町、大栄町と合併し、新生成田市として成立した。成田市は千葉県北総地域の中核都市であるため、市全体の人口減少はさほどでもないが、周辺部に位置する旧下総町と旧大栄町の人口は減少している。

成田市の学校統廃合の特徴は、周辺地域において中学校をとり込んだ義務教育学校として大規模な統廃合を実施したところにある（図５）。下総地区では二〇一四年、地区の四校を統合して四月一日に下総小学校を下総中学校敷地内に開校させ、さらに一週間後の四月七日に小中一貫教育校「下総みどり学園（仮称）」を開校させた。その後、二〇一七年に義務教育学校「下総みどり学園」へと移行した。他方、大栄地区では、二〇二一年に大栄中学校と地区内の五小学校を一挙に統合して、義務教育学校「大栄みらい学園」として開校させた。

南房総市は、二〇〇六年、富浦町、富山町、三芳村、白浜町、千倉町、丸山町、和田

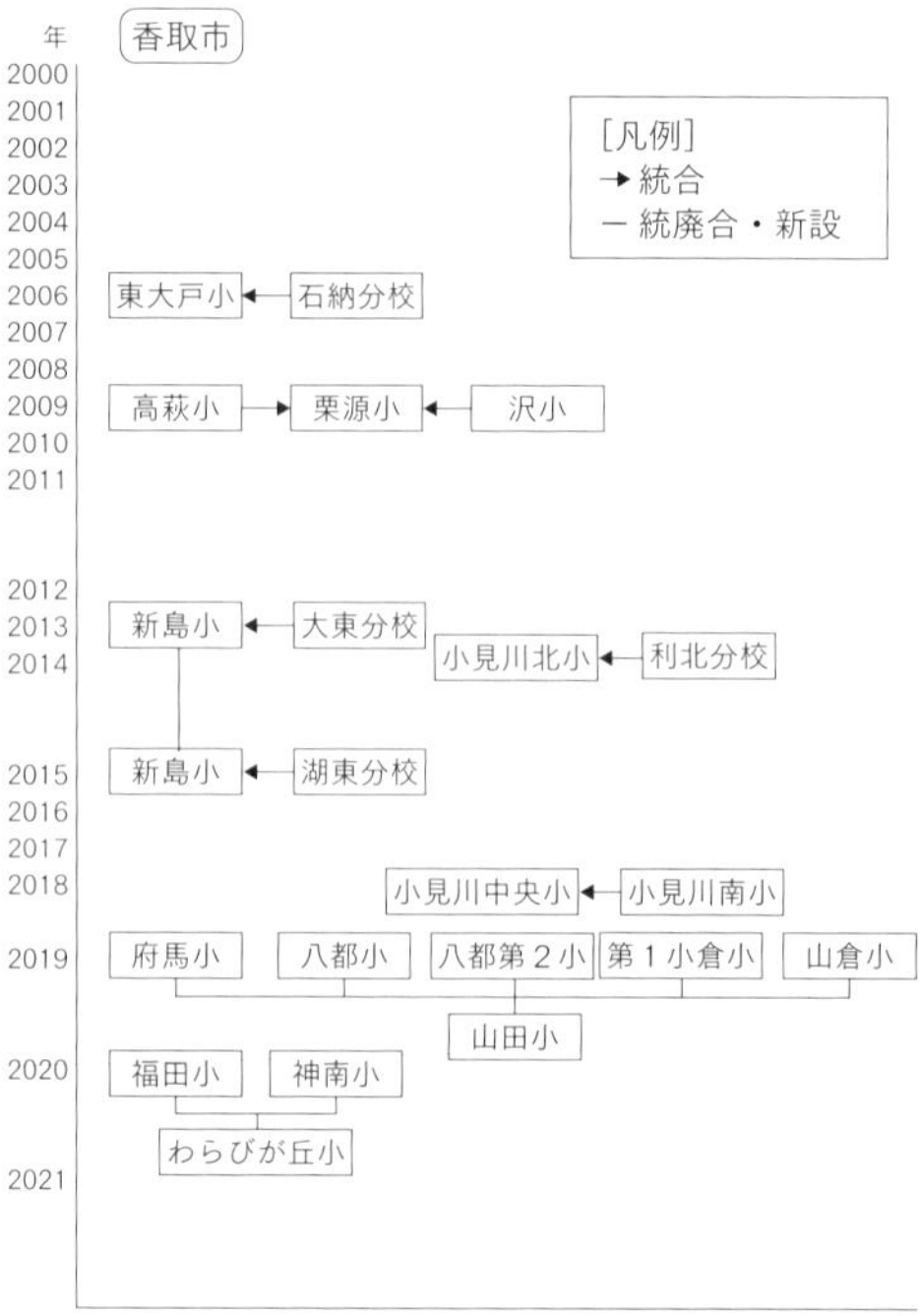

図４　香取市における学校統廃合の実態（小学校）
資料：千葉県教育委員会提供資料より作成

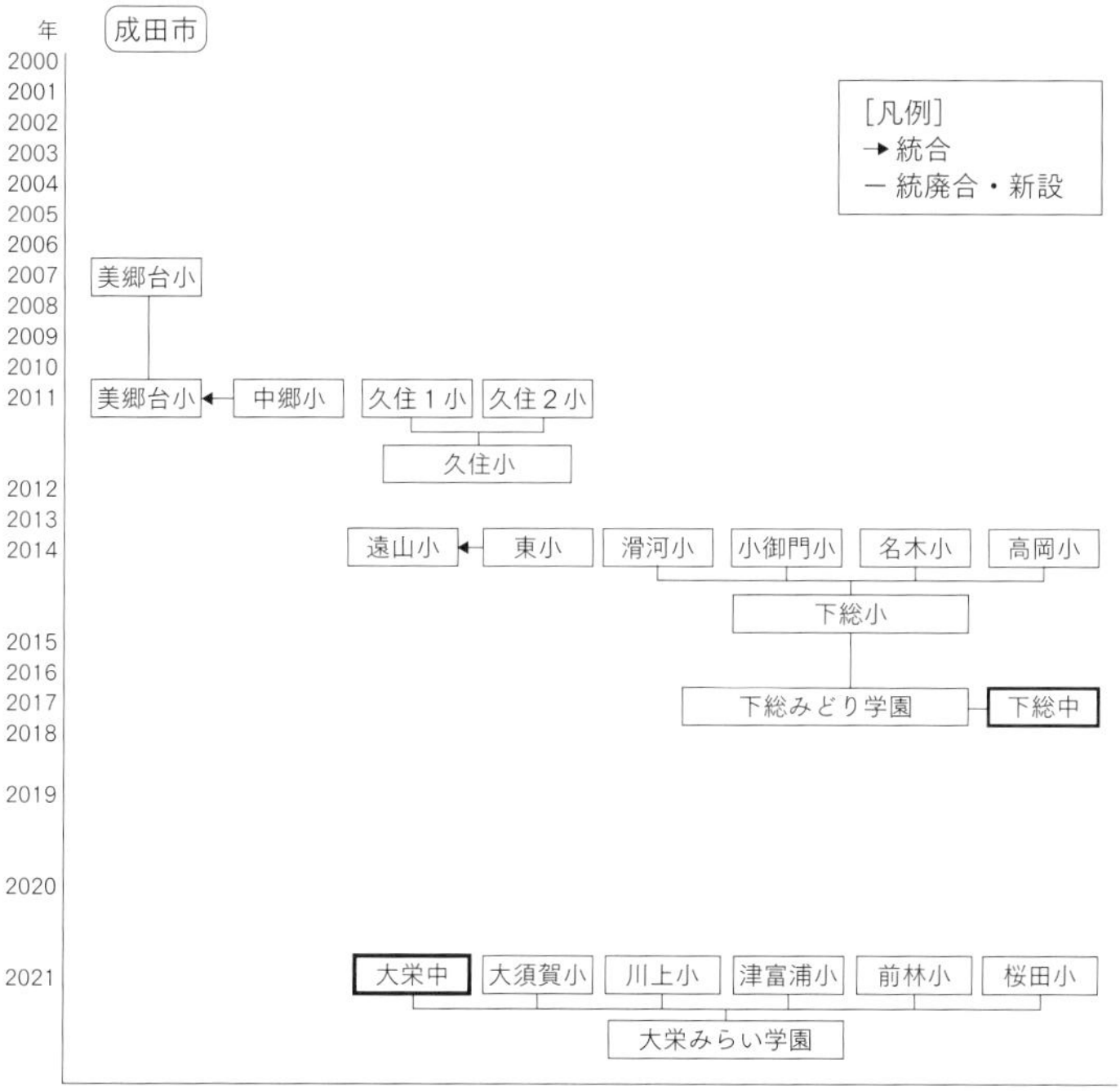

図5　成田市における学校統廃合の実態（小学校）
資料：千葉県教育委員会提供資料より作成

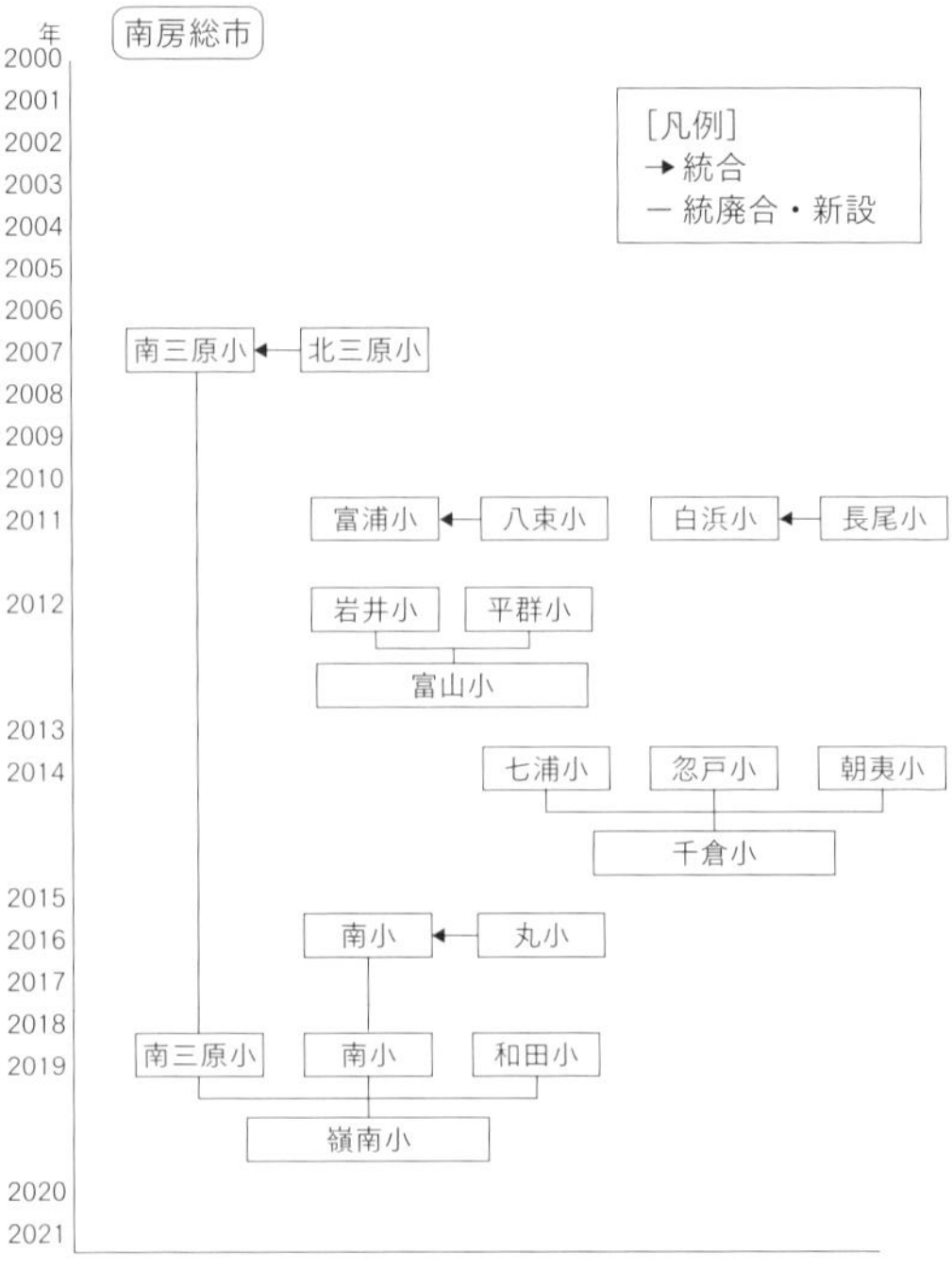

図6　南房総市における学校統廃合の実態（小学校）
資料：千葉県教育委員会提供資料より作成

町の七町村が合併して発足した。南房総市の特徴は、旧町村ごとに一町一校に集約した点にあるが、現在、学校統廃合は新たな段階に入っている[*12]（図6）。南房総市が合併した二〇〇六年当時、小学校一六校、中学校七校であったが、その後旧町内における学校統廃合を積極的に進め、二〇二一年現在で小学校六校、中学校六校にまで減少した[*13]。とりわけ特徴的なのが、合併後約一〇年をへて、旧町村域を超えた統廃合が実施されていることである。

二〇一四年、ほかに先駆けて旧丸山町の丸山中と旧和田町の和田中を統合して嶺南中が新設された。同様に小学校でも、二〇一九年に旧丸山町の南小と旧和田町の和田小・南三原小の三校が統合して嶺南小が誕生した。その結果、旧和田町は小・中学校が存在しない地域となってしまった。市町村合併の協議を進める段階では、各町村の小学校は必ず残すという条件をつける場合が多い。しかし、急激な人口減少により、(その是非は問わないとしても)旧町村内に小学校を残すことができなくなっているのが現状なのである。

以上のように、千葉県の農村地域における学校統廃合は、地域のおかれている状況により多様な展開をみせているが、総じて積極的に推進されてきたといえるだろう。加えて、学校設置主体である各自治体における判断の過程をみると、周辺市町村の動向を探りながら統廃合のタイミングをはかっていた実態も確認することができる。[*14]「新手引」がいうところの「学校統廃合は学校と地域の実情を踏まえて設置主体が主体的に判断する」という原則は、「平成の大合併」の展開と同様に、補助金による巧みな財政誘導と自治体の横ならび的体質により、「学校統廃合ありき」の施策として推進されていったという側面をみのがすわけにはいかない。

3　学校統廃合と地域・子ども

地域の拠点としての学校の存在と学校統廃合

酒川茂が指摘するように[*15]、「小学校区（または中学校区）という比較的狭い範囲の住民はひとつの学校を共有し、学習活動にかかわる集団として、共通の意識や社会的紐帯を生み出してきた」（一頁）。学校は地域の拠点なのであり、地域社会は学校が存在することにより成立してきたのである。とりわけ、農村地域における小学校の存在は、生業としての第一次産業の存在と住民の移動が少ないことにより、伝統的に都市地域にくらべて地域の拠点としての役割は大きかった。学校統廃合は、そのような地域の拠点である小学校を地域住民から奪い去ることを意味する。

それでは、そのような学校統廃合を地域住民はどのように受け止めているのであろうか。前述の山下は、過疎地域における人口減少は、若い子育て世代が子どもの高校進学を契機に高校のある都市地域へと転出していくことがきっかけとなって進展していることを指摘している[*16]。つまり、地域内に高校が存在しないため、長男・長女の高校進学を機に、世帯での都市移住を考えはじめるというのである[*17]。

その結果、小・中学生である弟妹たちも一緒に転出することになり、小・中学校の児童・生徒数の減少が進んでいく。残された親たちも、あまりにも子どもの数が減ることに不安を覚え、転居や学校統廃合を望むようになる。こうした人口減少の悪循環が住民の不安をかき立て、最終的には「マイナス心理がもたらす諦め効果と、ジレンマ問題の解決先送り」（六七頁）の結果として、学校統廃合を受け入れていくことになるという。

学校統廃合問題は地域の存続にかかわる重大事案である。それにもかかわらず、地域の側が十分な議論をへずに統廃合を受け入れてしまう背景には、先に指摘した自治体による誘導だけでなく、人口減少の悪循環がもたらすマイナス心理による「諦め」という住民の苦しい胸の内がある。

こうした住民のマイナス心理の影響については、長尾悠里が埼玉県秩父市大滝地区の小学校統廃合が地域住民の地域（学区）への諦観につながっているという実態を明らかにしている。[*18]それによると、大滝地区では小学校統合への激しい葛藤がみられず、消極的に支持されていったという。その理由としては、地域社会への諦めから、①将来性のない地域で統合に反対しても仕方がないという意識をもつにいたった、②統合にともなって地域の将来性の欠如が可視化され、さらなる諦めの増幅につながったという点を指摘している。学校統廃合を契機として、地域住民に地域の将来性の欠如が改めて認識され、さらに増幅されることにより、地域社会を維持していく努力さえも放棄されていくという負のスパイラルに陥ってしまっているというのである。

筆者も、千葉県香取郡東庄町における小学校統廃合に関する住民への聞きとり調査を実施したが、そこで語られた住民の反応は「小学校が一つにまとまることで経済的にプラスになるし、友だちが増えてコミュニティが広がるのでよい。」（五〇代・男）、「運動会も人数が少なく、寂しかったのでよいのではないか。」（七〇代・女）という積極面よりも、「地域から元気な子どもたちの声がなくなるのは寂しいが、過疎化だから仕方がない。」（八〇代・男）、「県や町の決定だから仕方がない。」（六〇代・女）、「ＰＴＡ役員として説明会などにも参加していたが、児童数が少なく統合はやむを得ない。」（四〇代・男）といった消極的な意見がほとんどであった。[*19]「学校統廃合は仕方がない」という思いこそが、地域住民の諦めのマイナス心理の表れなのである。

農村地域における小学校の存在は、長尾が指摘するように、地域社会の「将来性の」象徴としての機能をもつ（二五〇頁）。本章のテーマに引き寄せてとらえるならば、地域住民に諦めを促す学校統廃合の負の側面を、学校統廃合を体験する子どもたちにどう学ばせていけばよいのか。「学校統廃合は仕方がない」を乗り越える社会科授業のあり方が問われているのである。

子どもたちとっての学校統廃合

地方自治体における学校統廃合の決定過程は、地域の実情にそくして多様な形態が認められるが、一般的には教育委員会がイニシアチブをとり、有識者・議員・学校関係者・保護者・地域住民などの代表による検討委員会が設置されるところから始まる。[*20] その際、委員会における議論を深めるために、地域の将来人口や児童・生徒数の推移予測などの資料作成、保護者や地域住民のニーズや意見を聴取するためのアンケート調査やパブリックコメントの募集、住民説明会や公聴会を開催する。そして、それらの結果は、検討委員会での議論を含めて広く広報誌やタウン誌などを通じて地域に情報提供される。

こうした検討過程をへて、最終的には議会決議により学校統廃合が決定される。学校統廃合が決定すると、新しい校章や校歌、校舎建設、スクールバスの運行計画など、統合にむけた学校づくりの委員会が学校関係者および地域住民、保護者などを構成メンバーとして設置され、開校にむけた準備が進められるのである。

このような学校統廃合の是非を検討する段階から、統合後の新しい学校づくりのあり方まで、基本的には大人たちの手によって進められる。その過程に統廃合の主体である子どもたちがかかわることは希である。学校統廃合を体験する（体験した）子どもたちは、みずからの体験をどのように捉えているのであろうか。

齋藤尚志は、学校統廃合を小学生の時に経験した元児童（現大学生・高校生）に、みずからの経験を語ってもらうことにより、子どもたちがどのように受け止めていたのかを明らかにした。[*21] 三年生の時に学校統廃合を経験した元児童は、大人たちがちゃんとした説明をしてくれなかった実態をふまえて、つぎのような発言をした。

「小二の時の自分は話してもわかんないとは思うんですけど、詳しい説明は一回は受けとかないと、それが大人になった時に納得できないのであれば、納得できなくても、情報もなしに流れでなるのはおかしい。わからなくてもわかるように説明するのが教師の役目というか、それをやるのが教育であって。子どもにちゃんと説明して、勝手に大人が決めていくのはおかしいかなと今は思う。」（五八頁）

高校二年生になったこの元児童は、当時の自分の経験をふり返りながら、子どもなりに学校統廃合というみずからの体験を理解したい、納得したいと思っているのである。

他方、大人たちは、学校統廃合にたいする最終判断を下す際に、「子どもたちのために」という教育的な観点を盾に地域内の合意をとり付けようとする。しかし、はたして学校統廃合が「子どもたちのために」なっているのだろうか。地域において学校統廃合を議論する過程において、当の子どもたちの意見や思いが表にあらわれてこないため、この問いにたいする答えをみいだすことはむずかしい作業になる。

高口明久らは、鳥取県日南町における学校統廃合に際して、子ども・教師・保護者・住民対象の大規模な意識調査を実施した。[*22] 小三・四年生（A）、小五・六年生（B）、中学生[*23]（C）を対象としたアンケート調査では、町内のほとんどの小学校が小規模校であることを前提に、「もっと人数の多い学校がいいと思うことがあるか」という問いにたいして、A：四七・七パーセント、B：四六・四パーセント、C：五六・八パーセントと、ほぼ半数が「そう思わない」と回答している（高口他　二〇〇四、五四頁）。さらに、「人数が少ないから学校がさびしいと思うことがあるか」にたいしては、A：八四・四パーセント、B：七五・八パーセント、C：七七・二パーセントと、いずれも全体の四分の三以上が「そう思わないと」と回答している。学校統廃合問題にたいする子どもたちの意向を把握するのは容易ではないが、統廃合の主体者である子どもたちは、大人たちが思うほど学校が小規模であることを否定的にはとらえておらず、むしろ肯定的にとらえているのである。

農村地域の将来を担う子どもたちが、みずからが体験する学校統廃合をどのように学ぶべきなのか。少なくとも、地域の将来やみずからの人生設計にたいして、諦観するような事態だけは避けなければならない。学校統廃合の主体である子どもたちの意向や思いの実態を把握し、「子どもたちのために」学校統廃合という施策にどのように反映させていくべきなのか、大人たちに課せられた課題は重い。

4 「学校統廃合は仕方がない」を乗り越える社会科授業づくりの視点

学校統廃合問題は、農村地域における地域の切り捨て（排除）としての性格を有している。すなわち、学校という社会インフラが人口減少によって維持できなくなったのであるから、学校統廃合という「選択と集中」を実施することにより、効率のよい学校経営を目指すべきであるというのである。しかし、前述のように、本来的に地域は選択される対象ではない。採算性、効率性といった「経済の論理」だけで地域が排除されるのではなく、もっと多様な視点からの学校統廃合問題の解決策の検討（包摂）が必要なのである。

本書では、「排除と包摂」の社会科授業づくりの視点として、①社会認識と「学びの本質」へのアプローチ、②教科教育が培ってきた「思考力育成」の内実から学ぶことという二点を提起している。①の視点は、経験科学としての既存の「科学性」を問い直し、それを相対化する知識探求の場としての学習過程の創造であり、②の視点は、社会科教育が培ってきた比較・推量・因果・関連などの見方・考え方を駆使して帰納的思考力や演繹的思考力を鍛える学習過程の創造である。ただし、②において学習者が思考力を用いる観点や学習対象に関する解釈は、立場や感性、価値観などによって異なるため、その多様性が保障されなければならない。

筆者は、学校統廃合の当事者である児童が、みずからが体験している学校統廃合という現実を、社会科授業においてどのように学ぶべきなのかを、二〇二〇年度に町内五校の小学校が一校に統合された千葉県東庄町の学校統廃合を扱った多田善光（現多古町立多古第一小、前東庄町立笹川小）の実践を通して検討した。[*24] そこでは、学校統廃合問題をその当事者である児童が学ぶ授業づくりの視点としてつぎの二点を設定した。

その第一は、学校統廃合が実施される社会的な背景を、地域の抱える問題（地域問題）の分析をとおして解明していくことである。前述のように、学校統廃合は、主に教育的な見地と経済効率の見地から推進されてきた経緯がある。しかし、後者の経済効率の視点は、たんに学校運営にかかわる経済効率の問題だけではなく、地域が抱える問題（地域問題）にどう対応していくのかという社会経済的視点からの分析が必要である。

「なぜ私たちの学校がなくなるの？」という子どもたちの素朴な疑問に答えていくには、学校統廃合がなぜ必要になったのかを、地域経済の動向や人口動態、就業構造の変化、生活スタイルの変化などを相互に関連づけながら考察しなければならない。こうしたみずからが体験している学校統廃合という社会事情を相対化してとらえる学習過程こそが、「学校統廃合は仕方がない」を乗り越える第一歩であり、その解決策を模索する過程こそが本書の①の視点に繋がっていくのである。

第二は、学校統廃合が決定するまでの過程と統合にむけた地域のとり組みについてていねいに学ぶことである。学校統廃合の当事者である子どもたちにとって、慣れ親しんだ学校に別れを告げることは辛い体験である。しかも、統廃合は大人たちが勝手に決めたことで、子どもたちに責任はない。結果として、子どもたちの学校統廃合にたいするイメージは否定的にものにならざるをえず、ひいては負の地域イメージ、さらには地域の将来性にたいする諦観として心のなかに深く沈殿していくことになるだろう。

農村地域を担う地域形成主体として子どもたちを育んでいくには、学校統廃合をめぐって大人たちがどのような議論をし、問題を克服するためにどのような方策を講じたのか、新しい学校づくりにどのような希望や期待を込めたのかといった学校統廃合までの過程をていねいに学習する必要がある。この過程では、学校統廃合を決断するにあたって、多様な立場や意見が存在し、多様な解決策が提案され、関係者の長時間にわたる対話の末に統廃合が決定されていったことを学ぶことになる。つまり、学校統廃合の問題を解決するには、経済効率性以外の多様な視点が存在し、多様な選択肢が存在するということを学ぶのである。換言すれば、本書が掲げる「包摂」による「排除」の克服をめざした社会科授業では、地域の多様性の理解を中核にとらえるべきであり、そのことによって子どもたちの学校統廃合にたいする視野を広げ、厳しい現実を乗り越えて将来の地域のあり方を模索しようという意欲につなげていくことができるであろう。

5 残された課題

しかしながら、社会科授業において学校統廃合問題をとり上げること、とりわけ学校統廃合の当該校で授業化することには、多くの課題が存在することも事実である。

その一つは、学校統廃合問題のもつナイーブな面をどのようにとり扱うかという問題である。学校統廃合の是非をめぐっては、地域内において自治体対住民、住民対住民の激しい対立があることが全国各地から報告されており、地域対立を煽るような学校統廃合の学習はすべきではないという主張は根強い。さらに、さまざまな事情が複雑に絡み合った学校統廃合問題を理解することは、小学生の発達段階からしてできないという指摘もある。

一方、学校統廃合が必ずしも地域内の熟議の末に決定されたものばかりではないという問題もある。東庄町住民への聞きとり調査では、「統廃合に関する情報を回覧板や広報誌で流しているけど、住民にはその必要性や意義が周知徹底されているとはいえない。」（五〇代・男）というような意見がしばしば聞かれた。地域内において学校統廃合を議論するにあたっては、一般的には前述のような手順をふむが、最初から「学校統廃合ありき」の上意下達的な議論の進め方をする場合もみられる。そうなると、経済効率性以外の多様な視点や多様な選択肢といった地域の多様性を学ぶことができなくなってしまうのである。

それでは、学校統廃合を体験する子どもたちは、学校統廃合を学ばなくてよいのかというと、そうではないだろう。なぜならば「学校統廃合は仕方がない」というマイナス心理による「諦め」を克服するには、みずからの体験を相対化するという学習が不可欠だからである。

注

＊1　増田寛也＋日本創成会議・人口減少問題検討分科会「提言・ストップ人口急減社会」『中央公論』二〇一四年六月号。増田寛也を座長とする日本創成会議・人口減少問題検討分科会の一連の報告は、増田寛也編著『地方消滅―東京一極集中が招く人口急減―』中公新書、二〇一四年としてまとめられており、本章では同書を参照することにする。

＊2　図1に示されているように、「山間居住地」は「地方中核都市に有機的に結びつき、互いに支え合う地域構造」には含まれていないことがわかる。

＊3　山下祐介『地方消滅の罠―「増田レポート」と人口減少社会の正体―』ちくま新書、二〇一四年、九二―九四頁

＊4　注3同書、一五五―一五七頁

＊5　丹間康仁（2015）『学習と協働―学校統廃合をめぐる住民・行政関係の過程―』東洋館出版社、二〇一五年など

＊6　注5同書および若林敬子『増補版　学校等は以後の社会学的研究』御茶の水書房、二〇一二年、足立智則・山本由美編『学校が消える！―公共施設の縮小に立ち向かう―』旬報社、二〇一八年など

＊7　新藤慶「学校統廃合研究の動向と今後の課題―二〇〇〇年以降を中心に―」『群馬大学教育学部紀要　人文・社会科学編』六二、二〇一三年、一二五―一三七頁

＊8　文部科学省「公立小学校・中学校の適正規模・適正配置等に関する手引」二〇一五年（https://www.mext.go.jp/component/a_menu/education/micro_detail/_icsFiles/afieldfile/2015/07/24/1354768_1.pdf　二〇二一年九月一〇日閲覧）

＊9　千葉県には、千葉市教育委員会のほか、東葛・葛南・北総・東上総・南房総教育事務所がある。ここでは、仮に千葉市・東葛・葛南教育事務所が管轄する地域を都市地域、北総・東上総・南房総教育事務所が管轄する地域を農村地域として設定して考察を進める。

＊10　なお、各市町村がどのような判断から学校統廃合を実施しなかったのかは、個別の調査が必要である。したがって、ここでは「平成の大合併」との因果関係は推測の域にとどめておき、今後の研究課題としたい。

＊11　義務教育学校（二校）を含む。

＊12　なお、三芳小学校については、南房総市合併以前の一九七二年に旧三芳村の三校が統合され、すでに一村一小学校状態になっていた。

＊13　なお、南房総市の中学校の場合は、合併以前から既に各町村一校体制であった。

＊14　たとえば、先に紹介した香取市の山田小の場合、二〇一九年に旧山田町内の五校を一挙に統合して開校させたが、同時期に隣接する東庄町でも町内の小学校五校を統廃合する話が進められていた。その際、隣接する二〜三校を統合して段階的に小規模校を解消していく案も出されていたが（同町議会議事録参照）、旧山田町の動向に急かされる形で一挙に町内五校の統廃合を決定し、二〇二〇年に東庄小を開校させた。

＊15　酒川茂『地域社会における学校の拠点性』古今書院、二〇〇四年
＊16　注3同書、六〇—七〇頁
＊17　こうした背景には、農村地域における公共交通体系の崩壊により高校に通うことができなくなっているという事情のほかに、親世代が既に地域外の都市部で就業しているため、世帯まるごとの移動につながるという実態がある（注（3）同書、六一頁）。
＊18　長尾悠里「秩父市大滝地区における学校統廃合と校区への諦観との関係」『人文地理』七〇—二、二〇一八年、二三三—二五一頁
＊19　調査は二〇一九年九月に実施した。
＊20　文部科学省「新手引」二〇一五年、二一—二二頁
＊21　齋藤尚志「学校統廃合における『子どもの意見の尊重』①—近畿地方山間部の小学校統廃合を事例として—」『夙川学院短期大学研究紀要』四二、二〇一五年、四五—六〇頁
＊22　高口明久・山根俊喜・一盛真・柿内真紀「山陰の山村地域における教育の状況と学校統廃合問題（一）　鳥取県日南町における子ども、教師、保護者、住民対象の意識調査結果から」『鳥取大学教育地域科学部紀要　教育・人文科学』四（一）、二〇〇二年、一—六一頁。高口明久他「山陰の山村地域における教育の状況と学校統廃合問題（二）　鳥取県日南町における子ども、教師、保護者、住民対象の意識調査結果から」『鳥取大学教育地域科学部紀要　教育・人文科学』四（二）、二〇〇三年、二一—八七頁。高口明久他「山陰の山村地域における教育の状況と学校統廃合問題（三）　鳥取県日南町における子ども、教師、保護者、住民対象の意識調査結果から」『鳥

取大学教育地域科学部紀要　教育・人文科学』五（二）、二〇〇四年、二一七―六三頁

＊23　なお、中学生については、自分の卒業した小学校について過去形で質問している。

＊24　竹内裕一「学校統廃合と地域学習のあり方―持続可能な地域づくりにおける人材育成を視野に入れて―」井田仁康編『持続可能な社会に向けての教育カリキュラム―地理歴史科・公民科・社会科・理科・融合―』古今書院、二〇二一年、二一二―二二七頁

あとがき

本書の執筆者はこの四年の間、定期的に開催した研究会に集まり、テーマに沿った思い思いの各自のレポートを検討し議論してきました。議論は「社会的排除と包摂」を核とした教育実践とそれをめぐる教育理論でした。

幸いに二〇一八年度～二〇二一年度の四年間、日本学術振興会の科学研究費（基盤研究C）が採択され（研究題目：「包摂と排除」の社会意識と社会科カリキュラムの改善に関する研究、代表：坂井俊樹）、研究のための基盤を整備することができました。研究分担者六人、それに研究協力者として本書に執筆されている実践家のみなさんが参加しています。

社会問題にかかわる現地調査や当事者へのインタビューなど活発に活動をおこないましたが、授業実践をもっと深める段階でCOVID-19パンデミックが起こり、小・中・高校のメンバーはもとより、大学教員も緊急事態宣言下での対応を強いられ忙殺されました。実践は中断されましたが、それでもメンバーは、オンラインやメールを活用して宣言下の学校の様子などの情報交換やその制約の中での授業の構想を議論してきたのです。時間をかけ各レポートを執筆し、ようやくこのような形でまとめることができました。

第2部の金子真理子さんだけは、本書の構成にとって不可欠の専門家でしたので、執筆を依頼し研究にも参加いただきました。金子さんとは、彼女が主宰する「学びの目的に関する研究」（科研研究）という異なる研究会に私も参加させていただいていますが、とても知的好奇心を刺激される議論が多く、それがまた私たちの研究会に反映されるという「学び」がありました。

本書は、内容的に詰め切れていない点も少なくありませんし、全体構成でも課題があるかもしれません。みなさまの忌憚のないご意見、ご批判をいただければ幸いです。

なお研究および本書の出版は、日本学術振興会の科学研究費の支援がなければ困難だったと思います。研究の意義を認めていただき支援いただいたこと、科研費の運営に尽力いただいた丸山拓人氏・長嶋智仁氏（開智国際大学事務局）に御礼申し上げます。

最後になりましたが、授業づくりに関係する方々、とくに登場する小・中・高校の児童・生徒のみなさんの深い発言がなければ実践は実を結びませんでした。授業の時期からさらに成長され新しい環境にある方も少なくないと思います。感謝申し上げます。

坂井俊樹

執筆者

第1部　授業編

井山貴代（いやま・たかよ）　伊勢原市立竹園小学校教諭

板垣雅則（いたがき・まさのり）　浦安市立明海小学校教諭

中谷佳子（なかや・けいこ）　千葉大学教育学部附属小学校教諭

宮田浩行（みやた・ひろゆき）　東京学芸大学附属世田谷小学校教諭

上園悦史（うえぞの・よしひと）　東京学芸大学附属竹早中学校教諭

飯塚真吾（いいづか・しんご）　八千代松陰中学・高等学校教諭

田﨑義久（たざき・よしひさ）　東京学芸大学附属小金井中学校教諭

加藤　将（かとう・しょう）　東京学芸大学附属高等学校教諭

齊藤征俊（さいとう・まさとし）　八王子市立石川中学校教諭

第2部　考察編

小瑶史朗（こだま・ふみあき）　弘前大学教育学部教授

荒井正剛（あらい・まさたか）　東京学芸大学特任教授

金子真理子（かねこ・まりこ）　東京学芸大学教授

大木匡尚（おおき・ただなお）　東京都立府中高等学校主幹教諭

竹内裕一（たけうち・ひろかず）　千葉大学名誉教授

コラム

鈴木隆弘（すずき・たかひろ）　高千穂大学人間科学部教授

重松克也（しげまつ・かつや）　横浜国立大学教育学部教授

小松伸之（こまつ・のぶゆき）　清和大学法学部准教授

＊二〇二一年度現在の所属

編著者

坂井俊樹（さかい・としき）

開智国際大学教育学部教授　博士（教育学）

東京学芸大学名誉教授、日本学術会議連携会員（第二五・二六期）

おもな著作　『現代韓国における歴史教育の成立と葛藤』（御茶の水書房、二〇〇三年）、『歴史教育と歴史学の協働をめざして―揺れる境界・国境・地域―』（共編著、梨の木舎、二〇〇九年）、『現代リスク社会にどう向きあうか―小・中・高、社会科の実践―』（共編著、梨の木舎、二〇一三年）、『社会の危機から地域再生へ―アクティブ・ラーニングを深める社会科教育―』（編著、東京学芸大学出版会、二〇一六年）、『一八歳までに育てたい力―社会科で育む「政治的教養」―』（監修、学文社、二〇一七年）、〔監訳〕鄭在貞著『日韓の歴史対立と歴史対話―「歴史認識問題」和解の道を考える―』（新泉社、二〇一五年）、〔論文〕「教職科目と教科内容科目との架橋をどう考えるか―アカデミシャン（歴史学）による教育への提言を中心に―」（『日本教師学会年報』第二九号、二〇二〇年）ほか。

〈社会的排除〉に向き合う授業
考え話し合う子どもたち

二〇二二年三月一日　第一版第一刷発行

編著者　坂井俊樹

発　行　新泉社
東京都文京区湯島一－二－五　聖堂前ビル
TEL　〇三－五二九六－九六二〇
FAX　〇三－五二九六－九六二一

印刷・製本　創栄図書印刷

ISBN978-4-7877-2118-1　C1037